电子商务人才培养系列教材·服务岗位群

农村电子商务运营管理

◎主　　编　彭翔英

◎副主编　朱燕萍　谢小梅　杨嘉辉

◎主　　审　何文生　田中宝　朱志辉

電子工業出版社

Publishing House of Electronics Industry

北京·BEIJING

内 容 简 介

本书以农村电子商务运营的工作过程为主线,将全书划分为 7 个项目,主要内容包括初识农村电子商务、农村电子商务的产品管理、农村电子商务运营平台介绍、农村电子商务网店运营、农村电子商务微商运营、农村电子商务的客服管理、农村电子商务的物流管理。

为了更好地辅助教学,本书还配有多媒体教学资源。

本书可作为中等职业学校电子商务专业、商贸类专业的教材,也可作为电子商务从业人员与电商创业者的培训或参考用书。

图书在版编目(CIP)数据

农村电子商务运营管理 / 彭翔英主编. —北京:电子工业出版社,2020.9

ISBN 978-7-121-35717-6

Ⅰ. ①农… Ⅱ. ①彭… Ⅲ. ①农村—电子商务—中等专业学校—教材 Ⅳ. ①F713.36

中国版本图书馆 CIP 数据核字(2018)第 275064 号

责任编辑:罗美娜
印　　刷:北京七彩京通数码快印有限公司
装　　订:北京七彩京通数码快印有限公司
出版发行:电子工业出版社
　　　　　北京市海淀区万寿路 173 信箱　邮编　100036
开　　本:787×1 092　1/16　印张:17.25　字数:441.6 千字
版　　次:2020 年 9 月第 1 版
印　　次:2025 年 1 月第 8 次印刷
定　　价:39.80 元

凡所购买电子工业出版社图书有缺损问题,请向购买书店调换。若书店售缺,请与本社发行部联系,联系及邮购电话:(010)88254888,88258888。

质量投诉请发邮件至 zlts@phei.com.cn,盗版侵权举报请发邮件至 dbqq@phei.com.cn。

本书咨询联系方式:(010)88254617,luomn@phei.com.cn。

电子商务人才培养系列教材·服务岗位群

编审委员会名单

前 言 ⫸

PREFACE

随着"互联网+"时代的到来，作为第一产业的农业也迎来了新的发展模式，农村电子商务作为一种新型的经济贸易方式，日益推动着农业的信息化和现代化。农村电子商务作为县域经济转型升级的重要突破口，其发展受到国家高度重视。在农村电子商务快速布局、高速增长的同时，制约其高质量发展的问题和挑战也逐步显现，农村电子商务人才缺口大是目前面临的主要问题。为了发展职业教育，培养优秀的农村电子商务人才，广东省教育信息化产业技术创新联盟电子商务职教研究中心成立了"农村电子商务研究组"，由佛山市南海区信息技术学校作为牵头单位，推进电子商务专业农村电子商务方向教材的开发工作，组织编写了本书。

本书以农村电子商务运营的工作过程为主线，将全书划分为7个项目，主要内容包括初识农村电子商务、农村电子商务的产品管理、农村电子商务运营平台介绍、农村电子商务网店运营、农村电子商务微商运营、农村电子商务的客服管理、农村电子商务的物流管理。

本书由彭翔英（广东省佛山市南海区信息技术学校）主编，并负责全书统筹、定稿，由朱燕萍（佛山市南海区信息技术学校）、谢小梅（佛山市南海区九江职业技术学校）、杨嘉辉（佛山市顺德区李伟强职业技术学校）担任副主编，何文生、田中宝、朱志辉担任主审。参编人员有冷凌云、卢国志、黄丹婷、罗文剑、陈维静、黄裕乐和梁肖霞。编写人员的具体分工如下：项目一由谢小梅编写，项目二的任务一、任务二由彭翔英、冷凌云（佛山市南海区信息技术学校）编写，项目二的任务三、项目四的任务一由杨嘉辉编写，项目三的任务一、任务二由卢国志（佛山市顺德区陈村职业技术学校）编写，项目三的任务三、项目五的任务二、任务三由黄丹婷（信宜市职业技术学校）编写，项目四的任务二、任务三由罗文剑（中山市东凤理工学校）编写，项目五的任务一由陈维静（佛山市南海区信息技术学校）编写，项目六由黄裕乐（中山市东凤理工学校）编写，项目七由梁肖霞（佛山市南海区信息技术学校）、朱燕萍编写。

本书的建议学时为72学时，具体分配建议如下。

项 目	总 学 时	讲 授 学 时	实 践 学 时
项目一：初识农村电子商务	8	4	4
项目二：农村电子商务的产品管理	12	5	7
项目三：农村电子商务运营平台介绍	12	5	7
项目四：农村电子商务网店运营	12	5	7
项目五：农村电子商务微商运营	12	5	7
项目六：农村电子商务的客服管理	8	4	4
项目七：农村电子商务的物流管理	8	4	4
合计	72	32	40

　　本书在编写过程中得到了广东省电子商务职教研究中心、佛山市南海区信息技术学校、东莞市教育局教研室、佛山市南海区九江职业技术学校、佛山市顺德区李伟强职业技术学校、新丰县中等职业技术学校、中山市东凤理工学校、信宜市职业技术学校、佛山市顺德区陈村职业技术学校的帮助。东莞市教育局教研室吴成老师、广州市德镱信息技术有限公司总经理殷学祖、广州市大洋教育科技股份有限公司职业教育部总监周黄宁、广州网远信息技术有限公司职教事业部总监刘云新为本书的编写提供了很多素材并提出了宝贵的意见。东莞市教育局吴成老师参与了部分章节内容的审定工作，在此一并表示衷心的感谢！

　　由于编写时间仓促，加之作者水平所限，不足之处在所难免，敬请广大读者批评指正。

编　者

2020 年 5 月

目 录 ⫷
CONTENTS

项目一

初识农村电子商务

项目简介

在本项目中，将从认识农村电子商务、农村电子商务的发展现状、农村电子商务的案例分析三个方面带大家初步认识我国农村电子商务。通过学习本项目，同学们将掌握农村电子商务的含义，初步了解中国农村电子商务发展的现状及趋势，了解农村电子商务发展面临的挑战和机遇，能通过农村电子商务案例的分析，得出各地农村电子商务发展的特点和经验。

项目目标

➤ 理解农村电子商务的 3 层含义。
➤ 了解农村电子商务、农资电子商务、农产品电子商务的关系。
➤ 了解淘宝村的经济社会价值。
➤ 了解各大主流电子商务平台的农村电子商务战略。
➤ 了解农村电子商务发展的现状及趋势。
➤ 了解农村电子商务发展面临的机遇和挑战。

任务一　认识农村电子商务

任务介绍

在本任务中，将从学习农村电子商务的定义入手，通过解读淘宝村现象初步认识农村电子商务。通过活动一理解农村电子商务的含义，使同学们分清农村电子商务概念的 3 层含义，并区分农村电子商务、农资电子商务、农产品电子商务的关系。通过活动二解读淘宝村现象，使同学们初步了解我国农村电子商务的现状，从而对农村电子商务有更直观感性的认识。

活动一　了解农村电子商务的含义

活动描述

　　小刘是一名优秀的电子商务专业的中职生。放假回到家，小刘发现表妹小甄来家里玩儿。小刘妈妈边端上做好的菠萝炒牛肉，边问小刘："最近网上老在说农村电子商务，你是学电子商务的，跟妈妈说说，什么是农村电子商务？"这时小甄脱口而出："农村电子商务就是让农村人也能在网上购物。"小刘回复说："没这么简单！"于是便兴致勃勃地谈起了在学校刚学到的关于农村电子商务的知识。

活动实施

第一步：学习理论，了解农村电子商务的定义

　　小刘首先拿出手机，利用百度找出了互动百科里关于农村电子商务的定义。

　　农村电子商务是指利用互联网、计算机、多媒体等现代信息技术，为从事涉农领域的生产经营主体提供在网上完成产品或服务的销售、购买和电子支付等业务交易的过程。农村电子商务以农业网站平台为主要载体，涉及政府、企业、商家、消费者、农民及认证中心、配送中心、物流中心、金融机构、监管机构等各方面因素，通过网络将相关要素组织在一起，其中信息技术扮演着极其重要的基础性的角色。

　　显而易见，那些将农村电子商务简单定义为利用各电子商务平台向农村卖货的说法从一开始就理解错了概念。可以认为，农村电子商务的主要含义是通过网络平台实现商品（工业产品、农产品）在农村和城市双向高效流通。

议一议

　　同学们，说说你对"通过网络平台实现商品（工业产品、农产品）在农村和城市双向高效流通"的理解。

第二步：分析概念，理解农村电子商务的 3 层含义

1. 农村电子商务包含了 3 层含义

　　（1）电子商务进农村。

　　农村电子商务包括通过网购渠道让消费品、工业产品下乡，让普通农民也能够享受与城市人一样的网络购物便利。

　　（2）农产品电子商务。

　　农村电子商务包括上行的农产品进城。老百姓卖土特产，可通过电子商务路径，把农产品直接销售给消费者，其经营主体既可能是普通农民，也可能是企业或合作社等。经营的农产品既可能是没有加工过的原产品，也可能是简单的初加工产品。从这个角度理解，农村电子商务可称为农产品电子商务。

（3）县域电子商务。

县域电子商务即在农村电子商务发展的基础上，与电子商务相关的产业要素开始在县域聚集，如物流配送、加工仓储、电子商务服务等，直至催生电子商务园区，成为县域经济一个新的增长点。近年来县域电子商务呈现出政府与市场主体合力推进的新机制。

通俗理解，农村电子商务是指用电子商务渠道打通农村市场，一方面是指消费品、工业产品下乡，称为下行；另一方面是指农产品进城，即上行，最终实现城乡双向流通，促进农村的经济发展。

2. 农村电子商务从商品类型的角度可以分为农村电子商务、农资电子商务和农产品电子商务3种

（1）农村电子商务。

农村电子商务是指上文中农村电子商务3层含义中的第一层含义，即农村电子商务是指消费品、工业产品下乡。农村电子商务与城市电子商务的区别是有限的，它们交易产品的核心都是普通消费品。它们之间的区别是交易地点从城市转移到农村，是"位移"的简单物理变化。

（2）农资电子商务。

农资电子商务的交易产品是农业生产资料，不再是普通消费品。被交易的产品不是被一次性消费，而是要进入再生产过程。因此，消费者所看重的便宜的、方便的因素已经不是农资电子商务最重要的衡量标准。农资产品的特点、产品质量、使用方法、使用时机、配套技术应用、售后服务及投入产出比的计算等诸多因素，则成为更重要的衡量因素。

（3）农产品电子商务。

农产品电子商务则是电子商务领域中更大的挑战。在农产品电子商务产品中，有一部分是生鲜食品，这些产品存在供应时效、储运能力和成本控制等方面的问题。尤其突出的问题是，农产品电子商务缺乏像工业产品电子商务所能够享有的成熟的产业化的基础。在中国，土地和生产碎片化，农产品生产在现阶段还是以无序、分散和随机性为主要特征，还未能够达到初步标准化生产的水平，其产品的数量和质量尚不具备一致性和可预测性。

💡 **想一想**

同学们，能说一下农村电子商务与农资电子商务的关系吗？

在大多数人看来，农资电子商务是农村电子商务延伸。因此，阿里、京东、顺丰等电子商务平台都把农资电子商务作为农村电子商务的补充，并且不遗余力地进行推广。农资电子商务与农村电子商务有着截然不同的属性，交易内容和产品属性有着根本性的区别。

第三步：实践探索，提升对农村电子商务的感性认识

小刘的妈妈和表妹小甄逐渐明白了什么是农村电子商务，这时小刘将自己的笔记本电脑递给了表妹，并布置了一个作业。

✏️ **试一试**

请登录 **农村淘宝** cun.taobao.com ，充分浏览后，说说这个电子商务平台是怎样实现消费品下行和农产品上行的?它包含了一些怎样的功能网站?

通过这个小练习，表妹小甄逐渐掌握了农村电子商务的含义，并且学会了分析一些农村电子商务平台的主要功能及优点。

📋 **活动评价**

评价项目	自我评价		教师评价	
	小结	评分 (5分、3分、1分)	点评	评分 (5分、3分、1分)
1. 能说出农村电子商务的 3 层含义				
2. 能区分农村电子商务、农资电子商务、农产品电子商务的关系				
3. 能说出农村淘宝的主要功能				
合计				

活动二　解读淘宝村现象

🌐 **活动描述**

小甄掌握了农村电子商务的含义后，对农村电子商务产生了浓厚的兴趣。这不，她的问题来了："表哥，你听说过淘宝，但是你听说过淘宝村吗?"小刘自豪地说:"那还用问吗?让我来跟你说说淘宝村的故事吧!听完后，相信你会对农村电子商务有一个更深刻的了解的。"

💻 **活动实施**

第一步：学习理论，理解淘宝村的定义

2017 年 12 月 7 日，第五届中国淘宝村高峰论坛在山东省菏泽市召开。在此次高峰论坛上，中国淘宝村研究报告（2017 年）——《淘宝村：乡村振兴的先行者》发布。如图 1-1-1 所示为论坛现场。报告指出，2017 年全国共有 2 118 个淘宝村，交易额将达 1 200 亿元。2009 年，中国只有 3 个淘宝村，分布在 3 个省，零散分布，规模小。根据报告可知，电商扶贫正通过淘宝村落地。

图 1-1-1 论坛现场

知识加油站

"淘宝村"是阿里研究院定义的一个独特的称谓，是指聚集在某个村落的网商，以淘宝为主要交易平台，以淘宝电子商务生态系统为依托，形成规模和协同效应的网络商业群聚现象。认定标准主要包括以下几方面。

1. 交易场所

经营场所在农村地区，以行政村为单元。

2. 交易规模

电子商务年交易额达到 1 000 万元以上。

3. 网商规模

本村活跃网店数量达到 100 家以上，或者活跃网店数量达到当地家庭户数的 10% 以上。

在一个乡镇或街道，若淘宝村数量大于或等于 3 个，则为"淘宝镇"，这是在淘宝村的基础上发展起来的一种更高层次的农村电子商务生态现象。

"淘宝村集群"是指由 10 个或以上淘宝村连片发展构成的集群，网商、服务商、政府、协会等密切联系、相互作用，电子商务交易额达到或超过 1 亿元。若相邻的淘宝村数量达到或超过 30 个，则成为"大型淘宝村集群"。

议一议

同学们，你们生活的地方或邻近的地方有淘宝村吗？

第二步：了解淘宝村的"前世今生"

1. 淘宝村的兴起

自改革开放以来，我国农村居民消费水平普遍有所提高，再加上互联网的高速发展和日益普及，使电子商务发展在农村具有广阔的市场空间。而淘宝店门槛低、经营规模小、成本低、消费群体广的特征，正好迎合了收入普遍较低的农民群体的需求。

2009 年，我国最早一批淘宝村初步成型，包括江苏省徐州市睢宁县东风村、浙江省义乌市青岩刘村、河北省清河县东高庄村 3 个淘宝村。分析这些著名的淘宝村的兴起，大致有以下两种类型。

（1）大部分淘宝村是基于本土原有的传统产业或特色产品发展起来的。例如浙江省义乌市青岩刘村正是扎根于义乌小商品市场这个庞大的实体经济旁边，其电子商务产业才得以迅速发展起来。又如河北省清河县一直有着"中国羊绒之都"之称，这个县的淘宝村都是在网上卖羊绒及相关产品。

（2）小部分淘宝村属于"无中生有"类型。这类淘宝村，一开始没有自己的农村土特产或其他服务类产品，而是通过创新意识或理念慢慢发展起来的，浙江省丽水市缙云县壶镇区北山村就是典型代表。北山村原来是一个贫困山村，2006 年，在村民吕振鸿创立"北山狼"户外用品网店的影响带动下，村民们开设了 280 多家户外用品网店，形成了加工基地、产品分销两头在外的"自主品牌＋生产外包＋网上分销"模式。2014 年全村户外用品网络销售额达 1.2 亿元。全体村民人均纯收入 8 年增长了 4.2 倍。像北山村这种"从无到有"类型的淘宝村的出现，对于我国中西部大量缺少资源优势的农村发展淘宝村极具参考价值。淘宝村的兴起正为农村经济注入活力，已经成为影响中国农村经济发展一股不可忽视的新兴力量。

议一议

同学们，请说说淘宝村兴起的原因是什么？

2．淘宝村的现状

（1）淘宝村发展遇到的问题。

淘宝村在为农村带来好处的同时，也面临着很严峻的问题。

就个体户而言，大多数农村淘宝个体户由于人力和能力的限制，无法全方位地发展网店，面临着同质化竞争的压力，且自我管理协调能力较弱。个别网店为了扩大销量而打价格战，靠压低价格进行推广，破坏了淘宝村整体的竞争秩序。低价格在一定的程度上会影响产品质量，进而威胁本地区产品的网络美誉度，长此以往"淘宝村"的路子就会越走越窄。

就公司而言，一方面，农村因为其较差的生活基础设施，对人才的吸引力较弱，即便能给出比较高的工资，人才也不愿意留在农村；另一方面，由于淘宝村的网商成长迅速，所以对办公场地、仓库的需求也急速扩张，但农村的居住生活空间有限，存储场地不足，严重束缚了网商的发展。

（2）政府和企业的扶持。

淘宝村是依靠农民自发的创造力成长起来的新经济形态，在意识到淘宝村的巨大社会价值和经济价值后，许多政府也希望能够主动创建淘宝村，并且推动本地现有的淘宝村更快地复制。在扶持淘宝村良性发展方面，不少地方政府已经有了一定的成功经验和积累。通过做好"优化环境（营造农村电子商务的发展氛围）＋主动作为（解决淘宝村实际困难）＋积极引导（如品牌化经营）"这几个关健点，本地淘宝村的复制速度便可以得到明显加快。

从阿里巴巴集团的角度来看，阿里巴巴农村战略两大部分分别是千县万村（农村淘宝）及淘宝村。前者以拉动农村消费为先行抓手，后者以农村卖家为核心，从买和卖的角度分别推进，最终实现农村经济的互联网化。为了扶持淘宝村的发展，阿里巴巴集团特别提出了针对淘宝村的信贷、培训和推广三大扶持措施。

（3）淘宝村呈持续发展的势态。

目前，淘宝村呈持续发展的势态。据《中国淘宝村研究报告（2017）》数据显示，2009—2017年以来，淘宝村持续快速增长。2009年，全国只有3个淘宝村，2017年已经有2 118个淘宝村，淘宝镇超过240个。2009年，只有三个省有淘宝村，2017年24个省市区有淘宝村，淘宝村数量最多的前三个省是浙江省（779个）、广东省（411个）和江苏省（262个），合计占比超过68%，山东省、福建省、河北省的淘宝村数量都超过100个，中西部淘宝村共68个。淘宝村随着互联网、大数据、云计算技术的发展，已经扩散到全国各地。查看全国的分布，东南沿海地区的淘宝村是最多的，主要因为这里有更好的工业基础、更成熟的商业环境。2017年，西部六省市自治区（广西壮族自治区、贵州省、重庆市、山西省、陕西省和新疆维吾尔自治区）实现了淘宝村的零突破，这些地方正在萌芽，而且快速地成长。淘宝村由发达地区向后发达地区渗透，已经形成了一个态势，这是让人非常惊喜的现象，如图1-1-2所示为淘宝村数量的增长情况。

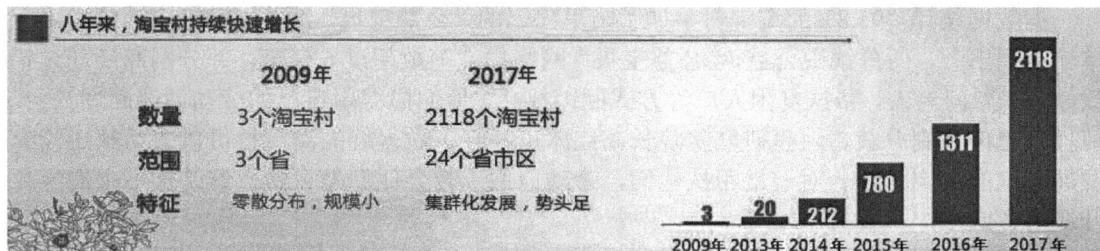

图1-1-2　淘宝村数量的增长情况

？ 议一议

同学们，淘宝村在发展过程中遇到了什么困境？政府和企业是如何扶持的？

3．淘宝村的新变化

2017年淘宝村关键词为产品多元、服务升级、热心公益，如图1-1-3所示。

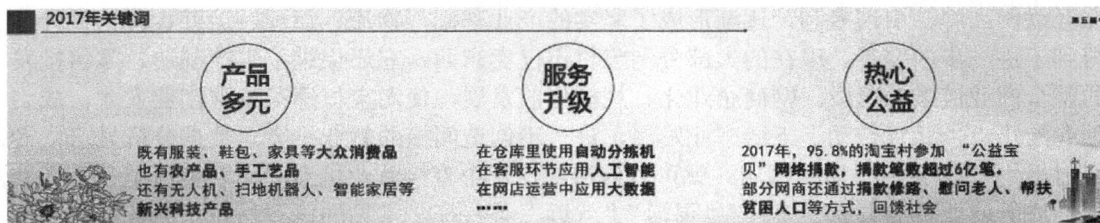

图1-1-3　2017年淘宝村三大关键词

（1）产品多元化。

从销售额来看，领先的有服装、家具、鞋类、箱包等，对应大众化的消费需求。与往年相比，具有地方特色的商品面对网上海量的个性化需求，空间非常大，首先是农产品，如沭阳的花木、阳澄湖的大闸蟹、安溪的铁观音茶等。2017年，在新疆维吾尔自治区发现的首个淘宝村仓房沟村，主要产品是黑蜂蜂蜜，黑蜂采的是海拔1 800～2 500m间的山花花蜜，很有新疆特色。2017年，据初步分析，以农产品为特色产品的淘宝村超过100个，其次是手工艺品，如泾县的宣纸、即墨的鸟笼、孟津的牡丹画、鹤庆的银器等。很多产品具有悠久的历史和独特的文化，有的还是非物质文化遗产。此外，非常值得关注的是一些科技创新产品也涌现出来，如电动平衡车、扫地机器人、智能家居产品等。

（2）服务体系升级。

一个淘宝村的服务体系是否完善，是决定这个村能否升级突破的关键。2017年"双11"的销售额、订单数、包裹数再次创下新纪录。很多淘宝村也创下新纪录，而新纪录背后，是全新服务体系的有力支撑。很多淘宝村网商使用大数据软件，深入分析网店的访问量，分析消费者的活跃度，有针对性地采取措施。在客服环节应用人工智能，仓库里面使用自动分拣机。在广州大源村，物流中心拥有先进的快速分拣机，一天可以分拣40万件包裹，相当于100个人三天的工作量，而且分拣机能自动纠错，识别有问题的包裹。因此可以看出，人工智能、大数据等现代科技手段，在淘宝村已经得到了应用。

（3）热心公益。

据数据统计，95.8%的淘宝村参加了阿里巴巴的"公益宝贝"活动，淘宝店铺每卖出一单就会捐出一、两分钱做公益，"公益宝贝"网络捐款笔数超过6亿笔。部分网商还通过捐款修路、慰问老人、帮扶贫困人口等方式回馈社会，他们懂得用自己的劳动创造回馈社会。阿里巴巴集团副总裁、阿里研究院院长高红冰也呼吁，做得好的淘宝村可以去帮扶还没有发展起来的淘宝村，一对一地帮扶他们，带动他们，教会他们怎么做，这是接下来淘宝村升级的方向。

议一议

同学们，请说一说淘宝村产品的多元化及服务体系升级等变化有何现实意义？

4．淘宝村的社会价值

（1）规模化创造就业机会，淘宝村成为幸福宜居家园

在淘宝村里，大部分以个人或家庭经营为主。随着互联网、大数据、云计算技术逐渐成熟及电子商务先进经营理念的发展，已经有一批网商快速成长起来，他们注册公司、创立互联网品牌、申请专利，逐渐形成了坚实的产业基础，物流、管理、运营、营销设计都得到了进一步的完善。现在的大部分淘宝村不仅卖东西，它还促进了生产制造、零售批发的整个商业链条的形成。网商企业化、规模化的发展，使淘宝村逐渐集聚创业人才，成为创业的热土，并且带动上下游产业发展，进一步创造间接的就业机会。数据分析显示，淘宝村平均每新增1个活跃网店，就可以创造约2.8个直接就业机会。而淘宝村电子商务发展创造的就业机会具有"多样""灵活""就近"等特征。常见的既有与电子商务直接相关的岗位，如网店客服、营销推广专员、打包发货专员等，也有电子商务带动的岗位，如服装行业的裁缝、家具行业的木工、快递员、摄影师等。近年来，在部分淘宝村还涌现出为网商服务的律师、会计、专利代理人等，如图1-1-4所示为淘宝村贡献中国的经验。

淘宝村的快速发展，不仅吸引了一批外出打工的人才返乡创业和就近就业，带动当地经济和社会的发展，农村"空巢"现象而带来的老人赡养、儿童教育等问题也在淘宝村得到改善。人才返回农村，借助淘宝等互联网平台，跟一线城市最先进的技术、商业模式和人才连接着。他们借助电子商务生态系统、商业平台，推动产业兴旺发展，过上富裕的生活，进一步参与推动生态宜居、治理创新、乡村文明建设。可以说，相当一部分淘宝村已

经成为产业兴旺、幸福富裕的宜居家园。

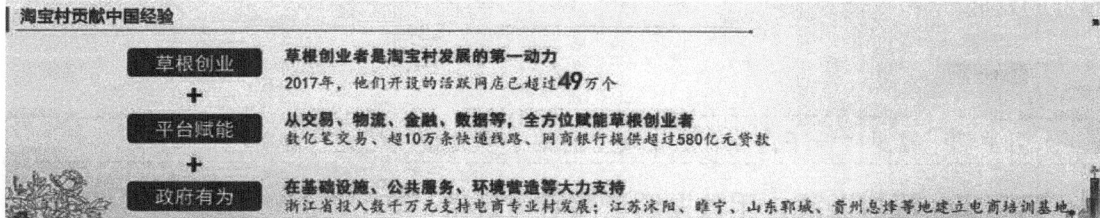

图 1-1-4　淘宝村贡献中国的经验

案例1　江苏省宿迁市沭阳县拥有 41 个淘宝村，电子商务创业氛围浓厚，吸引了大学生、退伍军人、外出务工人员等返乡创业。其中，通过电子商务平台销售花木是村民们返乡创业的主要方向。

案例2　广东省汕头市的 66 个淘宝村大多基于当地支柱产业，如玩具、内衣。由于商品在品质、价格等方面具有明显的优势，加之当地创业环境持续改善，汕头市的淘宝村吸引了众多外地创业者入驻。

案例3　2016 年，江苏省徐州市睢宁县拥有 40 个淘宝村，电子商务创业带动就业效果显著。截至 2016 年 9 月，全县共有 30 289 个网店，直接带动就业约 8 万人，间接带动就业约 13 万人。其中，从安徽省、河南省等地来睢宁县就业的约为 2 万人。

（2）淘宝村让电子商务扶贫落地成为乡村振兴的先行者

就在高峰论坛前夕，阿里巴巴宣布 5 年投入 100 亿元成立脱贫基金，并将脱贫工作列为战略性业务。过去 5 年，全国淘宝村数量从 20 个激增至 2 100 余个，阿里巴巴农村淘宝服务站从零增长到近 3 万个。在几何级增长背后，正是电子商务助力"乡村振兴"的最佳缩影。如图 1-1-5 所示为"淘宝村：乡村振兴的先行者"报告。

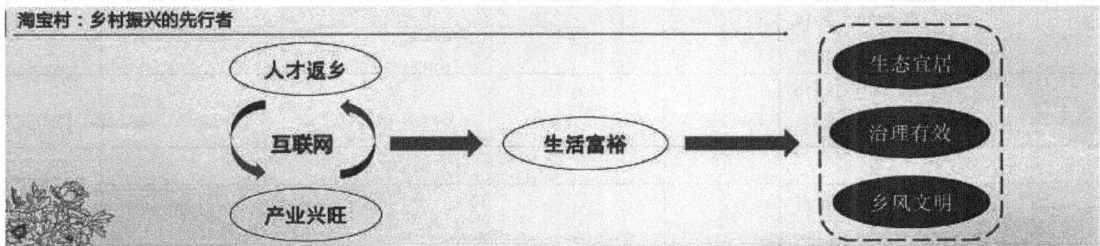

图 1-1-5　"淘宝村：乡村振兴的先行者"报告

在贫困地区的淘宝村，一批村民通过电子商务创业、就业，增加收入，脱贫致富。2017年，在 13 个国家级贫困县共发现 33 个淘宝村。其中，河北省邢台市平乡县最多，为 16 个，特色产品是自行车和童车。另据不完全统计，在全国省级贫困县发现淘宝村达数百个。这意味着电子商务扶贫正在通过淘宝村落地，通过电子商务把商品卖给城市的消费者，卖到全国大市场，农村的经济发展变成了中国扶贫的新路径。

案例1　山东省菏泽市曹县是省级贫困县。近年来，村民们跟随电子商务带头人，纷纷开通网店销售演出服。2016 年，全县电子商务交易额达 65 亿元。截至 2017 年 8 月，全县约有 45 000 个网店，电商从业人员约 147 000 人，带动约 20 000 名贫困群众脱贫。

案例2　2016 年，河北省邢台市平乡的网店覆盖的消费者有 700 万，相当于这个县人口的 20 余倍，消费者分布在全国 300 多个城市。全国统一的大市场，支持了电子商务扶贫事业的发展。

想一想

同学们，请思考一下，为什么说淘宝村成了乡村振兴的先行者？

第三步：通过游戏，用数据解读淘宝村现象

表妹小甄听完表哥的介绍，对淘宝村有了大致了解，不过由于信息量太大，小甄一时无法有一个清晰的印象。于是，小刘就和表妹小甄玩了一次老师在课堂上带大家玩的有趣的数据游戏。

试一试

同学们，下面我们一起来玩一个数据抢答游戏，请同学们以小组为单位，在本次活动所给的材料中进行快速搜索，找出以下几组数据，并说出这几组数据的关系或表达的意义。注意，是以小组为单位进行抢答。淘宝村的大数据如表 1-1-1 所示。

表 1-1-1　淘宝村的大数据

序　号	数　据	出　处	关系或意义	得　分
1	1 000 万、100 家	淘宝村的定义	意思是淘宝村的认定标准除经营场所在农村地区外，还需要满足电子商务年交易额达到 1 000 万元以上和本村活跃网店数量达到 100 家以上这两个条件	
2	2009 年 3 个、2017 年 2 118 个、240 个			
3	2006 年 280、2014 年 1.2 亿、8 年、4.2 倍			
4	2017 年 24 个、779 个、411 个、262 个			
5	95.8%、6 亿			
6	2017 年 1 天、40 万件、100 个、3 天			
7	2016 年 40 个、30289 个、8 万、13 万、2 万			
8	2016 年 65 亿元、2017 年 45 000 个、147 000 人、20 000 名			

通过玩数据抢答游戏，小甄对淘宝村现象已经非常了解，既能说出淘宝村的定义和淘宝村的现状及变化，对淘宝村的社会价值也有了深刻的理解。

活动评价

评价项目	自我评价		教师评价	
	小结	评分 （5分、3分、1分）	点评	评分 （5分、3分、1分）
1. 能说出淘宝村的定义				
2. 能说出淘宝村兴起的原因，并用数据解说淘宝村的现状				
3. 能说出淘宝村遇到的困境和政府、企业的扶持作用				
4. 能快速说出淘宝村的新变化和淘宝村的经济社会价值				
合计				

任务二 农村电子商务的发展现状

任务介绍

本任务中，将从感受农村掀起的电子商务新浪潮开始，然后从行业发展规模及中国农村电子商务发展特点、面临的机遇和挑战等多方面介绍中国农村电子商务的发展现状。通过活动一感受农村掀起的电子商务新浪潮，使同学们了解中国主流电子商务平台的农村电子商务战略。通过活动二从行业发展规模看农村电子商务，使同学们透过数据看行业发展前景。通过活动三学习报告，多方位了解农村电子商务的发展现状，并作出趋势展望。

活动一 感受农村掀起的电子商务新浪潮

活动描述

小甄听了淘宝村的故事，对农村淘宝痴迷起来，经常上淘乡甜平台上搜罗好吃的。小刘却说："你不要眼睛总是盯着淘宝啊，其实，推动中国农村电子商务发展的可不止阿里巴巴呢。"小甄说："是吗？那你再给我说说呗。"于是，小刘打开计算机，给表妹说起了中国农村电子商务的发展新浪潮。

活动实施

第一步：分析背景，了解农村掀起电子商务新浪潮的原因

随着经济全球化和信息时代的到来，电子商务正迅速向国民经济的各行各业各领域渗透。自 2009 年以来，电子商务向农村加速渗透，甚至对电子商务概念都不甚了解的边远山村，也借助着手机上网的渠道开始了网络购物的历程，更有一大批先知先觉的创业者，掀起了自 2009 年以来的农产品电子商务新热潮，除了阿里巴巴的淘宝村，诸如村村乐、赶街网、乐村淘、淘实惠、卖货郎、穗片土货等众多农村电子商务平台在全国各地纷纷涌现出来。

2014 年，农村电子商务得到空前关注。9 月，阿里巴巴在美国上市后随即宣布，今后的三大战略是农村电子商务、跨境电子商务和大数据，农村电子商务再次进入人们的视野。10 月，阿里巴巴正式公布农村电子商务战略，推出"千县万村"计划。年底，京东公布了"一县一中心＋京东帮"的农村电子商务战略。从 2014 年起，苏宁易购的"直营店＋线上中华特色馆"，进城、下乡双向发力。一时间阿里巴巴、京东、苏宁等电子商务巨头已经纷纷进入农村电子商务市场。

一切迹象表明，一直不被当作主流市场的农村市场，在当前有了很大的发展空间，成为一块宝地。在政府扶持、电子商务下乡、青年电子商务创业等力量的共同推动下，农村电子商务取得了明显进展，保持快速发展的态势。

议一议

同学们，请分组讨论农村掀起电子商务新浪潮的原因是什么？

第二步：学习案例，感受农村掀起的电子商务热浪

大家可以先从各大电子商务平台下乡刷墙的竞争中感受电子商务进军农村的热闹气氛。

如今，白墙宣传阵地逐渐成为各路商家广告促销的主战场，特别是以电子商务为主的互联网企业正在广大农村地区掀起刷墙大战，例如"要销路，找百度""打工东奔西跑，不如电商淘宝""老乡见老乡，购物找当当"。不管是昔日的政府宣传还是今日的商业推广，落脚点对准的都是农村人民迫切改善生活的致富梦。如图 1-2-1 所示为农村淘宝刷墙图集。

图 1-2-1　农村淘宝刷墙图集

案例 1　阿里巴巴"千县万村"计划

农村淘宝是阿里巴巴集团的战略项目。为了服务农民创新农业，让农村变得更美好，阿里巴巴集团将通过与各地政府深度合作，以农村淘宝电子商务平台为基础，搭建区县—乡镇—村三级服务网络，充分发挥电子商务的优势，突破物流、信息流的瓶颈，实现"网货下乡"和"农产品进城"的双向流通，加速城乡一体化，吸引更多的人才回流创业，为实现现代化、智能化的"智慧农村"而积基树本。

2014 年 10 月，阿里巴巴推出"千县万村"计划，计划在 3～5 年投资 100 亿元，建立 1 000 个县级服务中心和 10 万个村级服务站，至少覆盖到全国 1/3 的县及 1/6 的农村地区，主要定位于四个方向：一是让农村也能享受与城市一样的消费选择，即代买、代缴费服务；二是让优秀的人才可以回归农村创业，即带动农村就业创业；三是让农民可以直接从厂家采购生产资料，从而降低成本，即放心农资下乡；四是让农产品足不出户就卖到全世界，即代卖农产品服务。

"千县万村"计划具体的推进方式是各地政府向阿里巴巴集团公开申请，由阿里巴巴在选定的县级城市开设县级服务中心站点，由县级服务中心站再去开拓合适的村级服务站，村级服务站由当地村民或适合做村民网购网销服务的店铺来运作。阿里巴巴集团将与地方政府对接，整合当地的物流配送、培训机构、农副产品检验检测机构、农资农具厂家等资源，打造一个"消费品下乡、农产品进城"的双向流通体系，并提供包括金融在内的综合服务。

2014 年 10 月，阿里巴巴农村淘宝在浙江省杭州市桐庐县开设第一个农村淘宝服务站后，一年内已经覆盖全国 27 个省 6 000 多个村，发展了近万名返乡青年成为农村淘宝合伙人。截至 2016 年 3 月底，根据阿里巴巴财务报告披露的数字，"村淘"已经进驻全国 27 个省区市的 333 个县，覆盖 16 500 个村，"千县万村"已成雏形。

在农村淘宝和合伙人的努力下，越来越多的农村人享受到价廉物美的商品。浙江省杭州市临安区於潜镇更楼村，每天午后向乡亲们介绍家用电器已经成为农村淘宝合伙人徐洋生活的一部分，而在这个小村庄，有过网购体验的村民已经达到了 70%。如图 1-2-2 所示为农村淘宝合伙人介绍淘宝店的情况。

图 1-2-2　农村淘宝合伙人介绍淘宝店的情况

想一想

同学们，阿里巴巴集团是如何推进"千县万村"计划的？

农村物流问题、产品标准与安全问题及同类行业之间的激烈竞争给阿里巴巴农村电子商务战略带来了新的挑战。因此，阿里巴巴在大力培养农村电子商务人才的基础上，与各级政府通力合作，健全农村电子商务的生态体系，提升农村物流配送体系，打造电子商务农产品标准化体系，以保证农村电子商务战略的顺利实施。

案例 2　京东"一县一中心＋京东帮"

京东的农村电子商务发展模式有两种。一种为县级运营中心，由京东自主经营。总部直接派人到各个县成立县级运营中心，为消费者提供代下单、配送、展示等服务。服务中心的主要职责还包括招募、培训乡村推广员，乡村合作站指导村民注册、下单，给村民代购，推广京东的品牌，协助运营中心到所负责的区域搞活动。如图 1-2-3 所示为京东刷墙图集。

图 1-2-3　京东刷墙图集

另一种为京东帮。在县级城市及农村消费者集中的市场招募商户。商户必须具备大家电营销、配送、安装和维修四位一体的功能，需要提供 2 万～5 万元保证金。商户与京东之间属于合作关系，承载的是京东的自营家电业务，利润来自销售的返点。

自 2013 年起至 2016 年 9 月，京东的农村电子商务生态中心和服务中心已经在全国超过 1 500 个县落地，包括电子商务、物流、金融在内的各项服务，已经覆盖全国超过 42 万个行政村。同时，京东宣布上线"农资频道"，提供种子、农药、化肥、农具等农贸产品的电子商务服务，公开宣布打造农村电子商务的"闭环生态"。

议一议

同学们，请分组讨论京东的农村战略与阿里巴巴的有何异同。

案例 3　苏宁易购"直营店＋线上中华特色馆"的 O2O 模式

苏宁农村电子商务战略载体是苏宁易购"直营服务站＋线上中华特色馆"和"工业品下乡＋农产品进城"双向发力，创新模式，注重人才培养，带动市场经济提升。

苏宁易购直营服务站是一个 O2O 的新型店面，通过线上线下结合的购物方式，虚实结合的展示形式，以及体验式社群式营销，帮助当地消费者提升网购应用能力，丰富产品种类，提升购物体验。同时，自营服务站也是苏宁在一个区域内的品牌形象店，承担了对加盟服务站的管理职能。在物流配送方面，扮演了对加盟服务站商品中转仓的角色，将分散的加盟苏宁易购服务站进行有效地管理及整合。依托线下连锁店面的先天优势，苏宁通过建设直营店为农产品搭建上行通路，通过线上苏宁易购中华特色馆进行销售和品牌推广落地。如图 1-2-4 所示为苏宁易购电子商务扶贫实训店。

图 1-2-4 苏宁易购电子商务扶贫实训店

2016 年 5 月 10 日，在首届县域互联网＋流通发展论坛上，苏宁宣布成立农村电子商务学院，并发布 2016 年农村电子商务战略。2016 年，苏宁在农村市场投资 50 亿元，在已有 1 011 家的基础上再开设 1 500 家直营店，发展 10 000 家代理点及授权服务站，上线 200 个地方特色馆，带动 10 万人才返乡创业，打造 20 个"最美乡村"样本。以苏宁特有的"工业品下乡＋农产品进城"的双向模式打造苏宁农村经济生态圈。

☀ **想一想**

同学们，请想一想苏宁的农村战略有何特色？

案例 4 村村乐——咱们村里有人

村村乐是服务中国农村的互联网创业服务平台、农村整合营销传播平台、农村农用物资流通平台、农村金融服务平台。自 2009 年成立以来，村村乐给自己的定位是"社交＋电子商务"的模式。在社交上，一直致力于打造"基于熟人社会的新型农村互联网平台"，加强城乡连接，服务广大农村。如图 1-2-5 所示为村村乐刷墙图集。

图 1-2-5 村村乐刷墙图集

村村乐网站的运营模式是 O2O 模式，分别有线上和线下运营两部分。

（1）线上运营部分。

线上运营部分主要是招募网络村官。某用户登录网站后，如果这个村庄还没有人认领网络村官，他就可以注册并且申请认证。实名认证后，他就可以当这个村网站的管理员。

当了村管理员后，就可以承接村村乐给他提供的兼职赚钱机会，做一些村村乐要在线下做的事情。几年下来，村村乐已经招募了32万个网络村官，这些人就是村村乐最有价值的资源之一，这就是所谓的"村里有人"。

（2）线下运营部分。

线下运营部分是指农村市场推广。有了这32万个村官，村村乐就成了最具体的中国农村市场推广渠道了，结合着国家家电下乡政策的契机，迅速把业务做了起来，并且做出了规模。主要的线下业务有墙体广告（村村乐就是那个被称为全国最大的刷墙公司）、路演巡展、电影下乡、村委广播、农家店推广、宣传栏推广等。

村村乐充分发挥"村里有人"的优势，以数量庞大的村庄站长为基点，通过网络众包模式引导农民创富。目前，村村乐已经与国内外众多知名企业携手，开展农村整合营销服务。京东、联想、戴尔、海尔、美的、苏宁等上千家知名企业均是其下乡营销合作伙伴。

知识链接

"众包"的定义是"一个公司或机构把过去由员工执行的工作任务，以自由自愿的形式外包给非特定的（而且通常是大型的）大众网络的做法。众包的任务通常由个人来承担，但如果涉及需要多人协作完成的任务，则有可能以依靠开源的个体生产的形式出现。"

村村乐会定期给村官派活儿（如刷墙等），由村官来完成O2O中线下业务的执行，其实就是在农村进行劳务众包。

议一议

同学们，请分析一下"村里有人"是什么意思？

第三步：总结案例，找出农村电子商务新浪潮背后存在的问题

总体来看，农村电子商务正在成为带动农村经济发展的新"火车头"。随着越来越多的企业加入农村电子商务的市场争夺中来，行业也出现了诸多问题，特别是农产品上行难度非常大。具体表现在以下3个方面。

（1）产品之困。

我国的农产品大多为小规模生产，存在盲目化、分散化、低端化、碎片化等问题。另外，农产品受季节和产地等因素影响，存在一定的周期性，尤其是生鲜类农产品。由于农产品数量不成规模，所以电子商务的持续运作存在困难。

（2）物流之困。

农产品通过电子商务"上行"，只能通过快递运输，但农村物流制约着农村电子商务的发展。若出售规模有限则会增加物流成本。而生鲜农产品还需要冷链物流，在很多农村冷链物流覆盖还很不健全，使生鲜农产品流通受限。

（3）运营之困。

目前，大部分农产品尚未有统一的品质控制标准体系，农产品"上行"面临着产品是否合格、质量是否安全等问题。

议一议

同学们，请分组讨论现阶段生鲜农产品"上行"面临的主要问题是什么？

活动评价

评价项目	自我评价		教师评价	
	小结	评分(5分、3分、1分)	点评	评分(5分、3分、1分)
1. 能说出农村电子商务掀起新浪潮的原因				
2. 能说出阿里巴巴"千县万村"计划的含义				
3. 能区分京东的农村战略与阿里巴巴的异同				
4. 能说出苏宁农村战略的特色				
5. 能说出农产品电子商务的三个难题				
合计				

项目总结

通过本项目的学习，学生能够掌握农村电子商务的真正含义，分析各大主流电子商务平台的农村电子商务战略，了解中国农村电子商务发展的现状及趋势为后续学习开阔思路。

项目练习

一、填空题

1. 农村电子商务是指利用互联网、计算机、多媒体等_____，为从事____领域的生产经营主体提供在网上完成_____的销售、购买和电子支付等业务交易的过程。

2. 农村电子商务的概念包含了 3 层含义，分别是_____、_____、_____。

3. 关于农村电子商务，单从商品类型的角度可以分为_____、_____、_____。

二、不定项选择题

1. 农产品电子商务是指（   ）。

　A．让消费品、工业品下乡，称为下行

　B．让农产品进城，即上行

　C．经营主体一定是普通农民

  D．经营的农产品一定是没有加工过的原产品

2．关于淘宝村或淘宝镇，以下说法正确的是（ ）。

  A．经营场所在农村地区

  B．整个村的年交易额达到 10 万元以上

  C．本村活跃网店数量一定要达到 100 家以上

  D．若全镇淘宝村数量大于或等于 3 个，则为"淘宝镇"

三、实践题

请浏览以下网站，并借助互联网搜集资料，完成表 1-3-1 农村电子商务网站资料表。

要求：从区分农村电子商务、农资电子商务、农产品电子商务的角度去研究。

表 1-3-1 农村电子商务网站资料表

网 站 名	成 立 时 间	主营方向及服务对象	网站特色或成绩
优菜网	2010 年	生鲜电子商务平台。以经营新鲜绿色有机水果蔬菜为主，包括肉、蛋、奶、油盐酱醋、日用品等快速消费品在内的网上大型超市	1．优菜网，高价值金豆兑换平台。 2. 通过在每个消费者门口放置一个购物箱的方式，解决了生鲜电子商务的诸多难题。通过预订、定时配送和集中配送等低成本运作方式
田田圈 TIAN TIAN QUAN			
FarmGirl（小农女）			
Tao Yum 淘乡甜 阿里巴巴旗下品牌			

项目二

农村电子商务的产品管理

项目简介

　　本项目将从农产品的规划与管理、农产品的卖点分析和农产品的拍摄与美工三个方面介绍与农村电子商务产品管理相关的知识。通过学习本项目，同学们将掌握农产品规划与管理方面的知识，能够对农产品的卖点分析、拍摄与美工进行实际的操作。开始吧！

项目目标

➤ 能够了解农产品的规划与管理方法。
➤ 能够认知农产品的卖点提炼在运营中的重要性。
➤ 能够运用农产品卖点分析方法提炼农产品的卖点。
➤ 能够运用摄影技巧对农产品进行拍摄。
➤ 熟练使用软件对农产品图片进行处理与修饰。

任务一　农产品的规划与管理

任务介绍

　　在本任务中，将学习农产品规划与管理的一些知识和方法，使同学们根据农产品的类别，对农产品运营进行规划管理。通过活动一分析农产品，理解和认识农产品的分类及各类农产品的特点。通过活动二规划农产品，根据农产品的分类对农产品的运营进行规划。通过活动三管理农产品，掌握农产品组合管理的方法。

活动一　分析农产品

活动描述

农村电子商务自 2016 年开始成为"热门话题",尤其是在淘宝、京东花大力气在农村推广之后,农村电子商务一直非常火爆,特别是在政府和各行各业掀起的"互联网+"、农业 O2O 风潮下,真可谓"忽如一夜春风来,千树万树电商开"。诚然,任谁都难以否认,农村电子商务的市场需求确实非常大。

在如此大好的农村电子商务的形势下,我们该如何做好农村电子商务的运营呢?做产品运营之前,需要充分了解并分析我们所销售的产品。

活动实施

第一步:认识农产品的分类

农产品大致可以分为 4 类,分别是主食、生鲜、副食及手工艺品。

想一想

请同学们思考,主食、生鲜、副食及手工艺品分别有哪些产品?

第二步:适合电子商务的农产品分类

在在利用电子商务销售农产品时,可以利用产品附加值和电子商务难易程度这两个标准进行甄别。按这两个标准,可以将农产品分为 4 类。

(1)产品附加值高,电子商务难度低。例如,常温奶、菌类等。菌类是干货类产品,大多数干货类产品都非常适合做电子商务,这类农产品的电子商务渗透率较高,大多进入了电子商务品牌化的阶段,例如富锦——菌类品牌,如图 2-1-1 所示。

图 2-1-1　富锦

（2）产品附加值高，电子商务难度高。此类产品需要不断地改进存储、包装及运输技术。例如，海鲜、牛排等。这些产品的毛利润较高，但是产品的存储、包装及运输严重损耗了利润空间。如果能够不断地提高这些技术，就可以带来丰厚的利润。

（3）产品附加值低，电子商务难度低。例如，米面粮油、苹果等。如果能提升此类产品的附加值，就可以成为第一类产品。目前市面上较成功的案例有阿克苏有机冰糖心苹果、褚橙。

（4）产品附加值低，电子商务难度高。例如，普通蔬菜、活鱼等。

议一议

同学们，你能举例说明哪些农产品利用电子商务手段销售相对简单，哪些比较困难吗？为什么？

知识加油站

产品附加值是指通过智力劳动（包括技术、知识产权、管理经验等）、人工加工、设备加工、流通营销等创造的超过原辅材料价值的增加值，生产环节创造的价值与流通环节创造的价值皆为产品附加值的一部分。

电子商务难易度通常从仓储、包装、物流等方面对农产品进行考核。

同学们，现在明白农产品的分类了吗？让我们尝试做做小练习，巩固一下吧！

试一试

请按照产品附加值和电子商务的难易程度这两个标准为下列农产品分类。

1. 阳澄湖大闸蟹
2. 库尔勒香梨
3. 亚麻籽油
4. 生菜
5. 鸡枞菌（干货）
6. 碧根果

活动评价

评价项目	自我评价		教师评价	
	小结	评分（5分）	点评	评分（5分）
1. 能说出农产品的分类				
2. 能根据产品附加值和电子商务难易程度这两个标准为农产品分类				

活动二　规划农产品

活动描述

江浙地区的民营经济在我国经济发展的转型中一直走在前列。在互联网应用的大时代，这里的电子商务发展的非常好。2012 年，遂昌县仅在淘宝网就卖出 2 亿多元的特色农产品。

淘宝网上的"遂昌馆""行走时光"和天猫上的"遂网食品专营店"等不同风格的千余家店铺经营的竹炭花生、烤薯、土猪肉等特色农产品非常热销。遂昌县的村民经过培训为淘宝卖家。

"遂昌模式"的成功，源于村民们的互联网意识和成功的农产品运营规划。

活动实施

第一步：形成互联网思维模式

对于一种农产品，需要思考的不是它适不适合使用电子商务手段进行销售，而是要考虑消费者在电子商务这样的环境中，想去消费哪些产品。建立针对网络销售的产品体系，这是电子商务农产品销售的前提。

知识加油站

2012 年 11 月，哈尔滨天顺生态农业投资有限公司开展"康沛运"蔬菜宅配服务，并请来廖秋钦及其团队管理。廖秋钦说："'康沛运'目前有 3 处蔬菜基地，冬季配送蔬菜以山东省潍坊市昌乐县的蔬菜基地为主，其他季节从本省农科院现代农业示范区及天顺生态农业种植基地选购、采摘蔬菜。"

廖秋钦告诉记者："'康沛运'蔬菜'宅配'的销售模式为会员制，会员通过会员卡储值换取相应的点数，用点数买菜。一点换一箱菜，够一个三口或四口之家吃一周的。对应的价格在 200 元左右，定期会为会员送上世界各地的美食特产。此外，蔬菜配送采取专人、专车、专区负责制，工作人员对应固定会员，如果会员感觉哪种菜不喜欢吃，那么管家会做出有针对性的调整。"

议一议

同学们，你能归纳出"康沛运"的成功之道在哪些地方吗？

第二步：规划农产品销售策略

因为农产品在存储、包装及运输上存在差异性，所以针对不同品类的农产品需要采取不同的销售策略。以下为 4 种常见农产品的销售策略。

（1）蔬菜。

蔬菜在销售过程中需要保证新鲜，而其保鲜时间较短，所以可以采取本地化的就近供应，争取发展长期会员。

（2）水果。

因为水果的季节性差异较大，而且成熟期不稳定，所以可以采取预订的方式，集中开发重点城市。

（3）肉类。

因为肉类极易变质、腐烂，所以在运输时应该采用冷链物流。

（4）禽蛋。

蛋类产品易破碎，应该采用减振包装。

议一议

同学们，你认为在为生鲜类产品做销售策略规划时应该采取哪些措施呢？

知识加油站

京东自营生鲜试水"1 小时达"

"1 小时达"成为生鲜电商进阶的新门槛，巨头玩家借助资源优势争相布局。2018 年 5 月 28 日，京东宣布在北京测试上线"1 小时达"业务，以生鲜为主营类目，上线的商品均为京东自营。此前，京东的即时配送服务更多由京东到家实现，商品多源于合作的第三方零售商，"1 小时达"的上线意味着京东即时配送服务的商品池进一步扩大。

据京东相关负责人介绍，"1 小时达"主要通过前置仓配送实现，每个前置仓可以容纳 300～400 款商品，而且会根据不同地区用户的消费需求，实现"千店千面"。在覆盖范围上，目前基本覆盖北京市五环内大部分区域。在模式通过市场认证后，将在全国范围内推广，预计将迅速覆盖全国一线城市。

试一试

请为下列农产品规划销售策略。

1. 阳澄湖大闸蟹
2. 库尔勒香梨
3. 亚麻籽油
4. 生菜
5. 鸡枞菌（干货）
6. 碧根果

活动评价

评价项目	自我评价		教师评价	
	小结	评分（5分）	点评	评分（5分）
1. 理解农产品规划的要点				
2. 能根据产品特点规划农产品的销售策略				

活动三　管理农产品

活动描述

　　甘肃省某县的县委书记在当地核桃上市前通过个人微博大力宣传成县核桃："今年核桃长势很好，欢迎大家来成县吃核桃，我也用微博卖核桃，上海等大城市的人都已经开始预订，买点儿我们县的核桃吧。"该条微博被网友转评 2 000 余次。

　　从建立农村电子商务，到微博联系核桃卖家，甚至展示成县核桃的多种吃法，在之后的日子里，该书记的微博内容没有一天不提核桃，被网友戏称为"核桃书记"。

　　在该书记的带动下，全县干部开微博，是卖核桃，成立电子商务协会，还是卖核桃。夏季卖的是鲜核桃，冬季卖的是干核桃。以核桃为单品突破，打通整条电子商务产业链，再逐次推动其他农产品电子商务。

　　该县的农产品电子商务，由产品到产业的发展，给了大家很多的启示：利用声势打造爆款单品，从而带动整条电子商务产业链。

活动实施

第一步：认识农产品的运营管理

　　受农产品的存储和运输影响，农产品运营需要围绕市场需求的变化，只有综合运用各种营销战略与策略，并加以优化组合，不断地创新，才能走出一条成功之路。

知识加油站

巧用网络推广，产品售额翻一番

　　山西省大同市大同县许堡乡全乡西瓜种植面积每年都在万亩以上，往年到那里收购西瓜的仅有北京、天津两地的老消费者。自从种植户们将西瓜品种、面积、成熟期在互联网上发布后，便引来了太原、石家庄、保定、唐山等地的新消费者，西瓜收购价格也上涨了1/3。

　　不少农户尝到了网络销售的甜头，一些青年农民还学会了设计制作网页来宣传推广自己的产品。

　　现在全村三成以上的农产品实现了网络销售，通过村里建立的"龙泉在线"网站，村里的胡萝卜远销到了国外。村里先后建立了 5 座冷库、4 个储藏库、1 个高产丰产试验中心，配套生产胡萝卜的科研、加工、储藏产业链已经形成。网络带富了龙泉村人，悄然改变着农村面貌。

议一议

　　同学们，大同县利用了哪些推广方式呢？采用了哪些创新方法呢？

第二步：农产品运营策略管理

下面介绍几种农产品的运营策略，在实际操作过程中也可以根据市场需求的变化来调整和综合运用这些运营策略。

1．开发新产品策略

农产品有着出生、成长、成熟直至衰退的生命周期。可以采用先进的科学技术更换、开发新产品，促使农产品提早或推迟上市，做到人无我有、人有我新就能取得较好的经济效益。

2．高品质产品

随着生活水平的提高，人们已经不再满足于只是吃饱，而是更注重吃好，吃出营养和品位。于是优质农产品便得到越来越多的人的青睐，例如有机青菜、有机大米等。

3．名、优、稀、特的新品种

根据市场需求，引进、开发和推广一些名、优、稀、特的新品种，以新品种来引导新需求、开拓新市场。例如近几年引进的智利车厘子、泰国榴莲等。

4．净菜策略

所谓净菜策略是指在农产品销售时，将农产品洗净、切块，并包装上架，甚至可以提供配送服务。这种销售方式大大地满足了上班族快节奏的生活方式，他们将菜品拿回家就可以直接进行加工处理。

5．自然化的产品

人们对健康越来越重视，对食物也更加追求自然、原生态。例如，不打农药的蔬菜、散养的吃五谷杂粮的土鸡等。自然化的产品有着良好的市场前景。

6．加工化策略

经过加工的农产品不仅价值高，而且克服了鲜活农产品不宜贮藏、运输和保鲜的缺点，加工后的产品也不再受季节和地域的限制，销售范围也会被扩大。例如草莓干、芒果干、蔬菜干等。

知识加油站

大学生敬某和 7 个同学在学校里建起的一个小小养鸡场，一年卖出 2 000 多只鸡、20 万余枚鸡蛋，营业额近 80 万元，并获得投资者青睐。

据首份中国抗生素的使用量与排放量清单显示，2013 年中国抗生素总使用量约为 16.2 万吨，其中养殖业使用抗生素占 52%。专家分析，动物体内残留大量的抗生素，进入人体之后，抗生素会转移到人体。细菌为了生存而不断地进化出耐药性，甚至产生耐药的"超级细菌"，造成人类感染此病菌后因为无药可治而死亡。人在食物链中天天吃抗生素，损害人体的同时还会增加人畜共患病隐患。进入生态环境中的抗生素，有些不易降解或降解缓慢，严重破坏生态平衡。

于是，敬某养鸡场的鸡全部实行无抗（抗生素）养殖。这些无抗土鸡及富硒鸡蛋上市后，供不应求。经过检测，敬某养鸡场的鸡肉和蛋内不含任何抗生素，主要营养成分硒、锌、碘比普通鸡蛋高 3~6 倍，胆固醇含量低 40%，蛋白质含量高 12.7%。

? 议一议

同学们，大学生敬某采用了哪种农产品运营策略呢？

✎ 试一试

小王的家位于广东省佛山市三水区，他们村 300 多亩连片的田地都种植了红肉火龙果，由于前段时间雨水充足，亩产相比过去翻了一番，收成超过 15 万斤，但因为市场饱和，遭遇严重滞销。再加上临近三水区的清远市在种植红肉火龙果的成本上远远低于三水区，这在价格上也对三水区火龙果园的销路造成了一定的阻滞。同学们，请运用你的智慧，为小王他们制定一个运营策略，将火龙果销售出去，从而降低损失。

📋 活动评价

评价项目	自我评价		教师评价	
	小结	评分（5分）	点评	评分（5分）
1. 理解农产品运营策略管理				
2. 掌握各种农产品运营策略				
3. 能根据农产品的特点制定运营策略				

任务二　农产品的卖点分析

─任务介绍─

在本任务中，将学习农产品卖点分析的一些知识与方法，使同学们掌握农产品卖点的分析方法，从而提炼出农产品卖点。通过活动一认知农产品的卖点，使同学们理解卖点的概念及意义。通过活动二寻找农产品的卖点，使同学们掌握分析、提炼卖点的技巧。通过活动三农提炼产品的卖点，使同学们掌握提炼的方法，并且能够实际操作提炼出农产品的卖点。通过活动四制作农产品的详情页，使同学们能够在提炼农产品卖点的基础上，形成电子商务农产品销售的详情页。

活动一　认知农产品的卖点

活动描述

现如今，在创业大军中出现了很多大学生的身影，许某就是其中一个。许某观察到日常生活中很多女生每个月至少会花 50 元买水果，所以他在微信上开了一家叫作"优鲜果妮"的水果店。一开始许熠的"优鲜果妮"一天只有一两笔订单，这么惨淡的业绩让许某和同学开始研究微营销的做法。

因为许某的消费者大多数是校内学生，所以许某针对这个群体的特点，推出了"考研套餐""情侣套餐""土豪套餐"等个性化的产品来吸引学生的注意。现在，许某的"优鲜果妮"已经达到月收入 4 万元的业绩。

小刘看到许某的创业事迹后，得到了启发，准备研究自家农产品土豆的卖点，以提升淘宝店铺的销量。什么是农产品的卖点呢？让我们一起进入今天的课程内容。

活动实施

第一步：学习案例，感受卖点的概念

小刘找了 3 个案例来从视觉上直接感受卖点的概念，如图 2-2-1 所示为小罐茶，图 2-2-2 所示为百果园，图 2-2-3 所示为钱大妈。

图 2-2-1　小罐茶

图 2-2-2　百果园

图 2-2-3　钱大妈

想一想

> 请同学们思考，小罐茶、百果园及钱大妈销售的点子分别是什么？

小罐茶——"每一罐都能喝到春天"、百果园——"好吃"和钱大妈——"不卖隔夜肉"，从 3 家公司的广告词不难看出，无论是小罐茶、百果园还是钱大妈，这 3 家公司的广告词紧紧地扣住自己的产品文化或销售特点来进行宣传，从而达到吸引消费者的眼球，让消费者记住自己的目的。通常把这种广告词称为"销售的点子"。

第二步：学习理论，理解卖点的概念

早在 20 世纪 50 年代，有人提出了 USP（Unique Selling Proposition）理论，即"独特的销售主张'。也就是大家现在所说的"卖点"，能够吸引消费者眼球的独特利益点，即广告诉求点和独特的卖点主张。

知识加油站

USP 过时了吗？

USP 最早是在 20 世纪 50 年代提出来的，后来广泛运用于营销界，USP 概念已经普及到世界各国，影响着广大企业家和营销人员的思维方式。

USP 具有以下特点。

——每个广告都必须向消费者陈述一个主张："购买此产品你会得到这种具体好处。"

——这种主张必须是独特的，是竞争者不会或不能提出的，既可以是品牌的独特性，也可以是在这个特定的广告领域一般不会有的主张。

——这个主张一定要强有力地打动千百万人，也就是吸引新的消费者使用你的产品。

事实证明，USP 是营销概念创意的一个有效的思考工具，许多营销人员由此而创造了不可一世的"Big Idea"。

议一议

> 同学们，USP 理论能给你带来什么启发？你认为它过时了吗？

第三步：实践探索，夯实卖点的概念

现在同学们应该逐渐明白什么是农产品卖点了吧？那么一起来尝试做个小练习，在练习中巩固卖点的概念。

试一试

> 请你在网上找出以下产品的特色卖家，并描述出他们的卖点。
>
> 1. 橙子
> 2. 苹果
> 3. 鸡蛋

相信通过这个小练习，同学们已经掌握了卖点的概念，并且能够准确地找出网络上这些产品独特的销售主张，也就是卖点。

请阅读下面几个观点，并结合"想一想"的问题进行思考。

观点一：你卖的不是一个钻头而是一个洞。

观点二：你卖的不是牛排而是烤牛排的滋滋声。

观点三：你的产品是什么并不是最重要的，消费者认为你的产品是什么才是最为关键的。

想一想

> 请同学们思考，上述的三个观点对吗？它们表达了卖点的什么含义呢？

结合前面的案例、理论及上述的三个观点，不难看出，独特的卖点的核心是消费者，消费者购买的并不是产品本身，而是他的需求或是利益的满足。所以卖点应该是一个能告诉消费者购买产品会得到什么样的利益的主张，这个主张是竞争对手无法提出或没有提出过的。

活动评价

评价项目	自 我 评 价		教 师 评 价	
	小结	评分（5分）	点评	评分（5分）
1. 能说出什么是卖点				
2. 能寻找出生活中几种不同产品的卖点				
3. 能对产品的卖点进行准确判断				

活动二　寻找农产品的卖点

活动描述

明白了什么是卖点之后，那我们该如何寻找卖点呢？让我们一起通过分析几个案例，总结寻找卖点的三个黄金法则。

活动实施

第一步：学习"融安金桔"，寻找产品特性

从"淘乡甜"上的"融安金桔"广告图学习"融安金桔"是如何寻找卖点的，如图2-2-4所示。

图 2-2-4 "融安金桔"广告图

☀️ **想一想**

同学们，你能说出"融安金桔"的卖点是什么吗？

通过图 2-2-4 不难看出，"融安金桔"的卖点有皮色金黄且有光泽、油泡小而密、果皮甘香、肉质味甜。这个卖点其实就是它的产品特性，而它所能达到的效果便是甜如蜜，口感好。

✏️ **试一试**

请同学们从产品特性、效果方面，为小刘店铺的农产品土豆寻找卖点，如图 2-2-5 所示。

图 2-2-5 小刘店铺的农产品土豆

第二步：学习"盒马鲜生"，从目标消费者身上找卖点

"盒马鲜生"是阿里巴巴对线下超市完全重构的新零售业态，如图 2-2-6 所示。消费者既可以到店购买，也可以通过盒马 App 下单。而盒马鲜生最大的特点就是快速配送，门店附近 5 千米范围内，30 分钟送货上门。

图 2-2-6　盒马鲜生

知识加油站

　　盒马鲜生一经推出就轰动了整个上海市，也赢得了很多消费者的认同。一个新的商业模式的诞生，核心是能提升消费品质，产生新的消费需求。盒马鲜生给消费者带来的价值为以下 4 点。

　　1. 新鲜每一刻

　　传统超市需要消费者到店，消费者一周来一次，买一周的货，放在冰箱里慢慢吃。盒马鲜生由于能够送货到家，所以消费者可以每天吃每天买，盒马鲜生所有的商品都是小包装，仅仅解决消费者一顿饭的问题。这种消费模式一推出，就赢得消费者极大的欢迎，这是年轻人需要的生活方式。有些年轻人还有一个消费特点，不是天天在家做饭，今天开心才会去做饭，需要食品的供应是解决一顿饭的问题，而不是买一周的食品。所以盒马鲜生第一的消费理念是叫新鲜每一刻，从此你不再需要冰箱，每天买每天吃。

　　2. 所想即所得

　　当消费者由于场景产生购物需求的时候，打开手机点开盒马鲜生 App，30 分钟便可以将食品送到消费者家中，让生活更加方便。目前很多上班一族的年轻人，下午四五点下单。所以盒马鲜生每天的订单在下午四五点是高峰期，买的东西是晚餐和第二天的早餐。而卖得最好的商品是蔬菜、牛奶、酸奶、面包这些老百姓需要的民生商品，要求是品质跟新鲜度，全部是当天的。

　　3. 一站式购齐

　　盒马鲜生是按场景来定位的，对消费者的一日三餐进行定位，所有的食品就是解决一日三餐的问题，从这个点上来讲，盒马鲜生的宽度、深度都超过很多卖场。盒马鲜生的食品是非常新鲜的，可以做到一站式购齐。运用互联网技术以后，做极致的新鲜度跟商品的品类的宽度。盒马鲜生采用预售的形式，不但做好基本商品，而且把全国的高档原材料通过预售的形式卖给消费者。盒马鲜生可以做到全球的预售，水果保证做到飞机下来以后 24 小时送到消费者家中，真正用互联网改变商品的品质。

　　4. 让吃变得快乐，让做饭变成娱乐

　　现在很多年轻人做饭是为了娱乐。所以盒马鲜生在门店里做了大量的亲子活动、互动体验活动等，目的是让消费者到店里能够很愉快，能吃到各种各样好的东西。通过做大量的试吃跟体验活动，让门店成为真正的流量中心。另外就是差异化的体验，包括很多大型活动，如"双12"活动。还有一个是强黏性和复购，大海鲜是盒马鲜生一个网红产品，盒马鲜生销售大海鲜，老百姓也可以吃得好。

议一议

盒马鲜生的卖点是针对消费者的哪些需求而设定的呢？

试一试

请你模仿盒马鲜生的卖点创作方法，为小刘的农产品土豆寻找消费者需求，从而提炼卖点（小提示：可以从土豆的营养价值、作用等方面入手）。

第三步：研究竞争对手，提炼差异化卖点

此外，研究竞争对手，提炼差异化卖点也至关重要。很多商家通过创新服务获得成功。通过提供创新服务令消费者实现一站式购物。

试一试

请你站在小刘的角度，上网搜索销量较高的"土豆"卖家，并把他们当作你的竞争对手来研究，同时为自己的土豆提炼差异化卖点。

知识链接

通过前面内容的讲解，可以总结出在寻找产品的卖点时，可以从产品的属性、特点，产品能够给目标消费者带来的利益及产品的优势这三个方面入手。总结归纳起来就是 FAB 法则，F 是属性或功效（Feature 或 Fact），即自己的产品有哪些特点和属性；A 是优点或优势（Advantage），即自己与竞争对手有何不同；B 是消费者利益与价值（Benefit），这个优点带给消费者的利益，就是从目标消费者角度出发，关注目标消费者。这就是大家通常所说的寻找卖点的 3 个黄金法则。

活动评价

评价项目	自我评价		教师评价	
	小结	评分（5分）	点评	评分（5分）
1. 能说出寻找卖点的 3 个黄金法则，并举例				
2. 能根据寻找卖点的 3 个黄金法则，尝试为某产品提炼卖点				

活动三　提炼农产品的卖点

活动描述

学习了寻找卖点的 3 个黄金法则后，小刘想自己尝试，但觉得按照普通的方法，很难提炼出独特的农产品卖点。于是，小刘又上网找来 3 个成功的农产品案例学习并总结成功的农产品卖点的提炼方法，开拓了思路。

活动实施

第一步：提炼农产品的卖点——讲故事

同学们还记得语文老师在讲写记叙文时反复强调的时间、地点、人物、事情的起因、经过、结果六要素。讲农产品故事的方法也类似。

1．地点

一方水土养一方人，要将本地的土地特色、休闲旅游和原生态展现出来，而往往一个原产地都会有一个美丽的故事或传说。

2．经过

好的农产品一定有特别的种植、养殖的方法，无论是绿色原生态还是传承悠久的土方法，要将这个与其他种植、养殖差异化明显对比出来。

3．人物

农产品的故事少不了人，种、养的人是淳朴的农民还是欢快的农民，这些农民有哪些故事，用人格魅力来讲出农产品动人的故事和情怀。

知识加油站

高邮闲鸭蛋

高邮咸鸭蛋是高邮特色传统名菜，而高邮咸鸭蛋的传统制作工艺也在 2008 年 2 月就入选第一批高邮市非物质文化遗产名录。逐年兴盛的高邮鸭蛋产业不仅成为高邮农民增收致富的便捷途径,也成为了高邮现代农业建设的重要载体。高邮咸鸭蛋产品广告如图 2-2-7 所示。

听说在江苏高邮，人们坚持用祖辈传下来的手工黄泥腌制法，只为做出著名的高邮咸鸭蛋，高邮市用麻鸭下的蛋来腌制鸭蛋，麻鸭都是散养的，宽阔的京杭大运河，分布东西的湖泊，河流交错，湖荡河沟及草滩中有大量的鱼虾、螺蛳、蚬蚌和水生植物，为麻鸭提供了天然的放养环境和丰富的饲料。

清代文学家袁枚在《随园食单》中就写到"腌蛋以高邮为佳，颜色红而油多。"

图 2-2-7　高邮咸鸭蛋产品广告图

💡 **想一想**

同学们，看完高邮咸鸭蛋的故事后，请思考如何讲好农产品故事呢？

通过高邮咸鸭蛋的案例，不难发现，在提炼产品的卖点时，可以通过提炼农产品的故事来实现。这种讲故事的背后，是农产品营销的一种创新。整个传播展示出品牌是有温度的。讲故事，既可以让消费者感受到品牌的温度，也可以让产品的卖点得到更好的诠释。

✏️ **试一试**

同学们，请你为"响水大米"提炼卖点，并写出产品故事。可根据表 2-2-1 的提示来完成。

表 2-2-1　响水大米

地　点	
人　物	
经　过	

第二步：提炼农产品的卖点——挖掘乡情文化

每个人都有自己的故乡，而往往打动一个人内心的是故乡的人和事。随着现代交通技术的发展，在外打拼的游子也越来越多。卖农产品时，可以抓住这些消费者的情感——特有的乡情文化，来提炼卖点，打动用户，从而提升销量。

乡情文化主要包括家乡话及独特的乡土文化，如杀年猪、端午包粽子等。"卖"乡情文化就必须抓住以下两点。

1."卖"童年记忆

童年的记忆是最为深刻的。通过策划或包装产品，让消费者看到产品后，可以想起自己的童年和青涩的过往与回忆。

2. "卖"乡土文化

每一个地方都有独特的乡土文化，而这些文化会和消费者的内心产生共鸣。所以做土特产，必须做好乡土文化。

✏️ **试一试**

同学们，请根据下列给出的"鸡公榄"材料，提炼产品的卖点（小提示：可以从童年记忆或乡情文化方面来进行描述）。

鸡公榄是广东省广州市著名的传统小吃，实际上就是广东特产白榄，是用上好的白榄经过复杂的工艺腌制加工而成的，有甜的，有咸的，还有辣的。甜的是和顺榄，咸的是甘草榄，辣的是辣椒榄。鸡公榄入口清甜爽脆，回味无穷，为广州人普遍喜爱的传统糖果，是目前多数广州本土老人小时候的回忆。

鸡公榄的名字源于卖榄人为了吸引消费者注意，把一个色彩缤纷的纸扎大公鸡模型套在自己的身上，吹着唢呐叫卖，穿街过巷卖橄榄，而且卖榄人能用唢呐模拟公鸡的叫声，'嘀嘀嗒、嘀嘀嗒、嘀嘀嗒……'，用广州话说就是"鸡公榄、鸡公榄、鸡公榄……"，因此，广州市民称为"鸡公榄"，如图2-2-8所示。

图 2-2-8 鸡公榄

卖榄的人会先吹出"嘀嘀嗒，嘀嘀嗒，嘀嘀嗒……"的唢呐声，接着就会喊："鸡……公……榄……有辣有甜有不辣……"大公鸡模型大小可以依身自定，中间腹背中空，然后将人套在里面，用一条过肩带把彩鸡提起来，人走"鸡"也走。所卖的榄都会放在鸡腔内，味道任选。

第三步：提炼农产品的卖点——塑造品牌

品牌是一个产品成功打开市场并具有持续消费吸引力的最佳武器。缺乏品牌，即使产品拥有好的卖点，也不会走得长远。

想要塑造好一个品牌，需要创新。一种新颖、独特、原创的品牌文化，可以从产品的包装设计、品牌名称入手，例如"王鲜记"，从产品的包装入手，提升农产品的档次。

知识加油站

王鲜记——打时尚牌让农产品卖出时代特色

富有创意而又适度的包装设计，可以大大提升农产品的档次，提高其市场竞争力，这也是促进农民增收的重要环节。这就是大家通常所说的"卖形象"。王鲜记的产品包装如图 2-2-9 所示。

对于打造时尚农产品，江苏省高邮市王鲜记水产农场的负责人王俊深有感触。2016 年，王俊花请来设计团队，围绕农场的各种农产品设计出一整套包装。他们将产品包装设计成小包装，还取了一个吉利的名字"喜昂头"，再配上红色礼盒，一下子成为畅销产品。

图 2-2-9　王鲜记的产品包装

想一想

同学们，请思考王鲜记的成功之处在哪里？

王鲜记通过专业的包装设计公司，将自己的农产品进行包装设计，让自己从单纯地卖农产品提升到"卖形象""卖品牌和服务"，让原本"土"的农产品变得时尚，提高档次的同时也提升了销量，产品的卖点得到进一步的升华，如图 2-2-10 所示。

图 2-2-10　"喜昂头"的产品包装

小贴士

☞如果你不擅长做农产品的包装设计，那么可以像王鲜记一样，交由专业的包装设计公司为产品披上"靓装"。让专业的人干专业的事。

活动评价

评价项目	自我评价		教师评价	
	小结	评分（5分）	点评	评分（5分）
1. 能说出成功案例中，提炼农产品卖点的方法				
2. 能根据提炼农产品卖点的方法，尝试为某产品提炼卖点，学以致用				

活动四 制作农产品的详情页

活动描述

几乎所有的商品详情页都是采用图文搭配的形式。文字在此起到了丰富图片所表达的内容的作用，可以提升图片的可阅读性。因此，商品详情页中的文案写作是非常重要的。本活动着重结合农产品的卖点，介绍农产品详情页中文案的设计方法。

活动实施

第一步：总结概括农产品的卖点

当提炼出农产品的卖点后，需要将这些卖点在农产品详情页中展现出来，这里介绍的是"倒三角写作法"，即以产品的卖点及特点的重要性依次递减的次序归纳农产品详情，先主后次地安排农产品卖点的内容，犹如倒置的三角形。

大多数人没有看完大段文字的耐心，因此在第一段总结概括农产品的卖点时应该采用精练、浓缩性的语句来概括全文，如图 2-2-11 所示，在描述库尔勒香梨的产品特点时，精简地介绍了库尔勒香梨个头小、果肉白色、肉质细嫩、香味浓郁、多汁味甜、有公母之分，简洁明了。

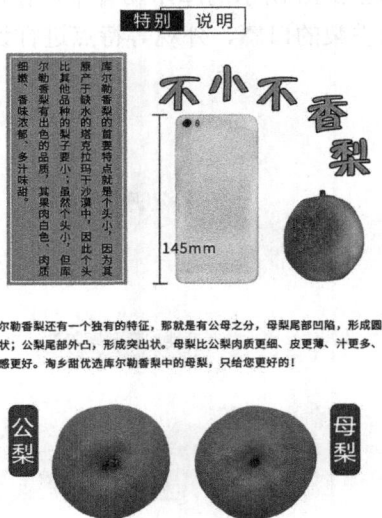

图 2-2-11 概括农产品的卖点

试一试

请同学们从下列材料中总结概括出贵妃芒果的特点，注意语言要精练简洁。

正宗的贵妃芒果只有一种，产在海南的贵妃芒果又叫红金龙，有大小之分，大贵妃芒果单个重量在 600g 左右，小贵妃芒果单个重量在 150g 左右。其外表美艳无比，果皮青里透红，成熟时呈黄色带彩色，无任何斑点，核小无纤维，水分充足，被人们称赞其品味俱佳。

贵妃芒果在我国古代历史上是宫廷贡品中最受喜爱的果品，又称其为"贵妃"。海南贵妃芒果产于海南省著名的南田农场，南田贵妃芒果被海南省农业厅确定为无公害农产品，先后被世界粮农组织和中国果菜大赛委员会评为"中国果后"。海南贵妃芒果肉厚核薄，香甜爽口，果汁丰富，百吃不腻，回味无穷，如图 2-2-12 所示。

图 2-2-12　贵妃芒果

第二步：目录延伸，进一步说明农产品的特点和优势

倒三角写作法的第二段主要是通过目录延伸法，进一步说明农产品的特点和优势。如图 2-2-13 所示的库尔勒香梨，在产品详情页的第二段就采取了目录延伸法，进一步对库尔勒香梨的口感、外观等特点进行说明。

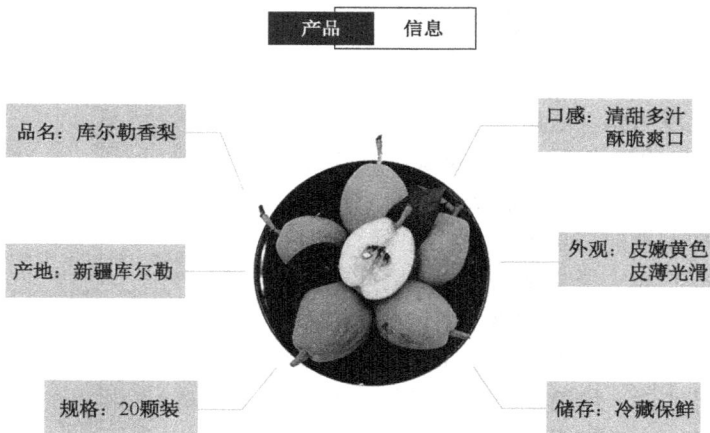

图 2-2-13　库尔勒香梨

✏️ **试一试**

请同学们模仿库尔勒香梨的例子，尝试使用目录延伸法对贵妃芒果的特点做进一步的说明。

第三步：强化农产品的卖点

一个产品的详情页只有概括性的文字和目录式的特点说明是远远不够的，还需要对农产品独特的销售卖点、价格优势等进行强化说明，从而吸引消费者，达到让消费者立即购买的目的。如图 2-2-14 和图 2-2-15 所示，使用图文结合的方式，对库尔勒香梨的卖点进行强化说明。

图 2-2-14　产品的细节展示

图 2-2-15　强化卖点

✎ **试一试**

请同学们为贵妃芒果的卖点做强化描述。

通过以上三步的学习，相信同学们对制作农产品详情页有了一定的了解，下面大家一起来总结归纳制作农产品详情页的三个步骤。

（1）使用精练简洁的语句来概括农产品的特点。

（2）使用目录延伸法，对农产品的特点和优势做进一步说明。

（3）通过细节展示来强化农产品的卖点、价格优势等，达到吸引消费者的目的。

📋 **活动评价**

评价项目	自 我 评 价		教 师 评 价	
	小结	评分（5分）	点评	评分（5分）
1. 能掌握倒三角写作法				
2. 能将提炼出的农产品卖点运用到详情页的制作中				
3. 能完整地制作出农产品的详情页				

任务三　农产品的拍摄与美工

任务介绍

在本任务中，将学习农产品拍摄和后期美工的一些知识与方法，使同学们掌握农产品拍摄的思路和美化的方法，从而呈现出农产品的卖点。通过活动二的拍摄活动，了解如何利用所提炼的农产品卖点进行展示拍摄，使同学们掌握呈现卖点的技巧。通过活动三美化拍摄图，使同学们掌握美化手段，能通过多种方式呈现卖点以达到一定的营销效果。

活动一　拍摄前的准备

活动描述

小刘通过三个成功的农产品案例，开始找到提炼卖点的感觉，想自己尝试把它真实地呈现出来。于是找到专业的商品拍摄工作室，准备请杨师傅针对农产品进行拍摄。

活动实施

第一步：学习案例，确定拍摄风格

杨师傅根据小刘所提供的苹果，找到了一些同类农产品的照片作为参考，如图 2-3-1～图 2-3-6 所示，并结合产品的卖点，确定了拍摄风格。

图 2-3-1　单个农产品拍摄　　图 2-3-2　给农产品加点水　　图 2-3-3　农产品的细节展示

图 2-3-4　多个同类农产品　　图 2-3-5　农产品与产地　　图 2-3-6　给农产品赋予创意

❓ 议一议

请同学们思考，上述 6 种农产品拍摄图分别使用了哪些呈现方式？

第二步：制订拍摄方案，确定拍摄顺序

拍摄农产品应该先从最简单和最容易操作的产品开始，然后拍摄那些搭配复杂，需要用辅助器材才能拍摄的产品。在拍摄水果时，先拍摄完整的全貌，然后拍摄切开的内部细节。如果是交替着拍摄，摄影师就会很疲劳，同时有部分农产品会因为氧化等原因不适合长期摆放。通常先拍摄白背景下的单件产品，再拍摄一些有搭配的产品。如图 2-3-7～图 2-3-9 所示为拍摄前对产品的准备工作。

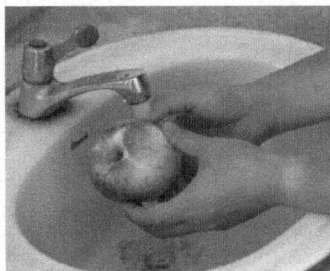

图 2-3-7　农产品的表面处理　　图 2-3-8　农产品摆盘前的准备　　图 2-3-9　农产品内部细节的优化

第三步：准备拍摄器材

在拍摄前，需要对拍摄过程中使用的器材（包括辅助配件）进行检查，以确保拍摄的顺利完成。农产品拍摄一般需要一台数码单反相机、两个带柔光罩的光源、三脚架、50mm镜头、100mm 微距镜头。如果条件允许，那么可以直接使用自然光，效果会更自然。如图 2-3-10～图 2-3-15 所示为农产品拍摄需准备的拍摄器材。

图 2-3-10　单反相机　　　　　图 2-3-11　300W 闪光灯　　　　　图 2-3-12　柔光箱

图 2-3-13　三脚架　　　　　　图 2-3-14　50mm 镜头　　　　　图 2-3-15　100mm 微距镜头

知识加油站

拍摄前的设备准备

要想拍摄好农产品，对拍摄器材的选择要有一定的讲究。首先，一定要注意保持相机的稳定，最好能够有三脚架。双手握相机很容易由于情绪等因素造成相机的颤动，从而影响图像的清晰度。其次，拍摄过程中一定要注意保证足够的光线。一般来说，拍摄时会使用自然光或人造光，如果有条件的话，则可以利用人造光源进行拍摄。事实上，将农产品拍摄出理想的效果并不困难，只要有好的构图并配上合理的布光和布景，随时注意畸变和景深的控制 就能将农产品拍好、拍美。特别需要强调的是，农产品拍摄不仅要将农产品的美展现出来，还要注意不能因为追求意境而造成农产品失去本来的面貌，真实呈现才是最适合的。

想一想

同学们，除了专业的拍摄器材，还可以准备哪些设备来丰富拍摄环节？

第四步：制定拍摄规划表

在开始拍摄前，可以用表格的形式制定一个拍摄规划表，有了拍摄规划表拍摄时就比较清晰明确，有利于掌握拍摄进度，如表 2-3-1 所示。

表 2-3-1　拍摄规划表

产品名称	苹果	交稿时间		拍摄时间	
拍摄要求	表现出苹果的新鲜脆爽				
拍摄部位	拍摄要点			拍摄环境	张数
整体大图	正面、侧面、细节、组合			静物台	4
多角度图片	水平正面、45°俯视正面、苹果表面微距、苹果内部细节、组合			静物台	5
细节特写	苹果表皮、内部肉汁脆爽				
模特图	无				
包装效果					
卖点信息					

试一试

同学们，请你根据小刘所做的拍摄规划表，以糖心苹果为拍摄对象进行拍摄，找出呈现卖点的拍摄方法。

活动评价

评 价 项 目	自 我 评 价		教 师 评 价	
	小结	评分（5分）	点评	评分（5分）
1. 能说出农产品拍摄的前期准备工作				
2. 能列举农产品卖点的呈现手法				

活动二　拍摄农产品

活动描述

通过了解农产品拍摄前的准备工作，小刘对接下来的拍摄充满期待，同时也邀请了杨师傅对自己销售的糖心苹果进行拍摄，希望进一步了解整个拍摄过程。

活动实施

第一步：布光与摆放相机

使用一个柔光箱作为主光，它提供明亮又柔和的光线。柔光箱可以让苹果的表面形成大块的光斑，以增强苹果的光泽。

在柔光箱的另一侧，使用一块反光板进行补光，以增强背光处理的细节展现。白色反光板的反光能力不强，可以提供非常柔和的光线。

关于灯光布置，既然是农产品摄影，追求的是拍摄物体的真实性，所以首选自然光。但是在阴天拍摄或傍晚阳光光线不佳的时候拍摄，就需要借助灯光。大自然就是最好的光源，如果拍摄使用闪光灯，就让闪光灯对准墙角，让灯光和自然光融合在一起，这样拍出来的照片会更为柔和，更接近自然，效果更美。如图 2-3-16 所示为布光图，如图 2-3-17 所示为光源的摆放。

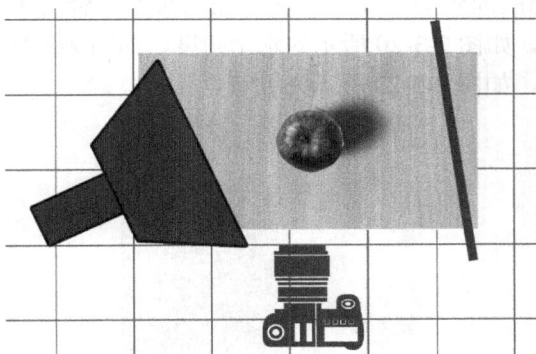

图 2-3-16　布光图

图 2-3-17　光源的摆放

试一试

同学们，请按照杨师傅的布光方式对选择的农产品进行布光，并观察拍摄出来的效果。

第二步：相机参数的设置

静态的农产品拍摄，通常设定为手动模式 M，如图 2-3-18 所示，设置快门为 1/125 秒，光圈为 F18，感光度 ISO 值为 100，白平衡模式为自动白平衡。如图 2-3-19 所示为相机的参数。

图 2-3-18　手动模式 M

图 2-3-19　相机的参数

知识加油站

相机中有很多的拍摄模式，如光圈优先模式（AV）、快门优先模式（TV）、手动模式（M）、自动模式（P）等，但一般的农产品的静态呈现只需要用到常用的两种曝光模式，分别是手动模式和光圈优先模式。

第三步：多角度拍摄

根据"拍摄规划表"中的规划步骤进行拍摄时，由于大部分农产品是具有完整外观的独立个体，而且一旦切开就不可逆转，因此选择先拍其外观。拍摄外观的主要目的有两个，一是展示农产品的外在形态；二是通过相应的辅助工具展示农产品的尺寸。针对那些个体大小会直接影响价格的农产品尤其重要。如图 2-3-20 所示为水平角度，如图 2-3-21 所示为俯视角度，如图 2-3-22 所示为仰视角度，如图 2-3-23 所示为细节。

图 2-3-20　水平角度

图 2-3-21　俯视角度

图 2-3-22　仰视角度

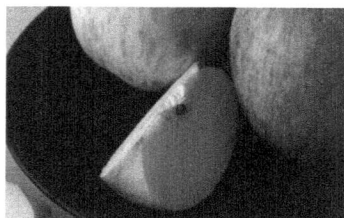

图 2-3-23　细节

第四步：组合拍摄

在拍摄多个农产品时，构图非常关键。多个产品放在一起常常会给人凌乱感，这就需要拍摄者进行有序地排列组合，形成一些特定的形状，以营造出和谐的整体感。如图 2-3-24 所示为有序排列，如图 2-3-25 所示为突出细节。

图 2-3-24　有序排列

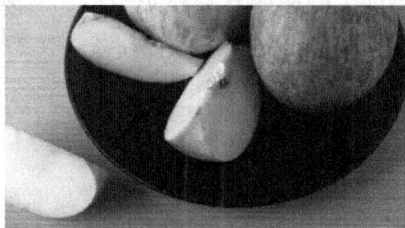

图 2-3-25　突出细节

拍摄小商品要开拓思路，可以利用镜面拍摄，将不同的空间压缩在一个平面上，从而产生蒙太奇的效果，以增加画面的信息量，拍出独特的一面。

✎ 试一试

同学们，尝试了常规的拍摄手法后，可以根据在网上搜索农产品的呈现方式去尝试拍摄。

🛢 知识加油站

用小刷子给农产品刷上食用油，在镜头下农产品会显得特别明亮；用喷壶将水与甘油混合物喷在农产品上形成水珠，能够更加突出农产品的纯净。

📋 活动评价

评 价 项 目	自 我 评 价		教 师 评 价	
	小结	评分（5分）	点评	评分（5分）
1. 能用常见的农产品呈现方式进行拍摄				
2. 能利用农产品自身的特点发挥想象力进行创意拍摄				

活动三　处理农产品的拍摄图

🖱 活动描述

在杨师傅的指导下，小刘非常期待图片挂到网店的效果。但杨师傅提醒，刚拍摄好的图片，通常不能马上被网店使用，至少要经过基本调整，包括旋转与裁切图像、调整曝光、调整饱和度、增加清晰度等操作，并不是每一张照片都要经过这些处理，但农产品的运营者需要了解清楚这些环节。

活动实施

第一步：旋转与裁切图片

照片中约商品有一些歪斜，需要旋转图像，旋转后商品的四周会出现白边，这时还需要用涂抹工具或裁切工具进行处理。如图 2-3-26 所示为裁切工具，如图 2-3-27 所示为修正边缘。

图 2-3-26　裁切工具

图 2-3-27　修正边缘

第二步：调整曝光

如果前期拍摄没有控制好，那么可以通过后期处理来调整。这对曝光不足的照片有明显的效果，但曝光过度的照片较难恢复。如图 2-3-28～图 2-3-31 所示分别为添加曝光调整图层、调整曝光值、曝光过度和曝光正常。

图 2-3-28　添加曝光调整图层

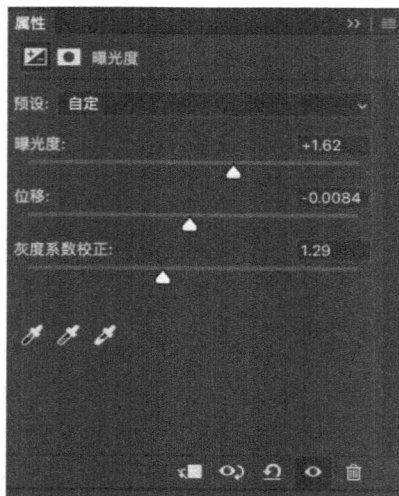

图 2-3-29　调整曝光值

图 2-3-30 曝光过度

图 2-3-31 曝光正常

第三步：增强饱和度

　　为了呈现农产品原有自然色的鲜艳，可以执行"自然饱和度"和"饱和度"命令，一方面效果更加自然，另一方面效果更强。如图 2-3-32 所示为自然饱和度调整图层，如图 2-3-33 所示为饱和度调整图层。

图 2-3-32 自然饱和度调整图层

图 2-3-33 饱和度调整图层

第四步：修复瑕疵

农产品表面都会有一些自然的瑕疵，有些是正常的自然现象，有些可能是人为操作所产生的，如灰尘、划痕、印痕等。为了不影响整体的拍摄效果，可以通过后期处理把它们清除，以保障产品的美观，如图 2-3-34 所示为瑕疵部分，如图 2-3-35 所示为修补工具。

图 2-3-34　瑕疵部分

图 2-3-35　修补工具

试一试

同学们，利用以上介绍的处理拍摄图的步骤对同一批次的图片进行处理。

活动评价

评价项目	自我评价		教师评价	
	小结	评分（5分）	点评	评分（5分）
能对农产品的拍摄图进行优化处理				

项目总结

通过本项目的学习，学生能够掌握农产品规划与管理方法，对农产品的卖点进行分析并成功提炼出农产品的卖点并运用到农产品详情页的制作中，熟练地进行农产品的拍摄与美工。培养学生对农村电子商务产品管理的基础认知，为后续学习做铺垫。

项目练习

一、填空题

1．USP 是指＿＿＿＿＿＿＿＿。

2．FAB 原则中，F 是指＿＿＿＿＿，A 是指＿＿＿＿＿，B 是指＿＿＿＿＿。

3．讲述农产品品牌故事需要抓住 3 个方面，分别是＿＿＿＿＿、＿＿＿＿＿、＿＿＿＿＿。

二、实践题

请根据下面的材料，完成相应的练习题。

材料：

四川省凉山彝族自治州盐源县是世界公认 7 项生态指标都符合苹果的优生区域，其中最高峰百灵山更是难得的火山地质，富含多种天然矿物元素。来自陕西种植苹果二三十年的朋友，到了这里感慨地说道："盐源是最适合种植苹果的地方，这样的环境在全国都是绝无仅有的。"

大凉山苹果生长于海拔 3 000m 的青藏高原边缘——东方女儿国泸沽湖畔。这里离太阳近、离城市远、早晚温差大、苹果生长周期长。所产苹果皮薄肉嫩，集香、脆、甜于一身。

大凉山的苹果种植户李大伯没有过多地人为干预苹果树，因为只有这样才能种得最原生态的美味，所以李大伯的苹果基本算得上是"野生"的，不打农药、不催熟，勤勤恳恳地种什么就是什么，这才有了如今的"满山红"。

因为这种苹果生长周期为 210 天左右，所以李大伯只在结果后进行一次梳果，其他时间苹果都是自由生长。原生态无污染的高山环境、天然的气候资源造就了独特口感的野生苹果。

第一眼看到李大伯的苹果的时候，会发现它的相貌不如普通苹果好看。苹果的表面暗淡无光充满了裂纹，因此摸上去手感显得粗糙不堪。

但当真正咬下第一口的时候，所有对李大伯的苹果相貌的偏见都会被它的口感深深折服。

每一滴伴随牙齿从苹果纤维里压榨出来的果汁，随着果肉一并吞下，直达心里最清凉的位置。把一小块果肉从苹果上咬开的一瞬间，果汁就那么硬生生地顺着嘴角滴到了手掌上。普通苹果大多数甜度在 13°左右，而大凉山苹果的甜度最高可达 19°。如图 2-3-36 所示为大凉山苹果。

图 2-3-36　大凉山苹果

1．请从以下几个角度分别提炼大凉山苹果的卖点，并完成表 2-3-2。

表 2-3-2　大凉山苹果

角　　度	苹果的卖点
1．大凉山苹果的特点（属性）	
2．大凉山苹果的优势	
3．大凉山苹果带给目标消费者的利益（提示：可以从苹果的营养价值、食用价值等方面提炼）	

2．请为大凉山苹果写一段农产品故事。

3．请为大凉山苹果制作详情页文案（提示：可以使用倒三角写作法）。

项目三

农村电子商务运营平台介绍

项目简介

在本项目中，将从阿里巴巴平台、京东平台、微商平台三个方面向同学们介绍与农村电子商务运营平台相关的知识。学习完本项目，同学们将掌握农村主要电子商务运营平台使用方面的知识，能够对阿里巴巴平台、京东平台、微商平台进行实际操作。

项目目标

➢ 了解农村电子商务运营平台的情况。
➢ 认识阿里巴巴、京东、微商三个平台对农村电子商务的重要性。
➢ 会运用农村电子商务运营平台知识解决农产品销售的问题。
➢ 能够运用电子商务平台开店知识创建自己的农产品淘宝店、京东店、微商店。
➢ 熟练地对农产品进行上架操作。

任务一 在阿里巴巴平台开设店铺

任务介绍

在本任务中，将学习有关阿里巴巴三个平台的主要区别，认识阿里巴巴平台对农村电子商务的作用，使同学们学会阿里巴巴平台注册、身份认证、商品上架操作，从而达到搭建阿里巴巴平台店铺的目的。通过活动一认识阿里巴巴平台，使同学们认识阿里巴巴三个平台的主要作用和区别。通过活动二创建农产品店铺，使同学们学会在阿里巴巴平台进行注册和身份认证。通过活动三上架店铺商品，使同学们学会运用阿里巴巴平台上架农产品。

活动一 认识阿里巴巴平台

活动描述

小刘是一名电子商务专业的中职生，暑假回到广东省云浮市老家。刚坐下，邻居张哥便过来向小刘求教了："小刘啊，今年我家种植的 3 亩番薯大获丰收，但是现在本地销售价格低，而且出现滞销的现象，听人说网上通过电子商务平台销售有出路，你能不能给我讲解一下，有哪些网上平台适合农产品销售？我家这种情况哪种网上平台更合适呢？"这时，小刘打开了计算机，准备给张哥讲解阿里巴巴电子商务平台。

活动实施

第一步：理解阿里巴巴三个平台的主要区别

阿里巴巴为商家、品牌及其他企业提供基本的互联网基础设施及营销平台，让其可以借助互联网的力量与消费者互动。现阶段主要的市场份额占比较大的平台有 1688 批发网、淘宝和天猫。这三个销售平台的主要区别如表 3-1-1 所示。

表 3-1-1　1688 批发网、淘宝和天猫平台的主要区别

阿里巴巴平台	店铺类型	平台特点	开店条件
淘宝网	个人店和企业店	主攻 C2C，属于个人卖家开店或商家销售平台	个人店的开通条件较低，只需要身份证开通、支付宝实名认证与至少 1 000 元的保证金即可，销售无扣点佣金，企业店还需要具有企业资质才能开通
天猫商城	旗舰店、专卖店、专营店、卖场	主攻 B2C，属于商家销售平台	开店条件较高，实行邀请入驻制度，只有列入天猫品牌库的品牌方或有较强的线下销售实力、能通过申请进入天猫品牌库的品牌方才可以开店。开通天猫店需要 50 000 元保证金，开通不同类目网店的年费、技术服务费有所不同，但销售额满足条件后均可进行返还，产生销售额需要扣除佣金，类目不同的网店需要扣除的佣金点数不同
1688 批发网	旗舰店、品牌代理店、源头厂家	主攻 B2B，属于商家批发平台	开店条件较高，具有企业资质或个体户资质者才能开店。网店无需保证金、年费和技术服务费，但是需要开通一年费用为 6 688 元的诚信通，销售无扣点佣金

知识加油站

如表 3-1-2 所示为阿里巴巴集团涉农业务平台。

表 3-1-2　阿里巴巴集团涉农业务平台

平台名称	部门名称	业务目标
阿里巴巴国内（CBU）	网站运营部—行业运营部—农业频道	国内农产品批发
阿里巴巴国际（ICBU）	信息平台部—深度服务—农业类目	国际农产品批发

表 3-1-2　阿里巴巴集团涉农业务平台

平台名称	部门名称	业务目标
淘宝网	新农业发展部	探索绿色生态农产品的电子商务模式
	食品类目—特色中国项目	打造中国地方土特产专业市场
天猫	食品类目	食品及农产品的销售
	商家业务部—商家服务	发展涉农运营服务商
	物流事业部—规划部—邮 E 站项目	部署农村网点，发展代购业务
聚划算	生鲜类目	生鲜农产品销售
支付宝	新农村事业部	农村便民支付和农村金融服务

议一议

> 同学们，根据所学的知识判断，种有 3 亩番薯的张哥适合在哪个平台上开设网店？

第二步：实践探索，夯实对阿里巴巴平台的认识

张哥逐渐明白什么是阿里巴巴平台了，这时小刘布置了一个作业。

试一试

> 请同学们写出阿里巴巴三个平台的特点，并举例说明满足哪些条件才可以在下面的平台上开设店铺。
> 1. 淘宝网
> 2. 天猫商城
> 3. 1688 批发网

活动评价

评价项目	自我评价		教师评价	
	小结	评分（5分）	点评	评分（5分）
1. 能写出阿里巴巴三个平台的特点				
2. 能举例说明阿里巴巴三个平台的开店条件				
3. 能根据同学所述准确地判断出适合条件的店铺				

活动二　创建农产品店铺

活动描述

张哥虽然知道阿里巴巴三个平台的开店条件，但他对如何创建店铺还不清楚。现在以创建淘宝店铺为例，介绍创建店铺的 3 个步骤。

活动实施

第一步：注册会员

（1）打开一个浏览器，登录淘宝首页，单击"免费注册"或"注册"按钮，进入用户注册流程。如图 3-1-1 所示为登录页面。

图 3-1-1　登录页面

（2）在淘宝网注册协议页面中单击"同意协议"按钮，如图 3-1-2 所示。

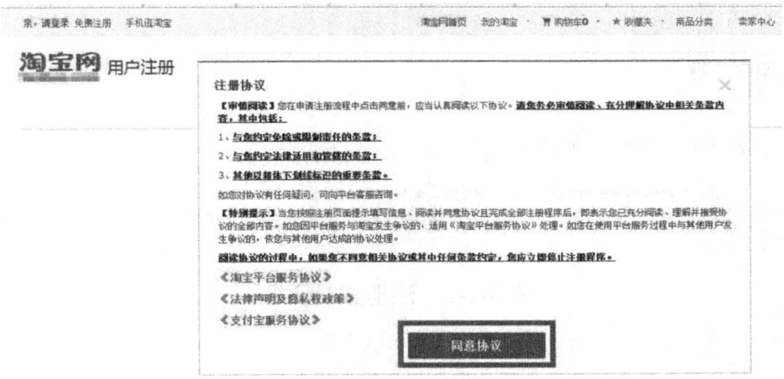

图 3-1-2　淘宝网注册协议页面

（3）打开注册页面，在页面上既可以注册个人账号，也可以切换到注册企业账号的流程。企业账号注册必须用邮箱注册，需要登录邮箱激活链接才能完成注册。在个人注册页面输入个人的手机号，单击"获取"按钮，等待系统发送短信校验码到个人手机上，输入个人手机上获取的短信校验码，单击"下一步"按钮，如图 3-1-3 所示。

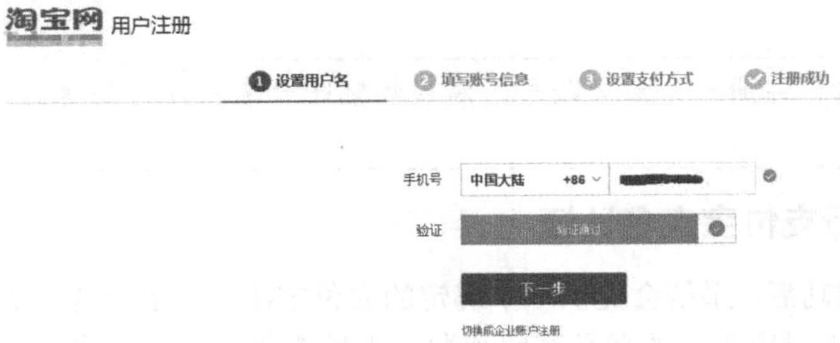

图 3-1-3　个人注册页面

（4）在填写账号信息页面中，设置淘宝网的登录用户名和密码，设置的会员名可以与用户名一致,以防忘记,单击"提交"按钮,如图3-1-4所示。

图3-1-4 填写账号信息页面

(5)设置支付方式可以选择在支付宝认证时再进行,单击"跳过,到下一步"按钮,系统会提示注册成功,如图3-1-5所示。

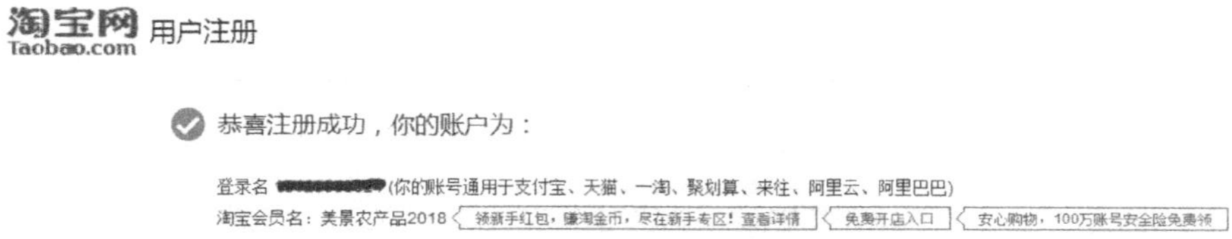

图3-1-5 注册成功页面

想一想

同学们,一个人只能申请一个淘宝账号吗?邮箱注册可以注册个人淘宝账号吗?

一个人可以申请的淘宝账号是不受限制的,而且淘宝账号的申请注册既可以使用手机,也可以使用邮箱。当短信校验不成功时系统就会推送邮箱注册的方式,邮箱注册步骤与手机号注册相似,只是增加了登录邮箱激活链接这个步骤。

试一试

请同学们为自己注册一个淘宝账号,建议淘宝账号名与即将创建的农产品淘宝店铺名相同。

第二步:进行支付宝实名认证

注册淘宝账号成功后,系统会提供一个绑定的支付宝账户,账户名就是注册淘宝网时的手机号或邮箱号,支付宝账户的登录密码和淘宝账号的登录密码一致。卖家在完成淘宝账号注册后要进行支付宝实名认证。认证的具体操作步骤如下。

(1)登录支付宝首页,输入支付宝账户和登录密码,单击"登录"按钮。

（2）登录支付宝账号后支付宝页面会自动转跳到实名认证页面，选择账户类型进行实名认证，如图 3-1-6 所示。输入支付密码及个人身份证信息后，单击"确定"按钮，如图 3-1-7 所示。

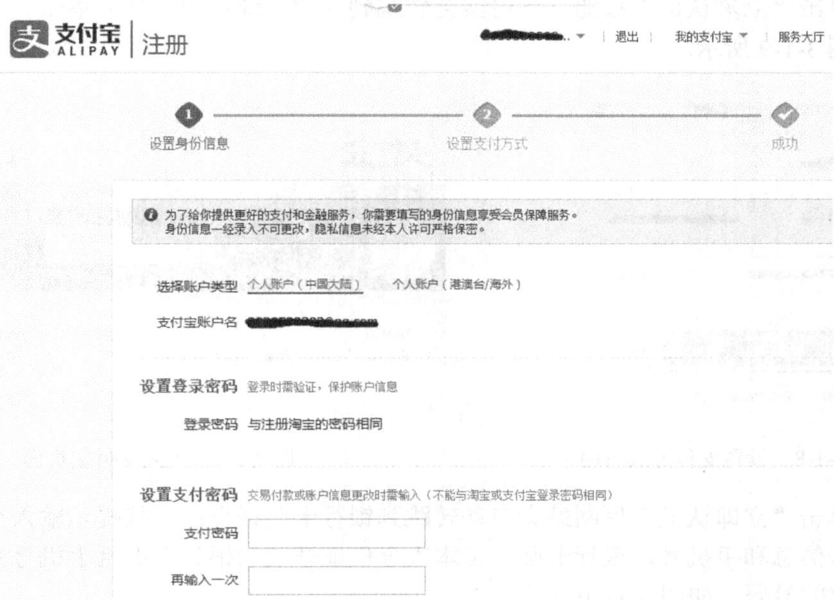

图 3-1-6　登录支付宝页面

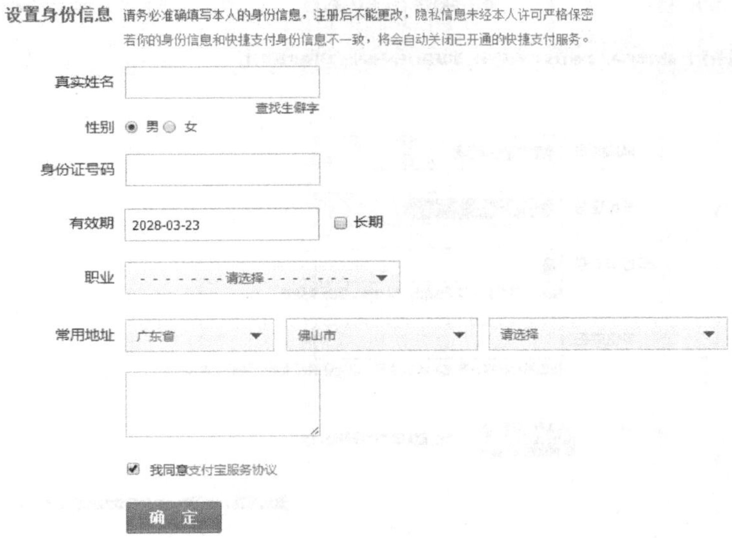

图 3-1-7　设置身份信息页面

（3）在设置支付方式页面中，先输入一张自己的银行卡卡号和持卡人姓名及身份证号码，注意银行账户必须与持卡人姓名统一，再输入银行卡账户预留的手机号，单击"获取"按钮，等待系统把短信校验码发送到手机，输入获取的短信校验码，单击"同意协议并确定"按钮,如图 3-1-8 所示。

(4)输入身份证、银行卡信息并单击"同意"按钮后,系统会进入个人支付宝页面。虽然支付宝账号可以正常登录,但是此时还没有真正完成支付宝实名认证的操作,在未认证字样上单击"立刻认证"按钮,支付宝会转跳到立即认证页面,然后单击"立即认证"按钮,如图 3-1-9 所示。

图 3-1-8　设置支付方式页面

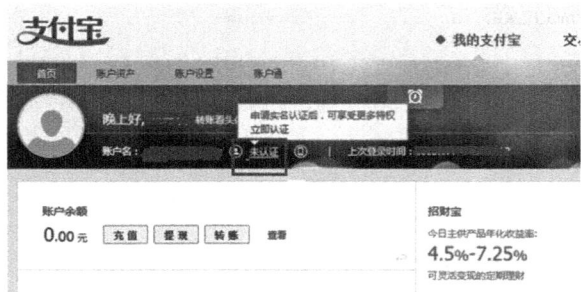

图 3-1-9　个人支付宝页面

(5)单击"立即认证"后网站会自动转跳到银行卡验证页面,按提示输入个人信息、个人银行卡信息和手机号,银行卡必须是本人身份证开通的银行卡而且手机号必须是与本银行卡绑定的号码,如图 3-1-10 所示。

图 3-1-10　银行卡验证页面

(6)单击"下一步"按钮,完成支付宝实名认证,实名认证后的账号具有开店、银行卡快捷支付及支付宝余额支付等功能。实名认证页面如图 3-1-11 所示。

图 3-1-11 实名认证页面

议一议

支付宝实名认证时需要准备什么资料呢？未满 18 周岁能开店吗？

支付宝实名认证时需要准备身份证、银行卡、手机号。目前年满 16 周岁即可在淘宝网开店。

知识加油站

为什么支付宝需要做实名认证

支付宝实名认证主要是为了核实会员身份信息和银行账户信息。通过支付宝实名认证后，就相当于拥有了一张互联网身份证，有了这张身份证不但可以在网上开店，同时还增加了账户的信用度。支付宝实名认证后，即使手机丢了，也有很多方式去阻止支付宝账户的损失。不论是申请冻结支付宝账户还是关闭小额免密支付、关闭无线支付、修改绑定支付宝账户的手机号、修改支付宝账户的登录和支付密码等，这些都需要验证用户的个人信息，因此实名认证后会有更多的验证途径去保护支付宝账户的安全。

试一试

请同学们准备好本人的身份证和一张自己的银行卡及手机号，对刚申请的支付宝进行实名认证。

第三步：进行淘宝开店认证

（1）登录淘宝网，进入"卖家中心"页面，单击"我要开店"或"免费开店"按钮，弹出尚未进行认证页面，如图 3-1-12 所示，在页面中单击"立即认证"按钮即可进行淘宝开店认证的操作。

图 3-1-12 尚未进行认证页面

（2）单击"立即认证"按钮后进入淘宝身份认证资料页面，如图 3-1-13 所示。输入姓名、身份证号码、身份证到期时间、联系地址、手机号等内容，上传手持身份证照片及身份证正面照片，单击"提交资料"按钮。并非所有的会员页面都统一，系统会根据认证者的网络安全做出不同的推荐，要根据实际页面操作。

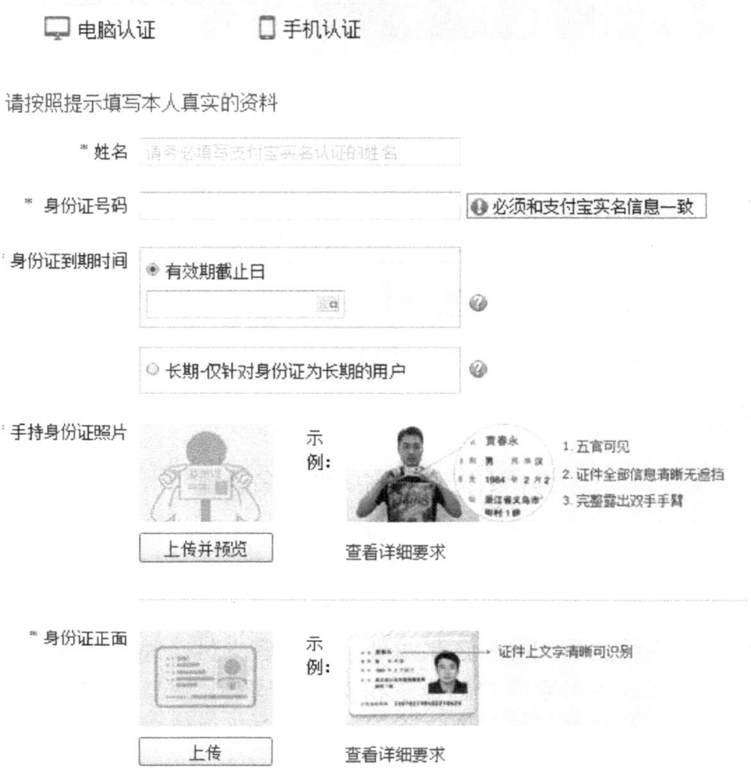

图 3-1-13　淘宝身份认证资料页面

注意：请务必如实填写并认真检查身份证信息、真实的联系地址（经营地址）、有效的手机号，以免因为信息不符或虚假信息等原因导致认证无法通过。

（3）完成上一步操作后，系统会自行跳到身份验证页面，如图 3-1-14 所示。选择"扫脸验证"选项转到"扫脸验证"流程，打开手机淘宝"扫一扫"功能扫描二维码，进入手机"示例照"页面，如图 3-1-15 所示，并依据"示例图"和"拍照攻略"清晰拍摄后上传，检查无误后提交。

注意：示例照为随机展示的，操作时要根据实际示例照拍照上传。

（4）资料审核时间为 48 小时，淘宝网将会通过旺旺、站内信、邮箱发送审核结果，耐心等待，无须催促，"认证审核中"页面如图 3-1-16 所示。

（5）审核 48 小时后，登录淘宝首页，进入"卖家中心"页面，单击"免费开店"按钮就可以查看审核结果了。如图 3-1-17 所示为成功创建店铺页面。

图 3-1-14 身份验证页面

图 3-1-15 手机"示例照"页面

图 3-1-16 "认证审核中"页面

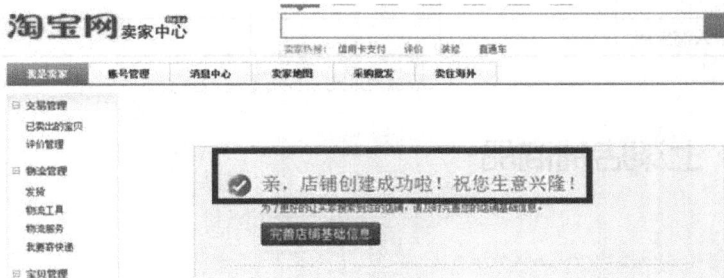

图 3-1-17 成功创建店铺页面

试一试

请同学们准备好本人的身份证和两张自己的银行卡及手机进行淘宝开店实名认证。

知识链接

淘宝开店认证

淘宝开店认证分为电脑认证、手机淘宝消费者端认证和阿里钱盾认证三种方式，系统根据网络环境做出指定推荐，目前无法更改认证方式。手机淘宝消费者端认证和阿里钱盾认证是相同的，只是手机淘宝要下载最新版手机淘宝消费者端进行认证，阿里钱盾认证则要下载阿里钱盾进行认证。手机淘宝客户端认证步骤如下。

第一步，前面步骤与"电脑认证"操作步骤相同，当进入"淘宝身份认证资料"页面且页面提示为"手机认证"时，使用消费者端中的扫码功能进行认证。

第二步，根据手机页面提示输入有效的联系手机号，接收并填写验证码后，完成手机号验证。输入真实的联系地址或经营地址。

第三步，根据要求完成拍照。手机淘宝消费者端认证需要上传手势照片＋身份证正面照片，阿里钱盾认证需要上传手势照＋身份证正面照片＋身份证背面照片，示例照请按示例要求进行拍摄。

第四步，凭证提交成功后提醒审核时间为 48 小时内。淘宝将会通过旺旺、站内信、邮箱发送审核结果。

电脑认证、手机淘宝消费者端认证和阿里钱盾认证三种方式认证通过后，页面均会提示"认证通过"，这时就可以进行开店操作了。如果认证不通过就要根据页面提示进入电脑端，单击"淘宝网"→"卖家中心"→"免费开店"按钮查看具体原因。

活动评价

评价项目	自我评价		教师评价	
	小结	评分（5分）	点评	评分（5分）
1. 能使用自己的资料进行支付宝实名认证				
2. 能使用自己的资料进行淘宝开店认证				
3. 能创建自己的个人淘宝店				

活动三　上架店铺商品

活动描述

张哥在前一段时间已经对自己种植的番薯按商品的要求拍了相应的图片，并在淘宝平台成功开设了农产品店铺，接下来需要将商品上架了。下面小刘接着向张哥介绍与农产品上架的相关内容。

活动实施

第一步：进行宝贝分类，这是店铺商品上架的重要条件

新开的淘宝店，一方面为了更好地进行宝贝管理，另一方面为了让消费者有满意的购物体验度，通常需要对宝贝进行分类。一个店铺内的商品只有合理地分类，才能让消费者在第一时间快速、准确地找到自己想要的商品。店铺分类操作的具体步骤如下。

（1）登录淘宝网，进入"卖家中心"页面，选择"店铺管理"中的"宝贝分类管理"选项，如图 3-1-18 所示。

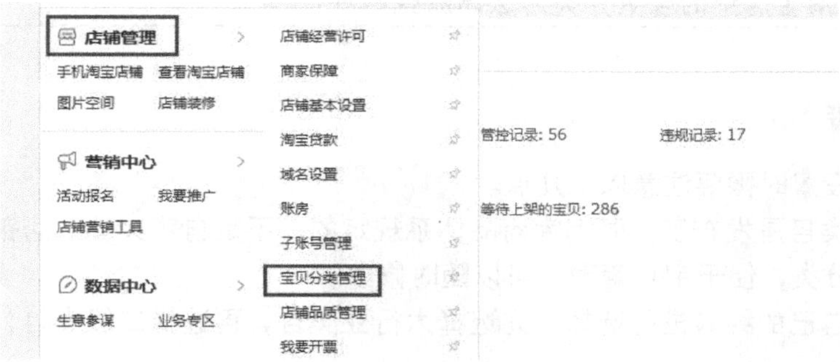

图 3-1-18　"卖家中心"页面

（2）进入分类管理页面，单击"添加手工分类"按钮，下方出现一个黄底白框，在框里输入要设置的类别名称，此时分类为一级类别，如图 3-1-19 所示。如果再进行同一级别的分类，那么可以继续单击"添加手工分类"按钮，就会再出现一个框，继续输入类别名称。

图 3-1-19　一级类别分类设置

（3）如果要在一级类别下面再细分二级类别，则单击该类别的三角形按钮，下面出现"添加子分类"框，单击"添加子分类"按钮，此时可以输入二级类别名称。

（4）完成上面的操作后，单击右上角的"保存更改"按钮就完成了宝贝的分类设置，如图 3-1-20 所示。

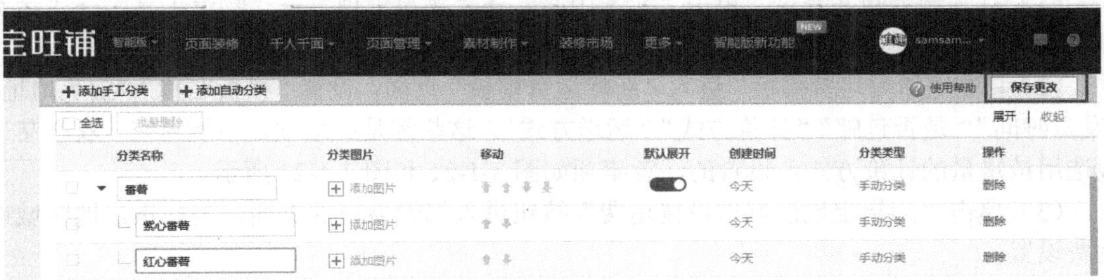

图 3-1-20　宝贝分类设置完成

想一想

同学们，淘宝店中的宝贝分类怎么删除呢？

知识链接

店铺分类设置时需要注意以下几点。

（1）淘宝类目是发布宝贝时淘宝商品体系规定的，不是自定义的。店铺分类是卖家对店铺的自定义分类，便于宝贝管理，可以随时修改。

（2）根据自己的经验进行选择，先选择大行业类目，再选择二级类目，最后选择次级类目。

（3）店铺分类设置尽量与淘宝类目相符合，如果店铺经营的产品有白菜类、豆类、茄果类，店铺分类就要按照白菜类、豆类、茄果类来分。

（4）如果农产品的品种比较多，就可以按照农产品的类别设置二级分类，如"茄果类→西红柿""茄果类→茄子"。

（5）为了方便消费者查找，可以将农产品按照特性、口感等分类，如"番薯→紫心番薯""番薯→红心番薯"等。

（6）尽量为农产品多提供一些入口。例如，5kg 装的板栗口感的番薯可以放在多个分类下，如"板栗口感→番薯""5 公斤装→番薯""新鲜蔬菜→番薯"，这样，消费者在寻找不同特性的番薯时都会看到这种番薯。

试一试

同学们，请对自己店铺的农产品进行宝贝分类。

第二步：设置运费模板，这是店铺商品上架的必要条件

运费模板是指为一批商品设置同一个运费。当需要修改运费的时候，这些关联的商品的运费将一起被修改。新手淘宝卖家在开店发布宝贝前需要先设置运费模板，否则无法发布宝贝。同时，设置好运费模板，也可以省去不少和消费者沟通的时间，减少摩擦，提高下单的转化率。运费模板设置的具体操作步骤如下。

（1）打开淘宝网并登录，单击"卖家中心"→"物流管理"→"物流工具"→"运费模板设置"按钮，进入"运费模板设置"页面。

（2）单击"新增运费模板"进入"新增运费模板"页面，设置"模板名称""宝贝地址""发货时间""是否包邮""计价方式""运送方式"，这些都是必填项，不能为空。农产品一般选用按重量的计价方式。设置的注意事项如图 3-1-21 和图 3-1-22 所示。

（3）单击"为指定地区城市设置运费"按钮进入编辑城市的页面，进行指定地区城市运费设置。

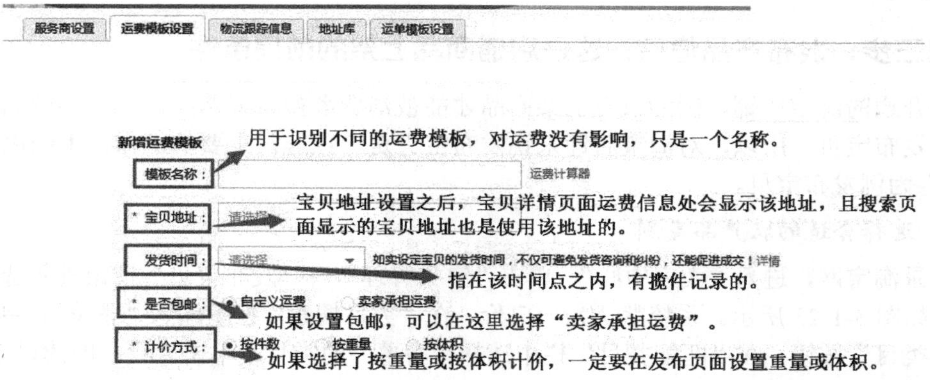

图 3-1-21 设置的注意事项 1

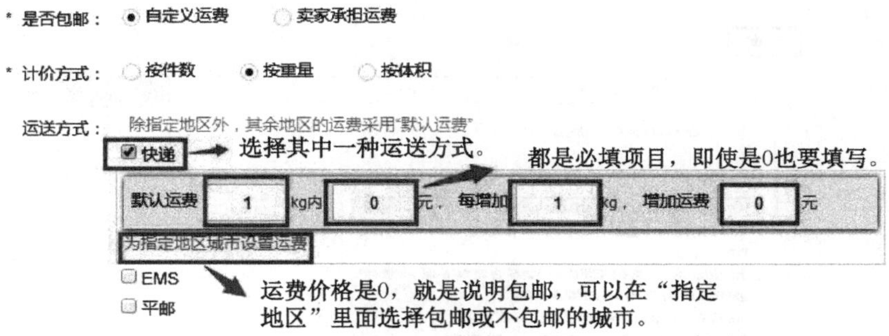

图 3-1-22 设置的注意事项 2

议一议

首重和续重分别表示什么意思？如果某快递公司发到北京首重是 12 元/kg，续重 3 元/kg，要托寄的物品为 4.5kg，则快递费是多少元？

知识链接

"EMS""平邮"及"指定条件包邮"的运费是怎么设置的

（1）"EMS"和"平邮"的运费设置与"快递"运费的设置方法相同。

（2）"指定条件包邮"是指设置店铺商品满足一定的条件提供的包邮服务，例如，满6件包邮、满80元包邮等，运费模板设置路径为"卖家中心"→"物流管理"→"物流工具"→"运费模板设置"→新增一个运费模板→设置指定条件包邮。根据购买重量、金额、重量＋金额，针对不同的地区设置包邮标准。

试一试

同学们，请设置一个"番茄不包邮模板"，以重量为计价方式，广东省、湖南省、广西壮族自治区包邮，其他地区运费首重为 6 元/kg，续重为 4 元/kg。

第三步：发布产品信息，这是店铺商品上架的前提条件

新开通的淘宝店铺，因为只有上架商品才能被消费者搜索或购买，而上架商品的前提条件是发布宝贝。所以，对淘宝店铺来说发布宝贝是一项非常重要的工作。下面以农产品"番薯"为例发布宝贝。

1. 选择合适的农产品类别

登录淘宝网，进入"卖家中心"，单击"宝贝管理"→"发布宝贝"按钮进入选择类目页面，如图 3-1-23 所示。系统默认为一口价，在"类目搜索"栏里输入"番薯"，单击"快速找到类目"按钮，在"匹配类目"栏中选择"番薯"的类目，单击"我已阅读以下规则，现在发布宝贝"按钮，弹出"淘宝网食品卖家承诺书"页面，在页面中单击"我已阅读以上承诺书，立即签署"按钮，如图 3-1-24 所示。

图 3-1-23　选择类目页面

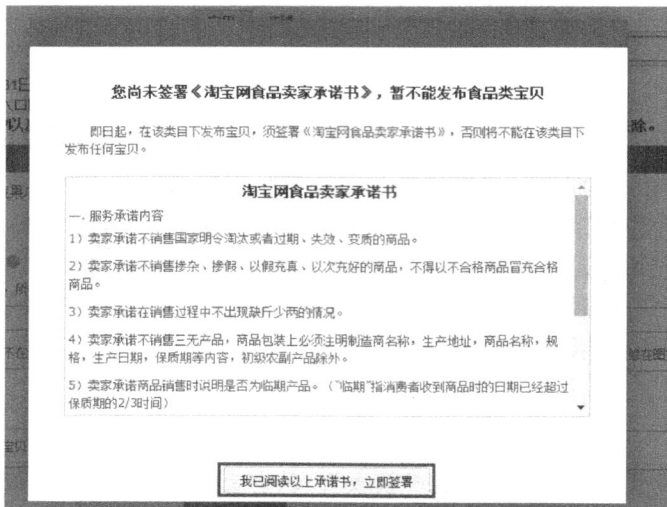

图 3-1-24　食品卖家承诺书页面

2．编辑农产品的基本信息

完成上面的操作后，系统会弹出"一口价宝贝发布"页面，如图 3-1-25 所示。需要认真准确地填写相关信息，否则可能引起宝贝下架或搜索流量减少，影响正常的销售。农产品都要求发布全新产品。宝贝标题中不能用极限词、敏感词等，所选的关键词要高度相关，并合理利用好 60 个字符的限制。国产食用农产品需要商品资质审核并上传商品的实物贴纸图，实物贴纸图不小于 700 像素×700 像素，实物标签图需要包含食品名称、产地、净含量或规格等信息，如图 3-1-26 所示。带星号的为必填内容，其他的内容可以根据实际情况填写。

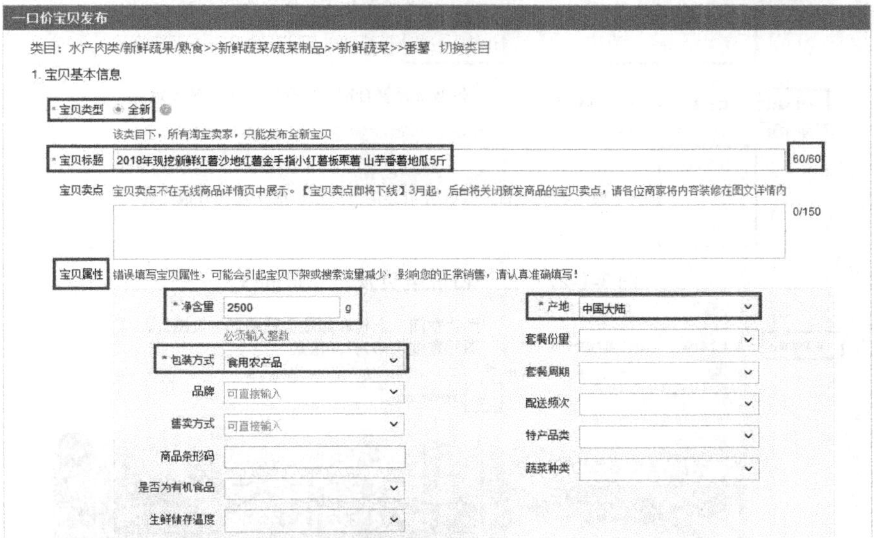

图 3-1-25　"一口价宝贝发布"页面 1

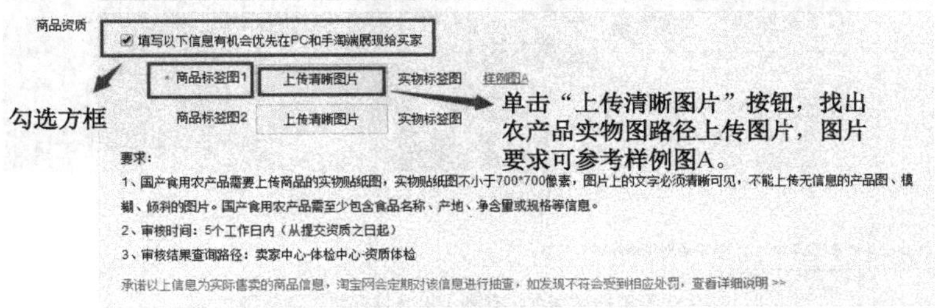

图 3-1-26　"一口价宝贝发布"页面 2

3．上传宝贝图片

单击"宝贝主图"按钮上传番薯的主图，宝贝主图既可以从本地上传，也可以先上传到图片空间，然后从图片空间里选择主图，如图 3-1-27 所示。

4．编辑商品描述

单击"图片空间"按钮，将详情页素材从本地或"图片空间"中上传或加载到电脑端详情页里。单击"导入电脑端描述"按钮，并单击"确认生成"按钮，生成手机端详情页，这样有利于提升权重和店铺的排名，如图 3-1-28 所示。

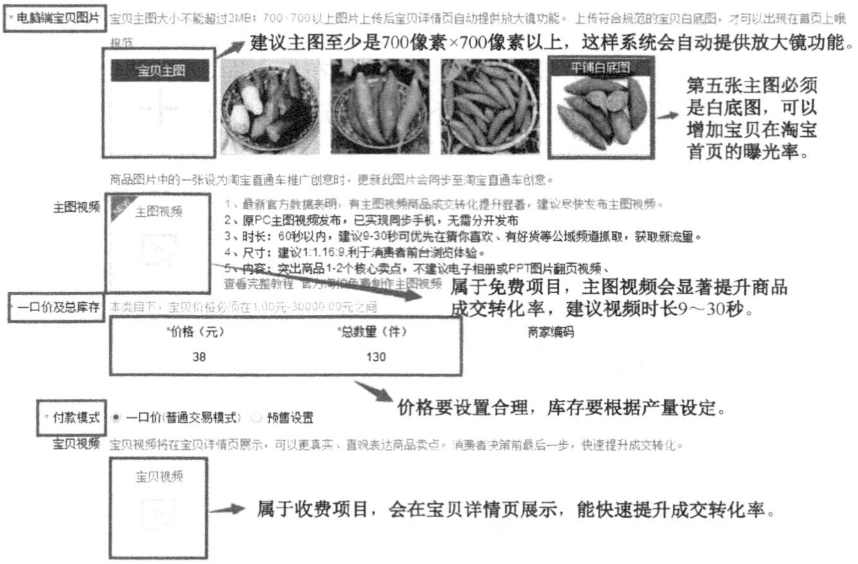

电脑端宝贝图片：宝贝主图大小不能超过3MB；700×700以上图片上传后宝贝详情页自动提供放大镜功能。上传符合规范的宝贝白底图，才可以出现在首页上喔宝贝。

建议主图至少是700像素×700像素以上，这样系统会自动提供放大功能。

第五张主图必须是白底图，可以增加宝贝在淘宝首页的曝光率。

商品图片中的一张设为淘宝直通车推广创意时，更新此图片会同步至淘宝直通车创意。

主图视频：
1、最新官方数据表明，有主图视频商品成交转化提升明显著。建议尽快发布主图视频。
2、原PC主图视频发布，已实现同步手机，无需分开发布
3、时长：60秒以内，建议9-30秒可优先在猜你喜欢、有好货等公域频道抓取，获取新流量。
4、尺寸：建议1:1,16:9,利于消费者前台浏览体验。
5、内容：突出商品1-2个核心卖点，不建议电子相册或PPT图片翻页视频、查看完整教程 教你如何轻松制作主图视频

属于免费项目，主图视频会显著提升商品成交转化率，建议视频时长9~30秒。

一口价及总库存：本类目下，宝贝价格必须在1.00元-30000.00元之间

*价格（元）	*总数量（件）	商家编码
38	130	

价格要设置合理，库存要根据产量设定。

付款模式：● 一口价（普通交易模式）○ 预售设置

宝贝视频：宝贝视频将在宝贝详情页展示，可以更真实、直观表达商品卖点。消费者决策前最后一步，快速提升成交转化。

属于收费项目，会在宝贝详情页展示，能快速提升成交转化率。

图 3-1-27　"一口价宝贝发布"页面 3

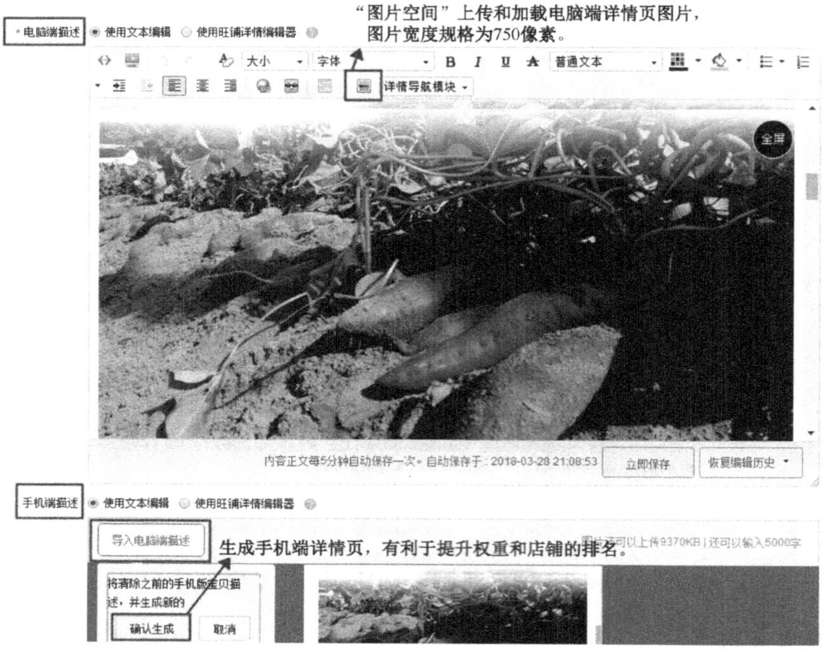

"图片空间"上传和加载电脑端详情页图片，图片宽度规格为750像素。

图 3-1-28　"一口价宝贝发布"页面 4

5．勾选正确的宝贝类目

选择已经设置好的运费模板，"物流重量"设置为 1，如图 3-1-29 所示。

6．编辑售后保障和宝贝的其他信息

售后保障信息是关于店铺对消费者的承诺或其他服务，如图 3-1-30 所示。

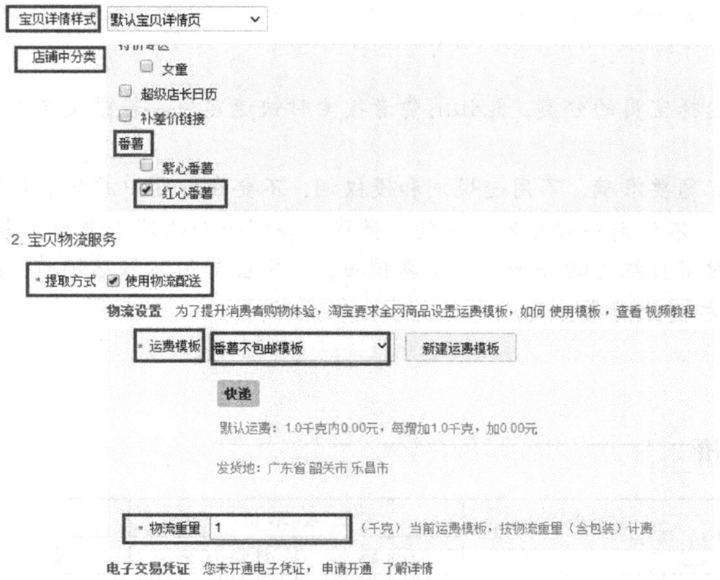

图 3-1-29　"一口价宝贝发布"页面 5

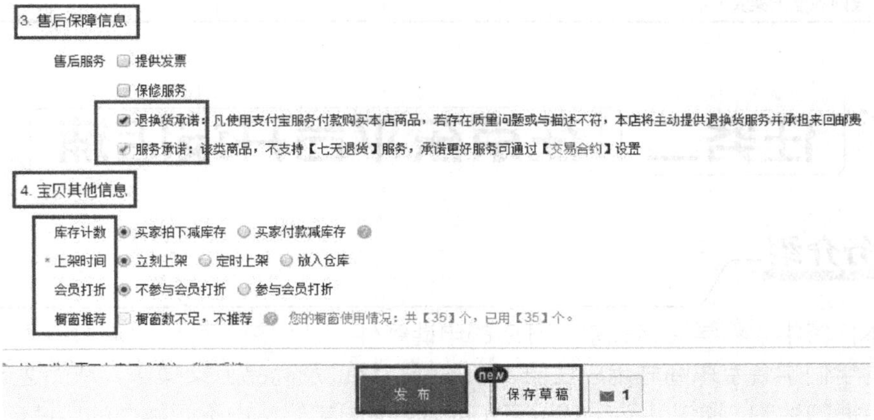

图 3-1-30　"一口价宝贝发布"页面 6

7. 发布产品

单击"发布"按钮即可完成宝贝的发布，如图 3-1-30 所示。如果需要进行下一次的编辑，可以单击"保存草稿"按钮，保存到草稿里。

想一想

> 同学们，请思考立刻上架、定时上架及放入仓库有何不同？

上架时间有立刻上架、定时上架和放入仓库三种方式。其中，立刻上架和定时上架在宝贝发布后，宝贝就会由产品变成商品，消费者可以进行搜索和购买；而放入仓库的产品则只具有展示给消费者的功能，消费者不能进行购买。

小贴士

☞准确选择宝贝的分类，能让消费者搜索时快速定位。若错误选择分类则会被淘宝网处罚。

☞宝贝标题要准确，不用违规词和侵权词，不要在标题中添加未获得的授权或未加入的服务，不使用与宝贝不相关的关键词，否则会面临消费者投诉或淘宝网处罚。

☞务必对宝贝描述的每一个字认真校对，在学会如何装修店铺前，把注意力放在文字描述的校对上非常重要。

活动评价

评价项目	自我评价		教师评价	
	小结	评分（5分）	点评	评分（5分）
1. 能按照要求设置运费模板				
2. 能按照要求对店铺宝贝进行正确的分类				
3. 能在淘宝网独立上架农产品				

任务二 在京东平台开设店铺

任务介绍

在本任务中，将学习有关京东开店的申请条件，认识京东商城对农村电子商务的作用，使同学们学会京东商城用户注册、京东钱包认证及商品上架操作，从而达到开设京东商城店铺的目的。通过活动一认识京东商城，使同学们认识不同类型的店铺申请条件。通过活动二创建农产品店铺，使同学们学会京东商城用户注册和京东钱包认证。通过活动三上架店铺商品，使同学们学会运用京东商城上架农产品。

活动一 认识京东平台

活动描述

从小刘指导邻居张哥创建了农产品淘宝店铺后，番薯销量大增，张哥尝到了网络销售平台的甜头后，现在打算新种植西瓜10亩。为了增大网络的销售量，小刘向张哥再献一计：在京东商城开店卖农产品。下面是小刘向张哥讲述的有关京东商城开店的知识。

活动实施

第一步：学习案例，认识京东平台

2016年年初，京东在国家扶贫重点县——河北省衡水市武邑县启动"扶贫跑步鸡项目"，建立"京东跑步鸡乐园"，如图 3-2-1 所示。为所辖村里的老、病、残等贫困农户提供统一培育的太行柴鸡鸡苗，全程进行散养柴鸡的养殖技术培训和指导，并由京东金融对贫困户提供 4 500 元/户无息贷款。第一批与 60 多个贫困户签订供销协议，贫困户必须按照京东的养殖标准进行养殖，"跑步鸡"养殖周期必须达到 160 天，喂食纯谷物食料，每日加餐水果蔬菜；每只鸡在养殖周期内必须走上 100 万步才能出栏销售，每只鸡的脚上都安装有计步器进行实时监控。跑步鸡出栏后，由京东生鲜统一进行标准化筛选，并借助其平台的优势，对从收购到销售、配送到家的所有环节直接把控。据了解，前三批"跑步鸡"已经在上线后被抢购一空，市场销路良好。与第一批只供应北京市场不同，"跑步鸡"产品已经开始在全国范围内销售，价格根据重量分为 128 元、168 元和 188 元不等。参与该项目的每个贫困户每次养殖可以平均增加 3 000 元收入。"跑步鸡"一年可以养殖两次。目前已经有近 700 个贫困户与京东签订了养殖合作协议，200 余户家庭计划签约。据统计，"跑步鸡"项目的参与农户比例约占全县贫困户的 10%。

图 3-2-1　京东跑步鸡乐园

想一想

请同学们思考，通过"跑步鸡"项目，可以看出京东平台在其中起到了什么作用？

从上面的案例中不难看出，"跑步鸡"项目是京东平台联合京东金融、京东生鲜事业部、京东物流等不同部门，实现"产—养—销"全产业链的闭环。在这个闭环内，贫困户无须提供启动资金，只需要按标准养好鸡，并借助京东平台优势确保"跑步鸡"的销路，从而实现他们的脱贫致富之路。

第二步：学习资料，理解京东平台

京东创办于 2004 年年初。京东集团业务涉及电子商务、金融和物流三个板块，旗下设有京东商城、京东金融、拍拍网、京东智能、O2O 及海外事业部等。京东商城销售超过数万品牌、4 020 万种商品，囊括京东生鲜、农资频道、家用电器、手机、电脑办公、服装城、整车、母婴、图书、食品、玩 3C 等 15 个品类。

2009 年 3 月，京东商城成立了自有快递公司，物流配送速度、服务质量得以全面提升。在全国 40 余座城市建立了城市配送站，为用户提供物流配送、货到付款、移动 POS 刷卡、上门取换件等服务。

知识加油站

在京东开店需要具备的条件

京东开店分为企业店和优创店两种类型，企业店需要具有企业资质和品牌资质，审核比较严格。京东从 2017 年 10 月 19 日开始允许个人和个体工商户在京东开店，2018 年正式开始接受开店申请。与京东企业店不同，京东尚未开放网页端的申请入口，开店申请通过电子邮件方式进行。首先，需要查询《京东开放平台优创店资质标准》，如表 3-2-1 所示，看看自己计划要做的农产品品类是否对个人开放。确定品类后，将主营商品类目、品牌故事、商品介绍、宣传图片等相关的资料发送至表中相应的招商邮箱，审核通过后，京东客服会邀请加盟开店。两种类型的店铺都需要交 2 万～10 万元不等的保证金，1 000 元/月的平台使用费和 3%～8% 的销售佣金扣点，平台使用费无达到最低销售额返还政策。

表 3-2-1 部分京东开放平台优创店的资质标准

类　　目	个　　人	个体工商户
鲜花礼品	提供个人身份证	提供个体工商户营业执照
蔬菜水果	提供个人身份证	提供个体工商户营业执照
鲜蛋	1. 提供个人身份证	1. 提供个体工商户营业执照
	2. 提供动物防疫条件合格证	2. 提供动物防疫条件合格证
宠物生活	1. 提供个人身份证、个人银行卡	1. 提供个体工商户营业执照
	2. 追溯至品牌方的逐级销售授权	2. 追溯至品牌方的逐级销售授权
	3. 经营饲料添加剂、添加剂预混合饲料提供生产批准文号	3. 经营饲料添加剂、添加剂预混合饲料提供生产批准文号
	4. 商标注册证（无品牌产品可以不提供，需要确认所申请的名称无对应的商标）	4. 商标注册证（无品牌产品可以不提供，需要确认所申请的名称无对应的商标）
	5. 经营宠物活体类提供"健康保障无忧服务"承诺并签署相关的补充协议（活体猫、狗暂不开放）	5. 经营宠物活体类提供"健康保障无忧服务"承诺并签署相关的补充协议（活体猫、狗暂不开放）

续表

类　目	个　人	个体工商户
宠物生活	6. 经营宠物活体，应该有相应符合条件的线下实体经营场所（如果为养殖场就应该持有《动物防疫条件合格证》。如果为店面就应该持有《公共场所卫生许可证》）	6. 经营宠物活体，应该有相应符合条件的线下实体经营场所（如果为养殖场就应该持有《动物防疫条件合格证》，如果为店面就应该持有《公共场所卫生许可证》）
食品、酒类	暂未开放	1. 提供个体工商户营业执照
		2. 追溯至品牌方的逐级销售授权
		3. 预包装/散装商品，需要持有工商营业执照和《食品经营许可证》或《食品流通许可证》或《食品生产许可证》
		4. 餐饮制售商品，需要持有工商营业执照和《餐饮服务许可证》或《食品经营许可证》
		5. 商标注册证（无品牌产品可以不提供，需要确认所申请的名称无对应的商标）
		6. 食品添加剂生产厂家，需要持有工商营业执照和食品添加剂生产许可证
绿植园艺	1. 提供个人身份证、个人银行卡	1. 提供个体工商户营业执照
	2. 农药、种子、兽药类目暂未开放	2. 兽药类目暂不开放
	3. 追溯至品牌方的逐级销售授权	3. 追溯至品牌方的逐级销售授权
	4. 商标注册证（无品牌产品可以不提供，需要确认所申请的名称无对应的商标）	4. 商标注册证（无品牌产品可以不提供，需要确认所申请的名称无对应的商标）
		5. 经营种子，提供《种子经营许可证》；提供《种子的备案登记》（若备案登记中不包含种子的目录，则还需要再提供授权的《种子的目录》）、授权人的《农作物种子生产经营许可证》

❓ 议一议

同学们，根据所学的知识判断，种有3亩番薯的村民张哥适合开设京东哪种类型的店铺？

第三步：实践探索，夯实对京东平台的认识

张哥逐渐明白什么是京东平台了，这时小刘布置了一个作业。

✏️ 试一试

请同学们写出京东集团业务涉及的三个板块的特点，并比较京东平台与阿里巴巴平台的优劣势。

1. 京东商城
2. 京东金融
3. 京东物流

通过这个小练习，张哥逐渐掌握了京东商城的特点，并且能根据小刘所述准确地判断出符合条件的店铺。

活动评价

评 价 项 目	自 我 评 价		教 师 评 价	
	小结	评分（5分）	点评	评分（5分）
1. 能写出京东集团各个业务的特点				
2. 能比较说明京东平台与阿里巴巴平台的优劣势				
3. 能结合自己的实际选择合适的电子商务平台				

活动二　创建农产品店铺

活动描述

张哥知道了京东平台的开店条件，但他对如何创建京东店铺还不清楚。现在以企业店为例，介绍创建京东店铺的 3 个步骤。

活动实施

第一步：注册个人会员

（1）打开一个浏览器，登录京东商城首页，单击"免费注册"按钮，进入用户注册流程。

（2）在注册页面中，既可以继续注册个人账号，也可以切换到注册企业账号的流程，企业账号注册必须用企业资质注册。输入个人的手机号，单击"点击按钮进行验证"按钮，等待系统把短信校验码发送到个人手机，输入个人手机获取的短信校验码，单击"下一步"按钮，如图 3-2-2 所示。

（3）在填写账号信息页面中，设置用户名、密码及邮箱，设置的会员名可以与用户名一致，以防忘记，确认无误后，单击"立即注册"按钮，如图 3-2-3 所示。

（4）注册成功页面如图 3-2-4 所示。

图 3-2-2　个人注册页面

图 3-2-3 填写账号信息页面

图 3-2-4 注册成功页面

想一想

同学们，一个手机号和一个邮箱可以注册几个京东账号？

试一试

请同学们为自己注册一个京东个人用户账号，建议京东账号名与即将创建的农产品京东店铺名相同。

第二步：开通京东钱包

提前开通京东钱包可以在入驻审核后的开店任务中直接使用，以提高开店时效。注册京东钱包及钱包实名认证预计需要 2 个工作日，具体操作步骤如下。

（1）打开一个浏览器，进入京东钱包注册入口，单击"同意并继续"按钮。进入京东钱包注册页面，如图 3-2-5 所示。填写钱包用户名、登录密码、联系人手机号码等资料，用户名为 4~20 位字符，仅支持字母、数字、"-"、"_"及它们的组合。填写完后单击"立即注册"按钮。

（2）进入京东钱包注册成功页面，如图 3-2-6 所示。单击"登录"按钮，进入绑定企业账户页面，在京东金融企业账号中输入已经成功注册的京东钱包账号，如图 3-2-7 所示。单击"下一步"按钮，输入手机号绑定京东钱包，如图 3-2-8 所示。单击"立即绑定"按钮，绑定成功。

（3）注册完成后，需要尽快完成京东钱包实名认证。登录已经完成注册的京东钱包，单击页面上方的"实名认证"进入操作页面，单击"立即体验新版"按钮，进入实名认证页面，如图 3-2-9 所示。

新用户注册

图 3-2-5　京东钱包注册页面

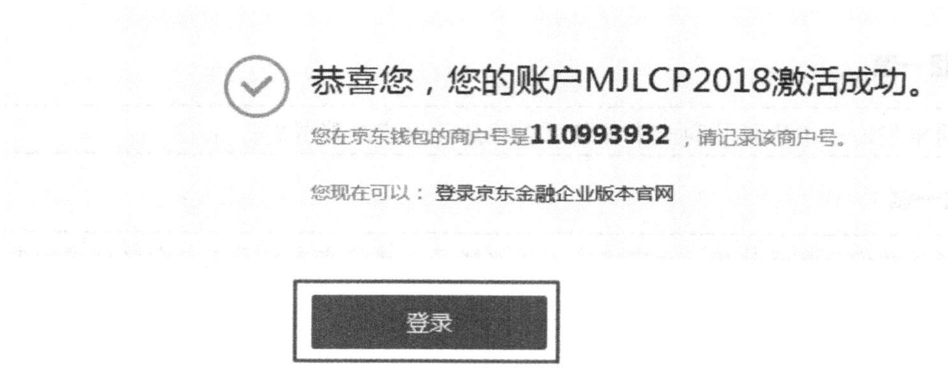

恭喜您，您的账户MJLCP2018激活成功。

您在京东钱包的商户号是**110993932**，请记录该商户号。

您现在可以：**登录京东金融企业版本官网**

登录

图 3-2-6　京东钱包注册成功页面

绑定企业账户

图 3-2-7　绑定企业账户页面

选择或填写钱包账号　　　　注册或绑定钱包账号　　　　绑定成功

您的京东金融企业账号管理员 MJLCP2018 没有绑定安全手机号！

设置验证安全手机号，并绑定！

钱包账号 MJLCP2018

登录密码　••••••••　　　找回密码

手 机 号　请输入联系人手机号码

图 形 码　请输入图片验证码　　DXUP 看不清换一张

验 证 码　请输入手机验证码　　发送验证码

短信验证码 5 分钟内有效，若已失效或未收到验证码，请点击重新获取

立即绑定　　上一步

图 3-2-8　输入手机号绑定京东钱包页面

商户号：110993932　京东金融企业账号：MJL****018　京东商城账号：美景农****农产品 解绑商城账号

资质认证
商户基础实名认证和行业认证
立即添加

手机号
189****361
修改

银行卡
绑定银行卡后可提现
立即绑定

图 3-2-9　实名认证页面

（4）在企业资质认证中，单击"立即添加"按钮，打开"企业资质认证"页面，如图 3-2-10 所示。单击"企业基础资质认证"后的"立即添加"按钮，选择企业类型及证件类型，如图 3-2-11 所示。选择对应的营业执照证件类型，选择错误的证件类型将被审核驳回。

企业资质认证 基础认证 1 个，特殊认证 1 个

企业基础资质认证
企业基础工商信息、相关证件照片　立即添加

+
添加行业认证

申请时间　　ID　　状态　　申请时间　　ID　　状态
--　　--　　未提交　　--　　--　　未提交

图 3-2-10　企业资质认证页面

图 3-2-11 选择企业类型及证件类型

（5）单击"下一步"按钮进入提交证件信息页面，上传营业执照照片、填写开户许可证，如图 3-2-12 所示。填写对公账户信息，如图 3-2-13 所示。上传法人证件图片，填写法人信息，如图 3-2-14 所示，若非本人填写则不勾选"授权人同法人"选项。上传被授权人的相关信息，包括证件照片、证件信息、授权委托书、联系人手机号码，如图 3-2-15 所示。

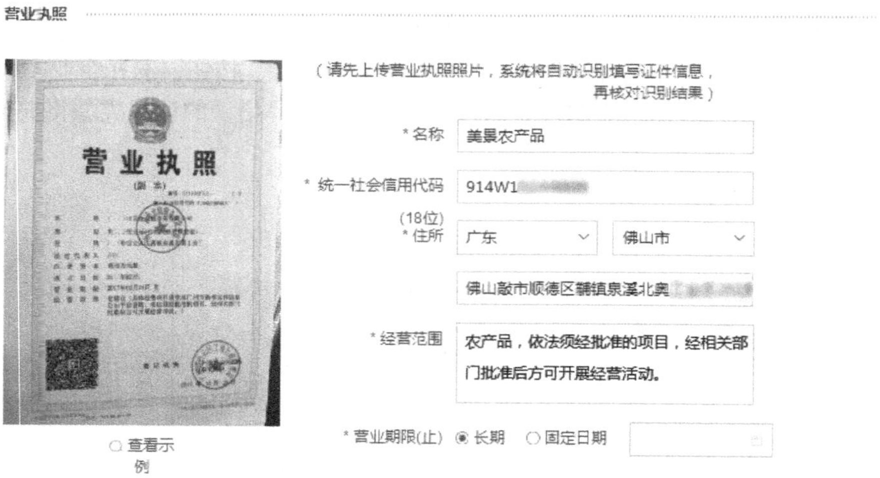

图 3-2-12 提交证件信息页面

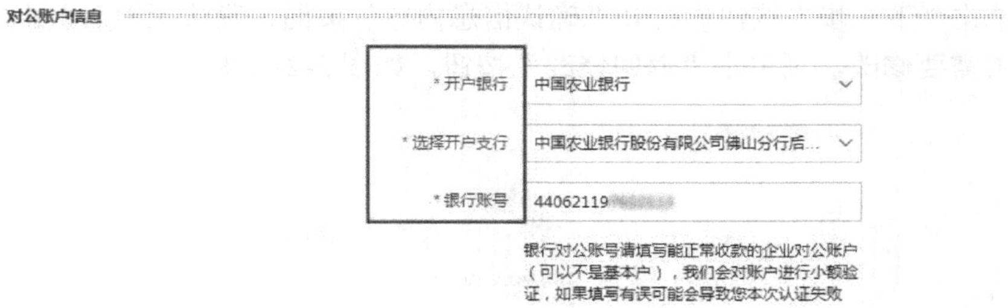

对公账户信息

* 开户银行　中国农业银行

* 选择开户支行　中国农业银行股份有限公司佛山分行后...

* 银行账号　44062119▢▢▢▢▢▢

银行对公账号请填写能正常收款的企业对公账户
（可以不是基本户），我们会对账户进行小额验
证，如果填写有误可能会导致您本次认证失败

图 3-2-13　填写对公账户信息

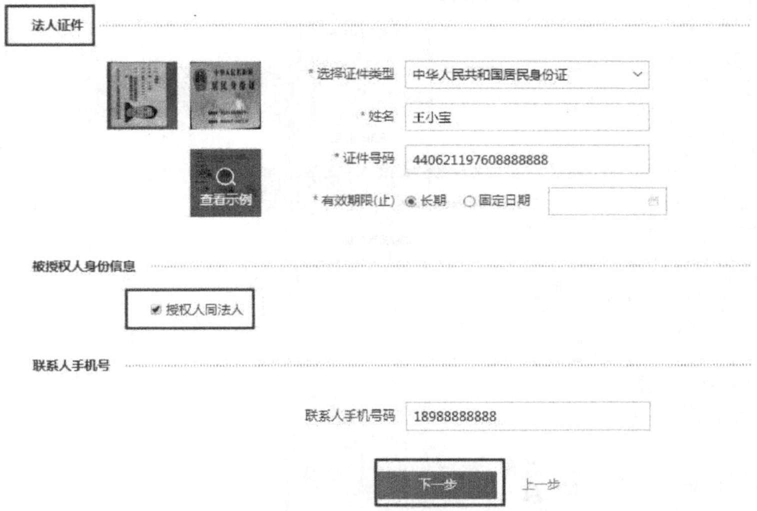

法人证件

* 选择证件类型　中华人民共和国居民身份证

* 姓名　王小宝

* 证件号码　440621197608888888

* 有效期限(止)　◉ 长期　○ 固定日期

被授权人身份信息

☑ 授权人同法人

联系人手机号

联系人手机号码　18988888888

下一步　　上一步

图 3-2-14　填写法人信息

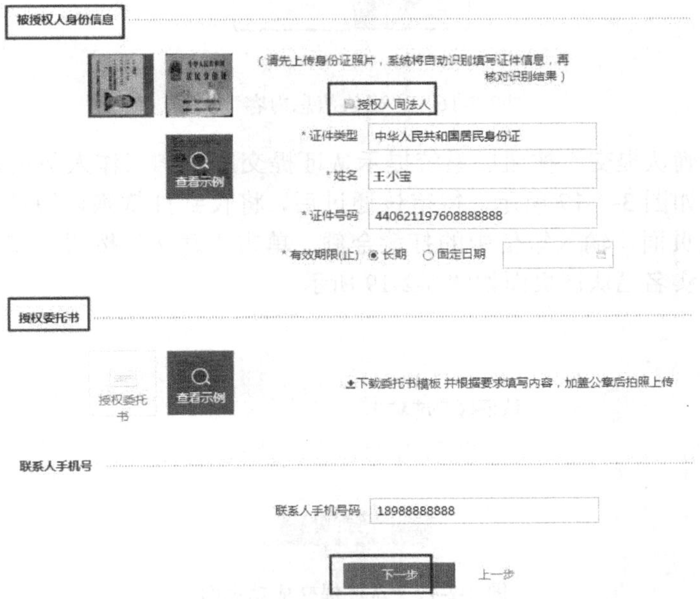

被授权人身份信息

（请先上传身份证照片，系统将自动识别填写证件信息，再
核对识别结果）

☑ 授权人同法人

* 证件类型　中华人民共和国居民身份证

* 姓名　王小宝

* 证件号码　440621197608888888

* 有效期限(止)　◉ 长期　○ 固定日期

授权委托书

授权委托书　查看示例

⬆ 下载委托书模板 并根据要求填写内容，加盖公章后拍照上传

联系人手机号

联系人手机号码　18988888888

下一步　　上一步

图 3-2-15　上传被授权人的相关信息

（6）单击"下一步"按钮后打开"确认信息内容"页面，确认无误后单击"确认提交"按钮。如果需要修改，则单击"返回修改"按钮，如图 3-2-16 所示。

图 3-2-16　"确认信息内容"页面

（7）单击"确认提交"按钮后系统提示认证提交成功，工作人员将在 2 个工作日内反馈审核结果，如图 3-2-17 所示。待审核通过后，将收到打款确认短信，登录京东金融企业版打款确认页面，输入短信中的打款金额，单击"确认"按钮，实名认证完成，如图 3-2-18 所示。实名已认证页面如图 3-2-19 所示。

图 3-2-17　认证提交成功页面

图 3-2-18　企业版打款确认页面

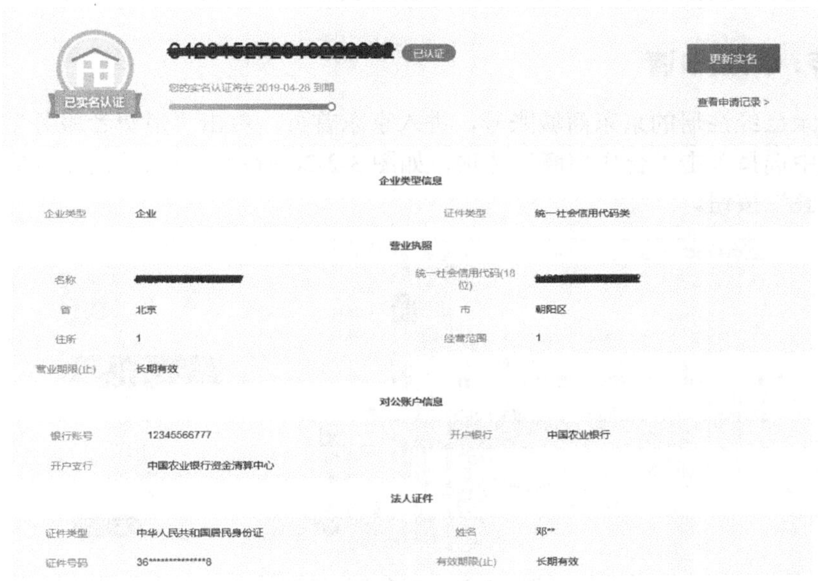

图 3-2-19　实名已经认证页面

议一议

入驻店铺绑定的京东钱包有什么要求吗？

入驻店铺绑定的京东钱包必须与入驻店铺的主体一致，并且完成京东钱包实名认证的，才可以在开店任务中与入驻店铺绑定在一起。

知识加油站

京东钱包实名认证的条件是什么

京东钱包的实名认证是由网银钱包提供的一项身份识别服务，通过实名认证，就相当于拥有了一张互联网身份证，京东钱包实名认证同时核实用户身份信息和银行账户信息，用户可以选择通过快捷认证或普通认证中的一种方式完成。实名认证用户提升了账户安全等级，享有更高的充值、转账、提现额度。京东钱包实名认证的条件如下。

（1）注册成为京东钱包用户。

（2）持有中国大陆地区居民身份证、台胞证、外籍护照、港澳回乡证，暂不支持其他证件的认证（未满16周岁不能申请钱包实名认证）。

（3）持有银行卡，该银行卡开户名和本人的身份证姓名一致。

✎ **试一试**

请同学们准备好本人的身份证、一张自己的银行卡及手机，申请个人京东钱包并通过实名认证。

第三步：入驻申请

（1）登录已经注册的京东商城账号，进入京东首页，单击"消费者服务"栏，在弹出的下拉列表中选择单击"合作招商"选项，如图3-2-20所示。进入"商家入驻"页面，单击"马上入驻"按钮。

图3-2-20　京东首页页面

如图3-2-21所示。

看一看，了解入驻步骤

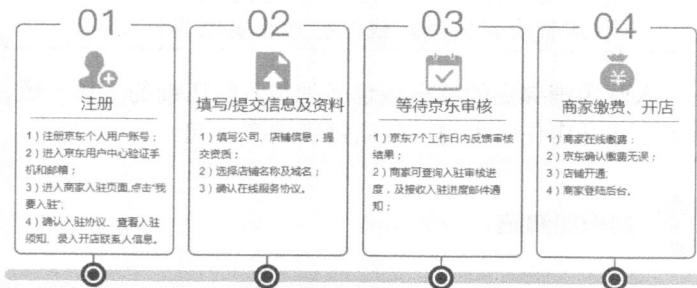

图3-2-21　商家入驻页面

（2）进入"入驻联系人信息"页面，如果是"无"京东招商人员邀请的，就按如图3-2-22所示填写，否则按"有"京东招商人员邀请填写，单击"下一步，完善公司信息"按钮。

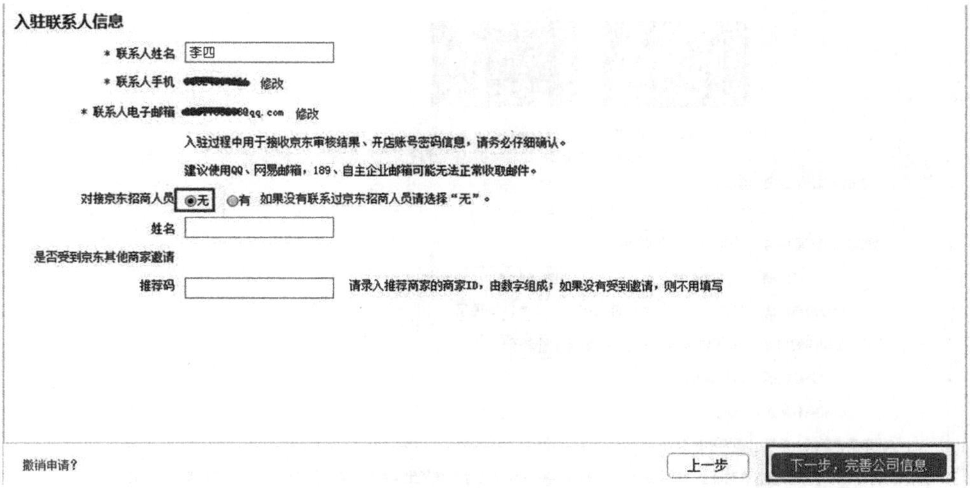

图3-2-22 入驻联系人信息页面

（3）进入完善公司信息页面，如图3-2-23所示，上传营业执照，系统自动识别填写营业执照信息。若识别失败，则需要手动填写，提交前请详细核对填写是否正确。完善公司税务登记证信息、结算银行账户信息，同时上传相应的电子版信息（需要加盖彩色企业公章），如图3-2-24和图3-2-25所示。单击"下一步，完善税务及银行信息"按钮。

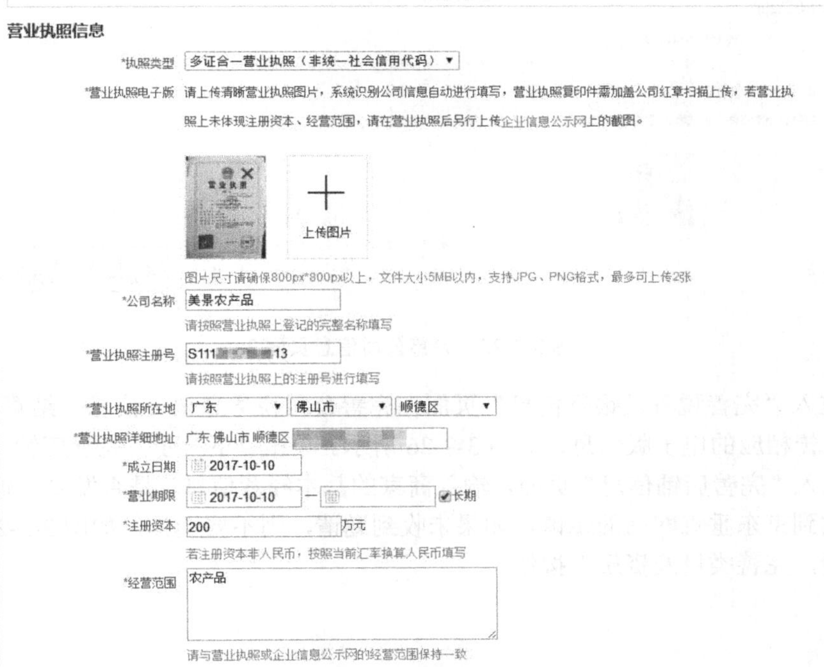

图3-2-23 完善公司信息页面1

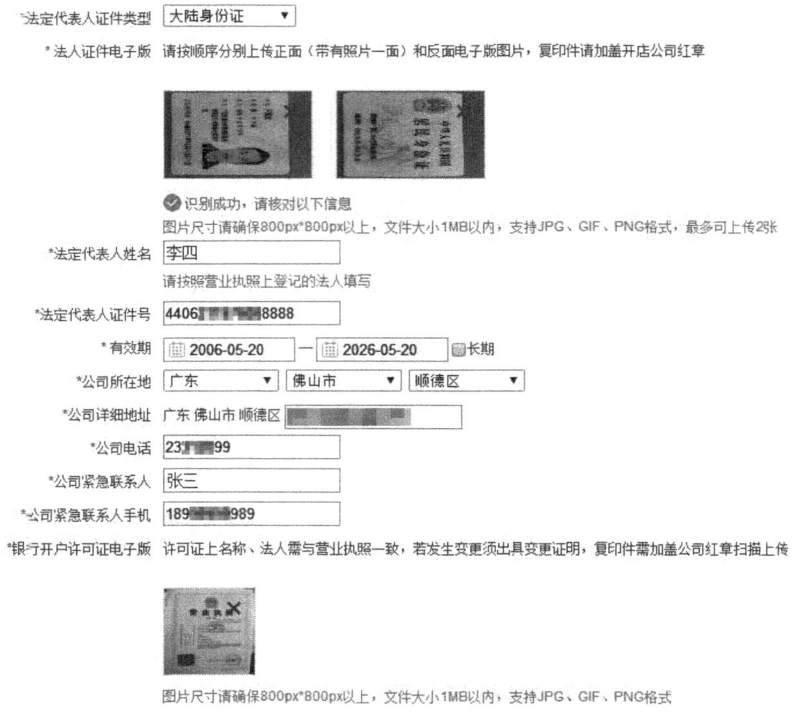

法定代表人证件类型　　大陆身份证　▼

*法人证件电子版　请按顺序分别上传正面（带有照片一面）和反面电子版图片，复印件请加盖开店公司红章

✅ 识别成功，请核对以下信息

图片尺寸请确保800px*800px以上，文件大小1MB以内，支持JPG、GIF、PNG格式，最多可上传2张

*法定代表人姓名　李四

请按照营业执照上登记的法人填写

*法定代表人证件号　4406████8888

*有效期　📅 2006-05-20　—　📅 2026-05-20　☑长期

*公司所在地　广东　▼　佛山市　▼　顺德区　▼

*公司详细地址　广东 佛山市 顺德区 ████

*公司电话　23█████99

*公司紧急联系人　张三

*公司紧急联系人手机　189████989

*银行开户许可证电子版　许可证上名称、法人需与营业执照一致，若发生变更须出具变更证明，复印件需加盖公司红章扫描上传

图片尺寸请确保800px*800px以上，文件大小1MB以内，支持JPG、GIF、PNG格式

图 3-2-24　完善公司信息页面 2

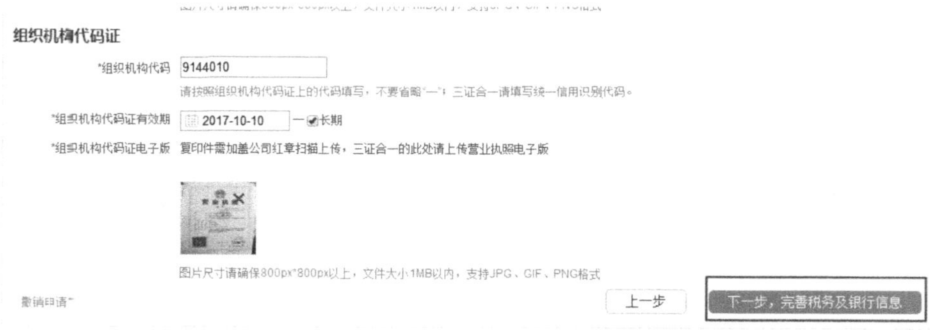

组织机构代码证

*组织机构代码　9144010

请按照组织机构代码证上的代码填写，不要省略"一"；三证合一请填写统一信用识别代码。

*组织机构代码证有效期　📅 2017-10-10　—　☑长期

*组织机构代码证电子版　复印件需加盖公司红章扫描上传，三证合一的此处请上传营业执照电子版

图片尺寸请确保800px*800px以上，文件大小1MB以内，支持JPG、GIF、PNG格式

撤销申请"　　　　　　　　　　　　　　　　　　　　　上一步　　　　下一步，完善税务及银行信息

图 3-2-25　完善公司信息页面 3

（4）进入"完善税务及银行信息"页面，完善公司税务登记证信息、结算银行账户信息，同时上传相应的电子版信息，如图 3-2-26 所示。单击"下一步，完善店铺信息"按钮。

（5）进入"完善店铺信息"页面，输入商家的基本经营信息、是否发到其他商家邀请，选择是否收到京东垂直网站的邀请，如果未收到邀请，则不要选择，如图 3-2-27 所示。单击"下一步，完善类目及资质"按钮。

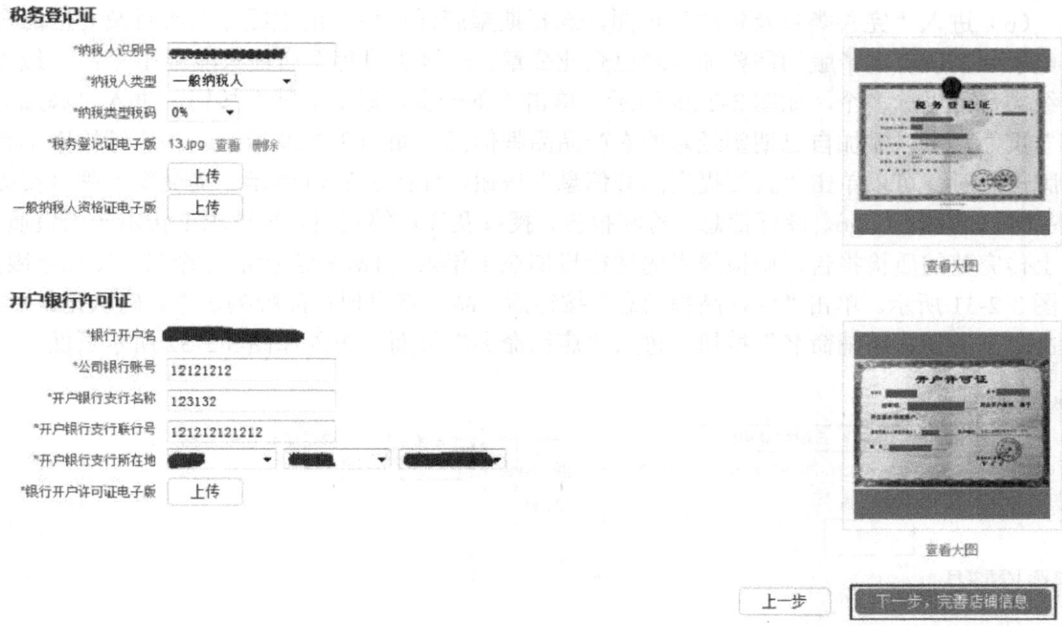

税务登记证

*纳税人识别号	●●●●●●●●●●●●●●
*纳税人类型	一般纳税人 ▼
*纳税类型税码	0% ▼
*税务登记证电子版	13.jpg 查看 删除
	上传
一般纳税人资格证电子版	上传

查看大图

开户银行许可证

*银行开户名	●●●●●●●●●
*公司银行账号	12121212
*开户银行支行名称	123132
*开户银行支行联行号	12121212121212
*开户银行支行所在地	●●● ▼ ●●● ▼ ●●●
*银行开户许可证电子版	上传

查看大图

上一步　　下一步，完善店铺信息

图 3-2-26　完善税务及银行信息页面

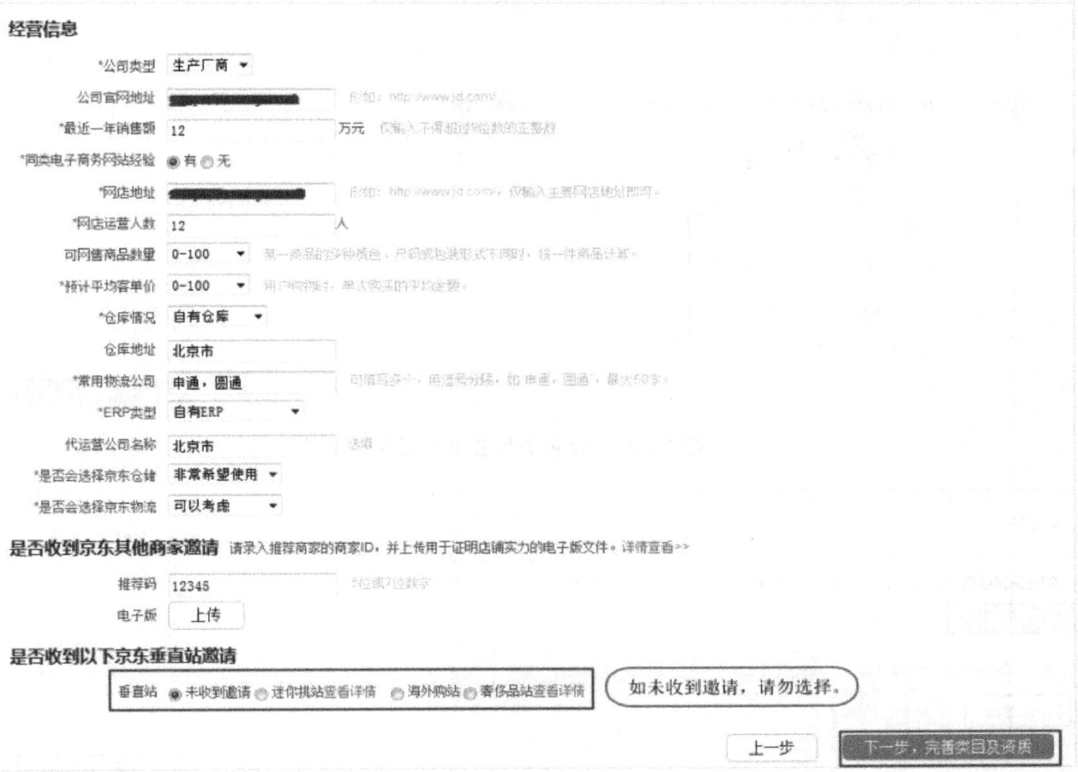

经营信息

*公司类型	生产厂商 ▼
公司官网地址	●●●●●●　　示例：http://www.jd.com/
*最近一年销售额	12 万元　仅输入不得超过实数的正整数
*同类电子商务网站经验	● 有 ○ 无
*网店地址	●●●●●●　　示例：http://www.jd.com/，仅输入主要网店地址即可。
*网店运营人数	12 人
可同售商品数量	0-100 ▼　单一商品的多种质色、尺码或包装形式不同时，按一件商品计算。
*预计平均客单价	0-100 ▼　用户购物时，单次购买的平均金额。
*仓库情况	自有仓库 ▼
仓库地址	北京市
*常用物流公司	申通，圆通　可输入多个，用逗号分隔，如 申通，圆通，最大50字。
*ERP类型	自有ERP ▼
代运营公司名称	北京市
*是否会选择京东仓储	非常希望使用 ▼
*是否会选择京东物流	可以考虑 ▼

是否收到京东其他商家邀请　请录入推荐商家的商家ID，并上传用于证明店铺实力的电子版文件。详情查看>>

推荐码	12345　5位或7位数字
电子版	上传

是否收到以下京东垂直站邀请

| 垂直站 ○ 未收到邀请 ○ 进口挑站查看详情 ○ 海外购站 ○ 奢侈品站查看详情 | 如未收到邀请，请勿选择。 |

上一步　　下一步，完善类目及资质

图 3-2-27　完善店铺信息页面

（6）进入"完善类目及资质"页面，选择期望店铺类型、期望经营的类目及对应的资质电子版，听有电子版均需要加盖彩色企业公章。一级类目每个店铺只能选 1 个，二级和三级类目可以选多个，如图 3-2-28 所示。单击"下一步，添加品牌"按钮，进入"添加品牌"页面，可以添加自己期望经营的农产品品牌信息，如图 3-2-29 所示。当店铺检索不到品牌信息时，可以单击"直接提交品牌信息"按钮，如图 3-2-30 所示。提交新品牌时要提交品牌的名称、Logo、商标信息、检测报告、授权及许可等资质，按要求上传电子版资质；要上传完整的质检报告，质检报告的送检日期在 1 年内，TM 标至少满 6 个月，R 标不限，如图 3-2-31 所示。单击"保存品牌信息"按钮后，品牌将出现在品牌列表中，确认无误后，单击"下一步，店铺命名"按钮，进入"店铺命名"页面，进入如图 3-2-32 所示页面。

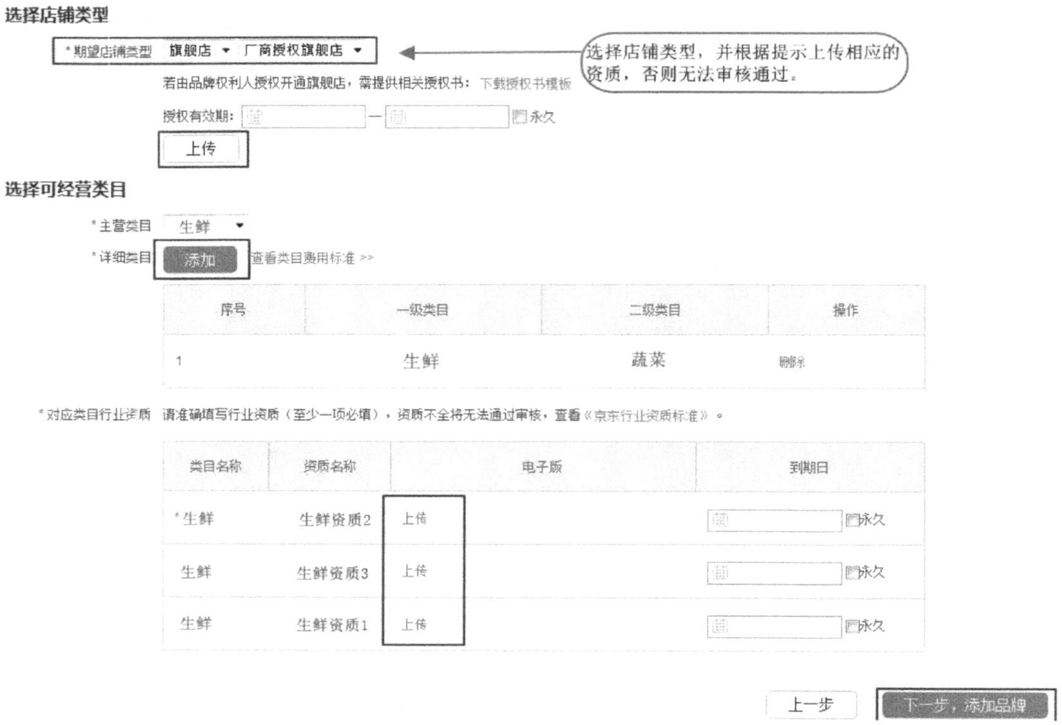

图 3-2-28 完善类目及资质页面

图 3-2-29 添加品牌页面

新增品牌

温馨提示

1.信息提交前，请务必了解京东开放平台经网资质标准细则；

2.经营品牌卖信息需填项较多，建议查看品牌添加注意事项再进行填写！

3.请确认品牌名称与《商标注册证》、《商标注册受理通知书》或《销售授权书》中标识的品牌名称一致，否则将无法通过审核；

4.当品牌同时存在中英文名称时，请分别输入中英文名称，仅存在中文名称或英文名称时，仅输入对应的名称即可，另一项名称留空；

5.以下所需上传电子版资质仅支持JPG、GIF、PNG格式的图片，大小不超过1M，且必须加盖企业彩色公章。

品牌名称： 请输入品牌名称　　　　　商标注册人： 请输入商标注册人　　　　检 索

没有检索到相关品牌，请检查调整检索条件重新检索，确认检索不到您可以

直接提交品牌信息

图 3-2-30　单击"直接提交品牌信息"按钮

添加品牌

1.信息提交前，请务必先了解京东开放平台经网招牌资质标准细则；
2.经营品牌卖信息需填项较多，建议先查看品牌添加注意事项再进行填写！
3.以下所需要上传电子版资质仅支持JPG、GIF、PNG格式的图片，大小不超过1M，且必须加盖企业彩色公章。

新品牌信息

品牌选择有误？点击返回重新检索

*品牌中文名　　　　　
*品牌英文名　　　　　
*品牌首字母　　　　　
*品牌商标注册人　　　　　
品牌商标注册号　　　　　
品牌商标类别　请选择　▼
品牌LOGO　选择文件　未选择任何文件
　　　　　品牌logo需要与商标图文信息一致，尺寸400*200仅支持jpg、gif和png图片，大小不超过200K。
*品牌类型　请选择　▼
*经营类型　请选择　▼

请上传以下品牌资质扫描件 ⓘ

资质名称	资质电子版		到期日	操作
商标注册证/商品注册申请书	选择文件 未选择任何文件	上传	□永久	删除
报关单类	选择文件 未选择任何文件	上传	□永久	删除
销售授权书或购销发票	选择文件 未选择任何文件	上传	□永久	删除
质检、检疫、检验报告	选择文件 未选择任何文件	上传	□永久	删除
卫生生产许可证	选择文件 未选择任何文件	上传	□永久	删除

添加资质

返回品牌列表　　保存品牌信息

图 3-2-31　提示新品牌页面

店铺命名

店铺名称

＊期望店铺类型 旗舰店

旗舰店命名规范： 店铺名称：品牌名+[类目描述]+旗舰店/官方旗舰店

＊店铺名称

类目描述关键词

＊选择店铺后缀 请选择店铺后缀名称 ▼

＊期望店铺名称

＊期望店铺登陆用户名

上一步　　下一步，确认入驻信息

图 3-2-32　店铺命名页面

（7）根据所选的店铺类型完成店铺命名。请按照提示的规范完成店铺命名，不符合规范将被驳回，确认无误后单击"下一步，确认入驻信息"按钮，信息有误则单击"上一步"按钮修改。

（8）仔细阅读《"京东 JD.COM"开放平台在线服务协议》，如无异议，就勾选"我已仔细阅读并同意协议"单选框，单击"提交入驻申请"按钮。

（9）提交入驻申请后，商家可以通过登录入驻申请页面查看入驻申请的进度，如图 3-2-33 所示。同时京东也会在入驻过程中通过短信、电子邮件实时通知。开店完成后，店铺登录的相关信息会通过电子邮件的形式通知商家。入驻申请审核通过后，店铺相对应的招商人员会向认证的电子邮箱发送账号及开店通知。

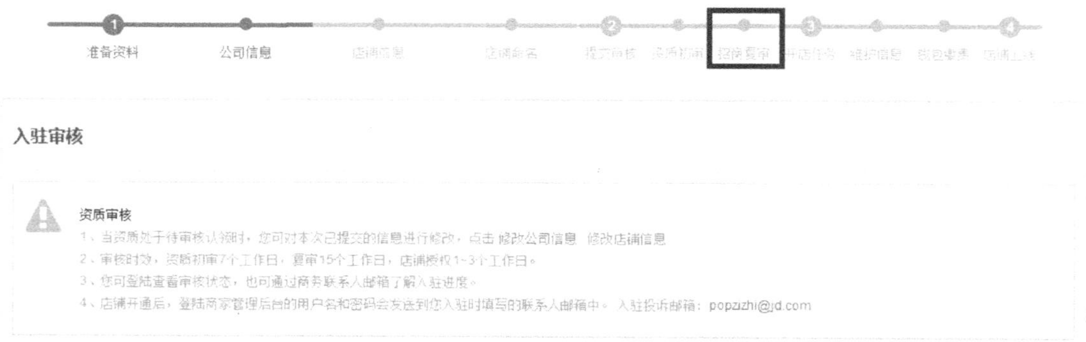

1 准备资料　公司信息　店铺信息　2 店铺命名　提交自检　资质初审　招商复审　3 开通账号　维护信息　创建考券　4 店铺上线

入驻审核

⚠ 资质审核
1、当资质处于待审核认领时，您可对本次已提交的信息进行修改，点击 修改公司信息 修改店铺信息
2、审核时长：资质初审 7 个工作日，复审 15 个工作日，店铺资质 1～3 个工作日。
3、您可登陆查看审核状态，也可通过商家联系人邮箱了解入驻进度。
4、店铺开通后，登陆商家管理后台的用户名和密码会发送到您入驻时填写的联系人邮箱中。入驻投诉邮箱：popzizhi@jd.com

图 3-2-33　入驻申请页面

（10）使用审核通过的电子邮件中的新账号和密码登录京东店铺后台，系统会自动跳转到开店任务页面，开店任务包括"常用联系人维护""常用地址维护""账号安全设置""开通京东钱包结算账户""缴费""规则学习和入驻考试"6 项。

✏ **试一试**

请同学们准备好本人的相关资料进行京东优创店铺入驻申请。

🔗 **知识链接**

1. 旗舰店、专卖店和专营店有何区别？

（1）旗舰店是指商家以自有品牌（商标为 R 或 TM 状态）入驻的店铺。即经营一个自有品牌商品的品牌店铺。

（2）专卖店是指商家持品牌授权的文件在平台开设的店铺。即经营一个授权销售品牌商品的店铺。

（3）专营店是指商家经营平台同一招商大类下两个及以上品牌商品的店铺。即经营两个及以上他人或自有品牌商品的店铺。

旗舰店、专卖店和专营店的区别如表 3-2-2 所示。

表 3-2-2　旗舰店、专卖店和专营店的区别

店铺类型 项　目	旗 舰 店	专 卖 店	专 营 店
商标个数	1 个	1 个	多个
经营品牌	自有品牌	授权品牌	自有或授权品牌
授权	无须授权	需要授权	他人品牌需要授权

2. 京东开放平台合作的 FBP 模式、LBP 模式和 SOP 模式有什么不同？

（1）FBP（Fulfillment By POP）：京东提供仓储管理，由京东完成购物订单配送和收款，并且由京东开具发票给消费者的合作方式。

（2）LBP（Logistics By POP）：合作商家每日把消费者订单产品打包送到京东分拣中心，由京东完成购物订单配送和收款，并且由京东开具发票给消费者的合作方式。

（3）SOP（Sale On POP）：合作商家每日把消费者订单产品打包，自行或采用快递方式完成购物订单配送，由合作商家开具发票给消费者的合作方式。

FBP 模式、LBP 模式和 SOP 模式的区别如表 3-2-3 所示。

表 3-2-3　FBP 模式、LBP 模式和 SOP 模式的区别

项目 模式	京东 仓储	京东 物流	京东货 到付款	京东开 具发票	优　点
FBP	有	有	有	有	依附于京东，省去卖家自己打包与发货的过程，适合单量大的大型卖家。依靠京东仓储与京东物流的优势，增加消费者黏性
LBP	无	有	有	有	与京东物流合作，依附京东物流快速到货的优势，以带来更多的订单
SOP	无	无	无	无	适合订单量不大，可以自己完成发货与自己沟通合作物流的中小型卖家

3. TM 标与 R 标有何区别？

（1）R 商标是"注册商标"的标记，意思是该商标已经在国家商标局进行注册申请并已经在商标局审查通过，成为注册的商标。

（2）TM 商标表示该商标已经向国家商标局提出申请，并且国家商标局也已经下发了《受理通知书》，进入了异议期，这样就可以防止其他人提出重复申请，表示现有的商标持有人有优先使用权。

活动评价

评价项目	自 我 评 价		教 师 评 价	
	小结	评分（5分）	点评	评分（5分）
1. 能完整上传入驻的资质资料				
2. 能顺利完成开店任务				
3. 能创建自己的个人京东店				

活动三 上架店铺商品

活动描述

张哥已经对自己种植的西瓜按商品的要求拍摄了相应的图片，并在京东平台成功开设了农产品店铺，接下来需要将商品上架了。下面小刘接着向张哥介绍与农产品上架的相关内容。

活动实施

第一步：进行宝贝分类，这是店铺商品上架的重要条件

京东店铺分类的设置与淘宝店铺分类设置差不多，下面简单介绍一下其操作步骤。

（1）登录进入京东商家后台，单击"首页"按钮，进入京东商家后台管理页面，如图 3-2-34 所示。

图 3-2-34 京东商家后台管理页面

（2）在京东商家后台左侧单击"我的店铺"按钮，出现的下拉按钮，单击按钮，弹出下拉列表，在列表中选择"店铺设置"选项，单击"店内分类管理"按钮，进入分类管理页面，单击页面下方"添加新分类"按钮，上方出现一个白底方框，在框里输入要设置的类别名称，此时分类为一级类别。如果再进行同一级别的分类，那么可以继续单击"添加新分类"，就会再出现一个框，继续输入类别名称，如图 3-2-35 所示。

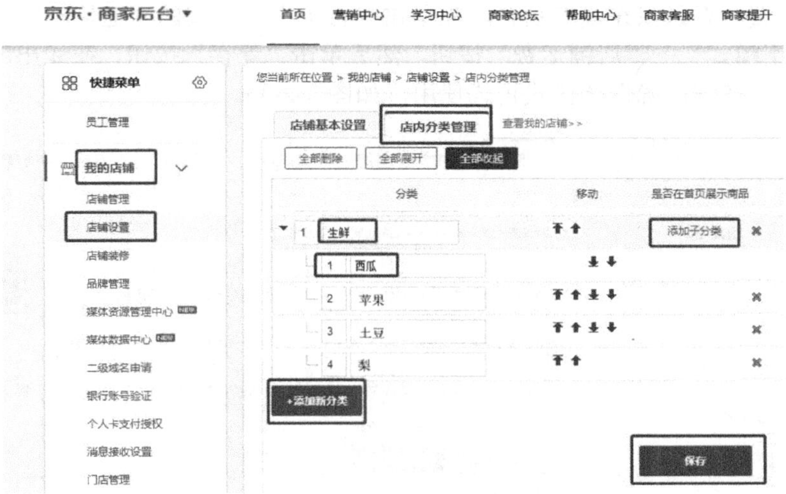

图 3-2-35 宝贝分类管理页面

如果要在一级类别下面细分二级类别，就单击该类别右侧的"添加子分类"按钮，下面出现"添加子分类"框，此时可以输入二级类别名称。完成上面的操作后，单击右下角的"保存"按钮，就完成了宝贝的分类设置。

想一想

同学们，京东店铺中的宝贝分类怎么删除呢？

知识链接

如何获取店内分类链接

导航模块是店铺必不可少的一个装修区域，导航分为基础编辑和自定义编辑两种，在基础编辑中能够直接获取商家后台店内分类，此处的链接是自动生成的，但是不允许编辑，这就导致很多自定义编辑导航样式的店铺无从获取店内分类链接。获取店内分类链接的方式分为三步，第一步是在店铺装修内添加店内分类模块；第二步是预览页面；第三步是单击预览页面中的"店内分类"按钮，获取店内分类地址或将鼠标移动至所需的分类上，右击（单击鼠标右键），选择"复制链接地址"选项。

试一试

同学们，请对自己店铺的农产品进行宝贝分类。

第二步：设置运费模板，这是店铺商品上架的必要条件

京东运费模板应用模式分为店铺运费模式、单品运费模式、店铺运费与单品运费同时生效模式 3 种。下面分别对这 3 种模式的运费模板进行设置。

1. 店铺运费模式

整个店铺采用统一的运费标准。支持收取固定运费和满额包邮两种模式，可以按区域

进行个性化设置。登录京东商家后台，先单击"首页"→"我的配送"→"运费模板"→"运费模板应用模式"→"店铺运费"按钮，然后单击"保存"按钮，在弹出的消息提示框中单击"确定"按钮，确保该模式正式使用，如图3-2-36。

图 3-2-36　店铺运费模式页面 1

如果新增店铺运费模板，就单击"新增运费模板"按钮进行设置，系统提供默认店铺运费模板，用户选择了店铺运费模式但未设置模板。用户为自己设置的模板划分了指定配送区域，未被划分的配送区域使用默认配送模板。

设置完毕后可以修改运费模板。运费必须大于或等于 0，且最大为 500，不能为小数。

2. 单品运费模式

为店铺内的每个商品设置自己独有的运费收取方式，每个商品的运费独立计算。当一个订单包含多个不同的商品时，京东提供了"运费叠加""取最大运费值"两种运费计算方法。登录京东商家后台，先单击"我的配送"→"运费模板"→"运费模板应用模式"→"单品运费"按钮，然后单击"保存"按钮，在弹出的消息提示框中单击"确定"按钮，确保该模式正式使用。如果是新增店铺运费模板则单击"新增运费模板"按钮进入单品运费页面。

为了减少商家的工作量，商家后台提供了默认单品运费模板，所有未绑定运费模板的商品按默认单品运费模板运费进行收取，商家不想新增运费模板时，只需维护默认运费模板即可。默认单品运费模板不可删除。

如果运费模板是按体积设置的，那么要注意运费模板按体积设置的单位为"m^3"，如图 3-2-37 所示。商家要特别注意体积单位的变化，并进行相应的转换。单击"保存且返回"按钮，完成设置。设置完一个模板后，可以继续新增运费模板。单品运费模板最多可以设置 30 个，在发布商品时不同的商品可以对应不同的运费。

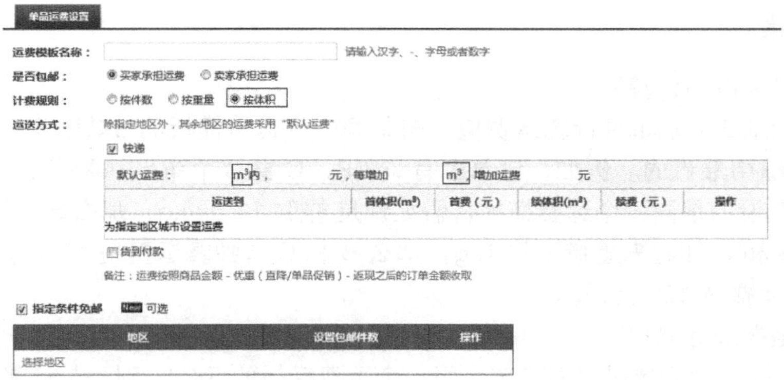

图 3-2-37 单品运费页面

3．店铺运费与单品运费同时生效模式

在该种模式下，店铺运费模板与单品运费模板同时生效，在默认情况下店铺运费优先执行。当订单金额满足运费上设置的免邮金额时，按照店铺运费模式计算，不满足时按照单品运费计算。需要特别说明的是，如果单品运费模板上设置了单品运费优先于店铺运费，那么单品运费模板绑定的商品的运费单独计算。即使订单金额满足店铺免邮，也会按照单品运费模板计算运费。该种方式集合了单品运费模式和店铺运费模式的优点，商家自主选择单品运费和店铺运费优先级。登录京东商家后台，选单击"我的配送"→"运费模板"→"运费模板应用模式"→"店铺运费与单品运费同时生效"按钮，然后单击"保存"按钮，在弹出的消息提示框中单击"确定"按钮，确保该模式正式使用，如图 3-2-38 所示。如果是新增店铺运费模板就在刚才的页面单击"新增运费模板"进入店铺运费与单品运费同时生效页面，设置方法与单品运费模板一样。

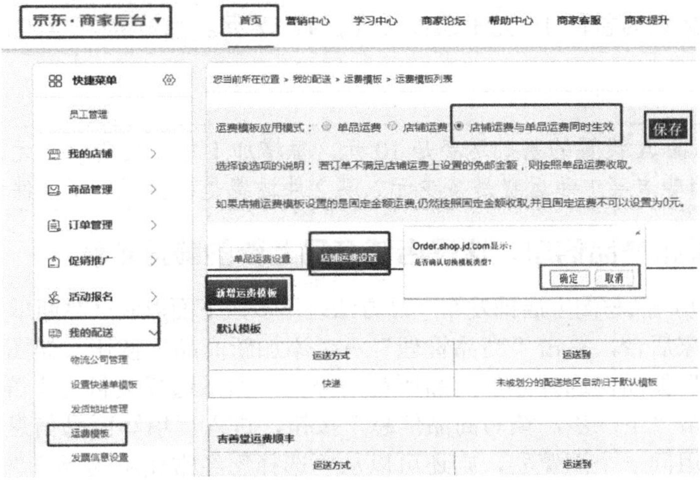

图 3-2-38 店铺运费与单品运费同时生效模式

议一议

运费模板设置有哪些注意事项？

知识链接

1. 什么是最高值计算？

先把这些 SKU 分别单独计算运费值（若是同一个运费模板的 SKU，则一起计算），然后订单取运费值中最贵的。例如，订单中有 A、B、C 共 3 个商品，A 设的运费是首重 13 元/kg，B 和 C 设的是同一个运费模板，假如都是首重 11 元/kg，那么单独算 A 的运费是 13 元。假如 B 和 C 加起来重量不到 1kg，那么 B 和 C 单独算运费是 11 元。因为 13>11，所以该订单的运费按 13 元计算。

2. 什么是叠加计算？

先把这些 SKU 分别单独计算（若是同一个运费模板的 SKU，则一起计算）得出运费结果，然后再相加。例如，订单中有 A、B、C 共 3 个商品，A 设的运费是首重 12 元/kg，B 和 C 设的是同一个运费模板，假如都是首重 8 元/kg，那么单独算 A 的运费是 12 元。假如 B 和 C 加起来重量不到 1kg，那么 B 和 C 单独算运费是 8 元。因为 12＋8=20，所以该订单的运费按 20 元计算。

3. 什么是指定条件包邮？

可以设置单品满 x 件包邮。例如，商品 A 设置的基础运费是 12 元，每增加一件，运费加 3 元，商家设置了满 3 件包邮。那么消费者买 1 件运费是 12 元，买 2 件运费是 15 元，买 3 件免运费。

4. 设置了单品运费优先，同时设置了单品指定条件免运费，运费怎么计算？

设置了单品运费优先，单品运费规则优先生效，如果达到了单品包邮条件就免运费，否则正常收取运费。例如，商品 A 的金额为 100 元，对应的单品运费是首件 15 元，每增加 1 件运费增加 2 元，并且设置了单品运费优先，同时设置满 3 件免运费。如果单笔订单购买商品 A 为 3 件及以上，那么单品 A 免运费；如果单笔订单购买了 2 件，就达不到包邮条件，需要收取运费为首件 15 元＋续件 2 元，共 17 元。

试一试

同学们，商品 A 设置的基础运费是 10 元，每增加 1 件，运费加 2 元，同时设置了满 3 件包邮。那么消费者买 1 件运费是多少元？买 2 件运费是多少元？买 3 件运费是多少元？

第三步：发布产品信息，这是店铺商品上架的前提条件

京东店铺发布产品与淘宝店铺发布产品方法差不多，下面以农产品西瓜为例发布宝贝。

（1）登录商家后台，单击"商品管理"→"添加新商品"按钮，如图 3-2-39 所示。进入"添加新商品"页面，选择添加商品所在的分类，西瓜选择类目为生鲜→水果→西瓜，确认无误后，单击"下一步，填写商品信息"按钮，进入"填写商品信息"页面。

如果每次使用同一个浏览器，则还可以从"选择您经常使用的类目"中快捷选择类目信息。商品一旦生成，类目信息就不可更改，所以要谨慎选择类目信息。

（2）基本内容编辑，添加商品标题、商品标语、品牌、7 无理由退货等内容，如图 3-2-40 所示。商品名称添加要求品牌名（中文|英文）、产品名称（款式|系列）、附加产品特点货号，最多输入 45 个字。商品标题最多输入 45 个字。当商品参加促销时，促销级别的宣传语，优先级要高于此商品级别的商品标语。带红色星号的信息为必填项，其他的内容可以根据实际

情况填写。如果暂无有效品牌，那么可以立即申请新品牌后再发布商品。

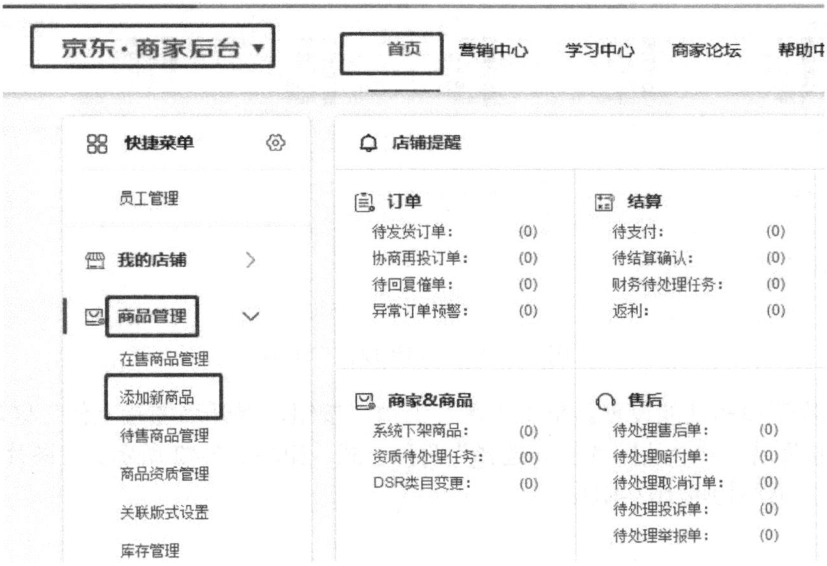

图 3-2-39 商家后台页面

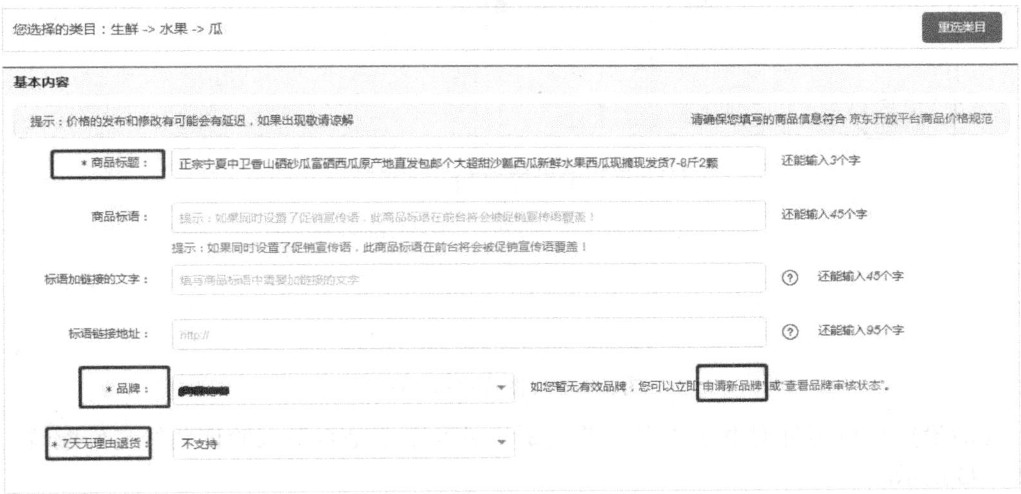

图 3-2-40 基本内容页面

（3）添加商品属性，不同类目拥有不同的商品属性，带红色星号的信息为必填项。

（4）添加商品信息，带红色星号的信息为必填项。

（5）添加 SKU 信息"销售属性"，直接勾选颜色、尺码等属性值信息，即可批量生成 SKU 信息，如图 3-2-41 所示。在选择的项目中进行勾选，取消勾选后，与此属性值相关的 SKU 信息将自动删除。属性值信息默认颜色上限为 24 色，尺码上限为 54 个。如果没有合适的属性值，可以在勾选后，对其名称进行自定义。生成 SKU 信息后，单击"设置小图标"按钮，可以对 SKU 的价格和库存进行批量设置。

图 3-2-41 "销售属性"页面

（6）图片管理和功能设置。单击"图片上传"按钮，展开"图片上传"区域。目前提供"本地上传图片"和"从图片空间选择"两种方式，如图 3-2-42 所示。主图片尺寸为 800 ×800mm，大小不超过 1024KB。

图 3-2-42 图片管理页面

功能设置可以再针对商品设置发票限制，以及下单是否输入验证码等特殊配置，如图 3-2-43 所示。

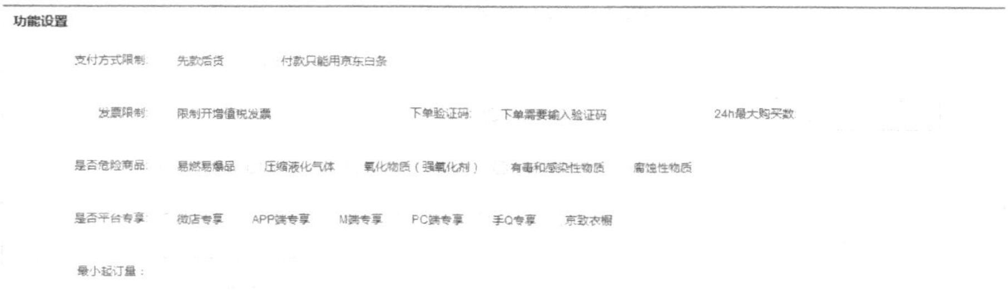

图 3-2-43 功能设置页面

（7）商品描述。PC 端商品描述页面如图 3-2-44 所示。手机端商品描述页面如图 3-2-45 所示。分别按两图中的数字顺序单击按钮进行图片上传。商品描述中支持常见的图片格式，如 jpg、jpeg、gif、png、bmp，单张图片容量最大为 512KB，宽度为 750px 以内。

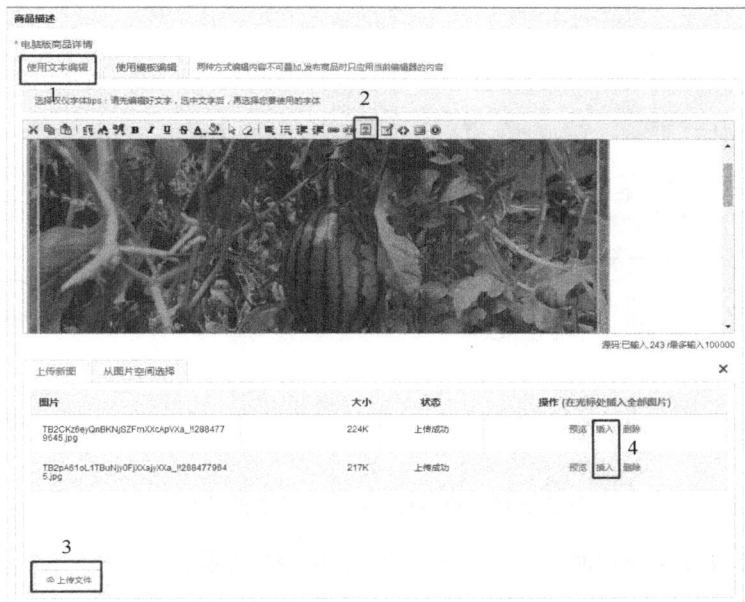

图 3-2-44　PC 端商品描述

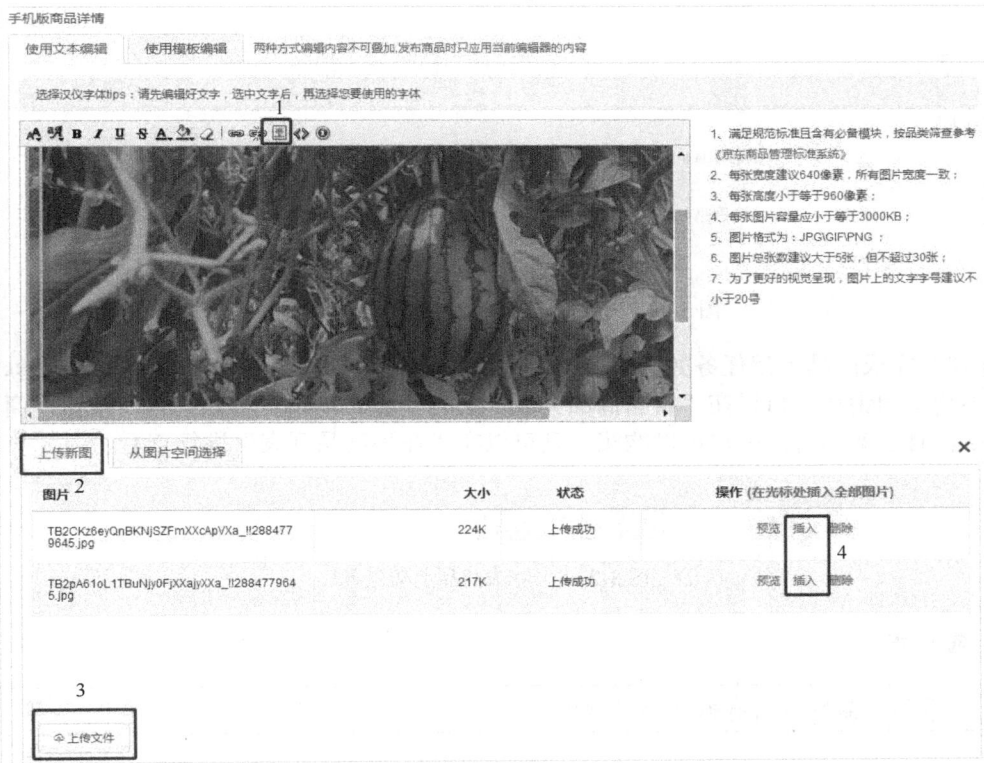

图 3-2-45　手机端商品描述

（8）商品物流及相关信息的填写。可以在商品级别设置商品物流及相关信息，如图 3-2-46 所示。

图 3-2-46　商品物流及相关信息的填写

（9）设置店内分类和定时上下架时间，如图 3-2-47 所示。

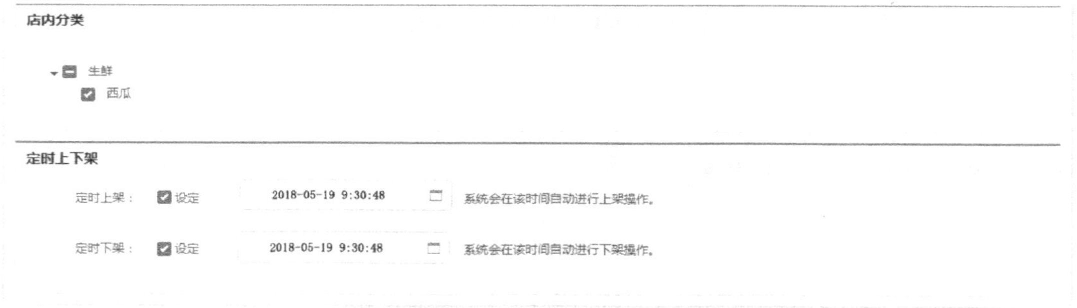

图 3-2-47　设置店内分类和定时上下架时间

（10）完成商品上架任务如图 3-2-48 所示。单击"保存且下架"按钮，商品编辑成功，但是不会上架销售，可以在"待售商品列表"进行查看。单击"开始销售"按钮，商品编辑成功，且上架销售，用户可以购买，且可以在"在售商品列表"进行查看。

图 3-2-48　完成商品上架任务

💡 **想一想**

> 同学们，品牌申请有哪两种类型？

小贴士

☞链接地址不正确时，建议商家放商品链接或店铺首页链接。若是活动装修链接，则需要商家提取活动装修页的链接并复制在此。

☞当手机端和 PC 端链接无法同时时，商家可以在活动装修页面创立活动装修链接，同时关联手机端和 PC 端，并将此链接复制。

☞搜索主图是指列表页展示的图片，当消费者进入京东网页单击想要查看的商品时，展示出的图片即为商家设置的搜索主图。此时的网页链接中会显示 list，而直接通过商品关键词搜索的为 search。

☞商品下单页面只显示扫码下单，不显示一键购或加入购物车，商家将"是否平台专享"全部进行勾选。

活动评价

评价项目	自 我 评 价		教 师 评 价	
	小结	评分（5分）	点评	评分（5分）
1. 能按照要求设置出运费模板				
2. 能按照要求对店铺宝贝进行正确的分类				
3. 能在京东独立添加农产品				

任务三 在微商平台开设店铺

任务介绍

在本任务中，将从选择微商平台、创建微店和发布农产品 3 个方面向同学们介绍与微商平台相关的知识。通过活动一选择微店，初步认识微商的各大平台，并从中选择一个简单易行的微商平台——"微店"。通过活动二创建微店，使同学们掌握使用微店网页版 PC 端和手机 App 移动端创建微店的两种方法。通过活动三发布农产品，使同学们掌握应用微店发布农产品的方法。

活动一 选择微店

活动描述

小王是一名电子商务专业的中职生，寒假回到广东省茂名市老家。刚坐下，邻居卖三华李的老板赵哥便过来向小王求教了："小王啊，我的'银妃'三华李又大又甜，但附近买的人并不多，大部分都是以低廉的价格卖给了批发商，利润一直不理想。我请教了同行，他们说我可以在网上开微店来拓宽市场。但是，怎么开微店呢？"这时，小王打开了计算机和手机，准备给赵哥介绍如何上网开微店来拓宽市场。

活动实施

第一步：了解微商的那些事儿

随着微信的火热、手机的普及，以及网上购物的进一步发展，越来越多的人开始加入微商创业的热潮中。每个人在日常生活中的吃、住、行、游、购、娱，都可以看到微商的影子。现如今，人们已经走进了一个朋友圈充满微商的新时代。那么，微商究竟是什么呢？

知识链接

微商是什么

微商是一种自媒体下的社交电子商务模式，主要在熟人之间进行传播销售，个人或商家可以基于这种模式进行商品交易。微商主要有以下两种方式。

（1）个人借助微信、QQ 或微博等自媒体社交软件传播产品信息、销售产品（即 C2C 微商）。

（2）企业借助微信公众号销售产品（即 B2C 微商）。

第二步：了解微商平台，知己知彼才能百战不殆

赵哥逐渐明白什么是微商了。这时，小王将自己的笔记本电脑递给了李哥，并给他布置了一个作业。

找一找

上课之前，请同学们上网查找，了解微商常用的微店 App 的功能与特点。

通过这个作业，赵哥体会到微商平台的选择琳琅满目、种类繁多。于是，挑选了有赞（原微商城）、微店和人人店（点点客开发）这 3 款微商常用的微店 App 做了更深入的了解。3 种微店 App 对比表如表 3-3-1 所示。

表 3-3-1 3 种微店 App 对比表

	有赞 （原微商城）	微店	人人店 （点点客开发）
App 图标	微小店	店	商家版
产品定位	移动零售服务商	个人手机开店	专注社交分销商
主打功能	微信公众号、分销市场	微店体系、功能完善	微信公众号
价　格	4 800 元/年，另收取订单交易额的 2%（补贴 1%）	开店免费，插件收费	一年 20 000 元，三年 32 800 元（包含一整套微信营销系统）

续表

优 势	自建厂家、分销商、个人、企业等平台形成行业堡垒，覆盖整个产业生态	适合"零"基础农村微商入门使用，分为卖家版和消费者版	适合传统企业实现线上线下互通，双店经营

议一议

同学们，请讨论以上微商平台，哪个适合农村企业微店运营？

第三步：选择微商平台，适合才是最好的

赵哥发现有很多微店 App 是需要付费的。他认为，免费的微店 App 更适合降低农村人开微店的成本。而且，农村里很多人对微商平台的运作都是"零基础"的。了解到这些，小王就向赵哥推荐并详细介绍"微店"App，让他深入了解这个微商平台。

知识链接

微　店

微店是北京口袋时尚科技有限公司于 2014 年 1 月 1 日推出的移动消费者端最大的手机开店 App。微店拥有网页版和手机版两种登录方式，极大地方便了商家装修店铺、上传商品信息等日常运营操作，可以通过自主分发链接的方式与微信、微博、QQ 等社交结合进行推广引流，完成交易。

"微店"App 操作简单易行，"零基础"的微商都可以"一分钟"学会入门操作。"微店"App 不但为广大微商提供入驻的平台，而且不收取任何费用，如图 3-3-1 所示为"微店"App 界面。

图 3-3-1　"微店"App 界面

🔍 **找一找**

请同学们上网找一找，并了解"微店"App 公司旗下还有哪些 App。

⛽ **知识加油站**

"微店" App 的主要功能

1. 1 分钟开店

1 分钟简单操作就能开启属于你的微店。

2. 完全免费

开店完全免费，所有的交易不收取任何手续费。

3. 账期极短

微店每天会自动将前一天的货款全部提现到卖家的银行卡，让卖家及时回款。

4. 支付快捷

支持微信、支付宝、信用卡、储蓄卡等多种支付方式，安全快捷。

5. 管理方便

随时随地添加商品、查看订单，并可以一键分享到微信、微博、QQ 空间等多个平台。

6. 微店分销

海量优质底价货源，轻松一件代发。

7. 多重认证

微店认证体系，确保店铺安全可靠，为交易保驾护航。

8. 安全保障

微店与中国平安财产保险公司合作，已经由中国平安财产保险公司承保超期到账责任。

小王告诉赵哥，微店店铺和淘宝店铺一样，也分等级。那么微店的店铺等级又是怎样的呢？

🔗 **知识链接**

微店店铺的等级

1. 微店店铺的等级：微店店铺的等级和淘宝店铺的等级相似，订单交易完成后会累计等级分，根据等级分的多少来形成卖家的信誉级别。同时，分销订单交易成功后，分销商店铺也会累计等级分。

2. 查看店铺等级的操作方法：打开微店店长版软件→单击店铺头像→店铺资料→店铺等级可以查看店铺等级。

小贴士

☞微店等级分为金冠、蓝冠、钻、心 4 个大等级，每个大等级又分为 5 个小等级，因此店铺等级共有 20 个。

Eg：1 心、2 心、3 心、4 心、5 心；1 钻、2 钻……，详情如图 3-3-2 所示。

得分	等级
0 分	无等级
1 - 3 分	❤
4 - 10 分	❤❤
11 - 40 分	❤❤❤
41 - 90 分	❤❤❤❤
91 - 150 分	❤❤❤❤❤
151 - 250 分	◆
251 - 500 分	◆◆
501 - 1000 分	◆◆◆
1001 - 2000 分	◆◆◆◆
2001 - 5000 分	◆◆◆◆◆
5001 - 10000 分	♔
10001 - 20000 分	♔♔
20001 - 50000 分	♔♔♔
50001 - 100000 分	♔♔♔♔
100001 - 200000 分	♔♔♔♔♔
200001 - 500000 分	♕
500001 - 1000000 分	♕♕
1000001 - 2000000 分	♕♕♕
2000001 - 5000000 分	♕♕♕♕
5000001 分以上	♕♕♕♕♕

图 3-3-2　微店卖家的等级评分

知识加油站

微店卖家等级是怎么计算的

微店卖家等级的计算原理如下。

（1）直接到账或担保交易订单交易成功后，可以获得等级分。如果交易过程中发生了退款，就不会获得等级分。

（2）等级分按照订单中的商品种类来计算，当一笔订单中包含 n 种商品时，交易成功后可以获得 n 分等级分。如果一笔订单中，同一种商品购买了多个，就只获得 1 分等级分。

（3）在每个自然月中，相同的消费者和卖家之间的等级分累计不超过 6 分（以订单创建的时间计算），达到 6 分后，后续的交易将不会为卖家增加等级分。

（4）若 14 天内（以订单创建的时间计算），相同的消费者和卖家之间对同一种商品进行多次购买，则只能在第一次购买时获得 1 个等级分。例如，1 月 1 日购买了商品 A，卖家获得 1 分等级分，那么在 1 月 15 日之前，同一个消费者即使多次购买商品 A，卖家也无法再获得等级分。

（5）参加微店官方组织的市集活动，活动当天产生的当面付订单可以计入等级分。一笔订单计 1 分（不统计商品数量），订单金额小于 1 元不计分。活动当天相同的消费者和卖家之间的等级分累计不超过 6 分，每个卖家活动当天最多获得 10 个等级分，超过部分不计分。

通过小王的介绍，赵哥对"微店"App 有了初步的认识，觉得"微店"App 和淘宝相类似，但是开店更方便，操作更简单，非常适合"零基础"的农村微商运营。最终，他决定选择使用这款微店 App。

活动评价

评 价 项 目	自 我 评 价		教 师 评 价	
	小结	评分（5分）	点评	评分（5分）
1. 能说出什么是微商				
2. 了解微商有哪些主流平台				
3. 了解"微店"App 的定义和主要功能				

活动二　创建微店

活动描述

赵哥选择使用"微店"App 开店，但不知道如何创建微店。于是，小王根据平时在电子商务课堂学过的知识，一步一步地教赵哥创建微店。

活动实施

第一步：下载"微店"App

赵哥有两部手机——安卓手机和苹果手机。于是，小刘就教他用这两种不同的手机系统及 PC 端下载"微店"App。

1．手机端下载

（1）Android（安卓）系统，下载"微店店长版"App。

① 打开手机应用市场。打开安卓手机应用市场软件，可以选择"360 手机助手"，如图 3-3-3 所示。

图 3-3-3　安卓手机"360 手机助手"图标

知识加油站

安卓手机的应用市场软件

目前安卓手机的应用市场软件除"360 手机助手"外，还有"百度手机助手""豌豆荚""91 助手安智市场""pp 助手""应用宝""华为应用商店"等

同学们可以根据个人的喜好和操作习惯来选择安卓应用市场下载 App。

② 在应用软件上的搜索栏输入"微店店长版"并单击"搜索"。

③ 单击"微店店长版"右侧的"下载"按钮，即可开始下载，如图 3-3-4 所示。

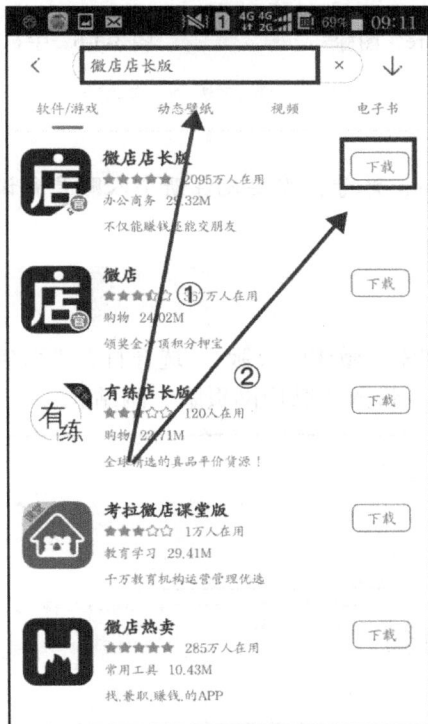

图 3-3-4　安卓手机下载"微店店长版"

（2）苹果 iOS 系统，下载"微店店长版"App

① 打开苹果手机应用。打开苹果手机应用市场"App Store"，如图 3-3-5 所示。

② 在应用软件上的搜索栏输入并搜索"微店店长版"。

③ 选择"微店店长版-手机开店用微店"，单击右侧"获取"按钮，此时系统会提示"登

录 iTunes Store",输入密码即可开始下载,如图 3-3-6 所示。

图 3-3-5 苹果手机 "App Store" 图标

图 3-3-6 手机搜索 "微店–店长版"

小贴士

☞如果没有苹果 iTunes 账号,需要先注册个人账号和设置密码,才可以下载应用软件。

2. PC 端下载

① 在计算机上百度网搜索 "微店网页版",选择打开 "微店官网–手机开店用微店(官网)" 链接,如图 3-3-7 所示。进入 "微店网页版" 网站。

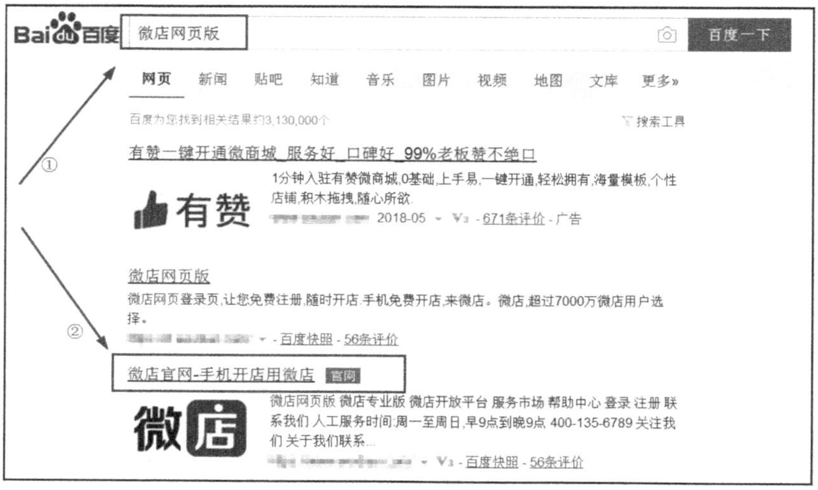

图 3-3-7 百度搜索 "微店网页版"

② 李哥想用比较方便快捷的下载方式，小刘便教他用手机"扫一扫"中微店网页箭头所指的手机开店"二维码"，直接下载手机微店 App，非常方便快捷。

知识加油站

微店网页版的链接

打开任意一个浏览器，在地址栏中输入微店网址，按"Enter"键便可以快速进入微店网页版的页面。

在 360 浏览器中快速打开"微店网页版"网站如图 3-3-8 所示。

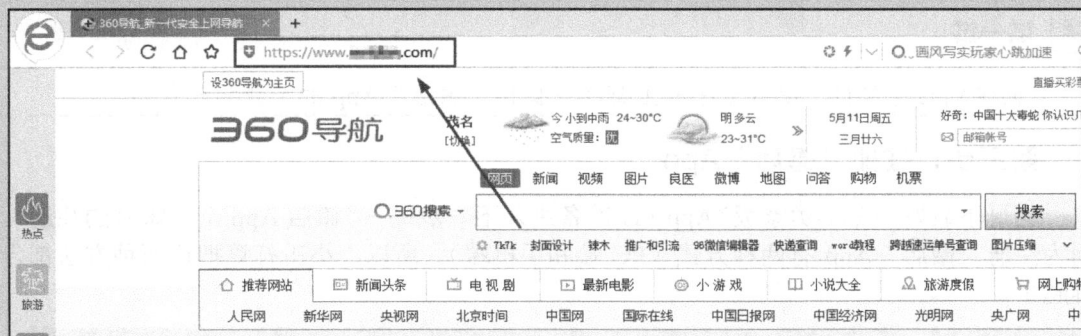

图 3-3-8 在 360 浏览器中快速打开"微店网页版"网站

知识链接

下载"微店"App 的 4 种渠道

目前，微店 App 支持以下 4 种渠道下载渠道。

（1）安卓手机。

（2）iPhone（苹果）手机。

（3）iPad。

（4）计算机的微店网页版。

同学们可以根据个人的喜好和操作习惯来选择适合的方式下载渠道。

第二步："安装"微店 App

赵哥下载好"微店店长版"后，便开始安装"微店"App。

知识链接

"微店"App 安装

1. Android 系统

手机下载后会提示安装，按照安装提示进行安装即可。

2. 苹果 iOS 系统

苹果手机是"下载＋安装"一步到位的，所以下载后就自动安装在手机中了。手机微店图标如图 3-3-9 所示。

图 3-3-9　手机微店图标

✏️ **试一试**

同学们在计算机、iPad 或手机上都动手操作"微店"App 的下载和安装。

第三步：注册"微店"App

赵哥下载好"微店-卖家版"App 后，准备进入下一步——"微店 App 个人账号的注册"。因为注册"微店"App 有两种方式（PC 端和手机端）。所以，小王打算把这两种方法都告诉赵哥。

小贴士

☞请同学们课前准备开微店必备的物品。

（1）身份证。

（2）银行卡。

（3）可以上网的智能手机、计算机、iPad 等。

---

1. PC 注册

（1）打开"微店网页版"。在计算机上打开"微店网页版"网站，进入页面后单击右上角的"注册"按钮，如图 3-3-10 所示。

图 3-3-10　PC 端注册"微店"

（2）注册账号。进入如图 3-3-11 所示的计算机注册"微店"个人账号页面后，填写注册的相关资料。勾选"已经阅读微店店长服务协议"单选框,单击"下一步"按钮,即可完成账号的注册。

图 3-3-11　PC 端注册"微店"个人账号

知识链接

填写注册资料

① 能正常使用的手机号。

② 图形验证码。

③ 短信验证码(单击"获取短信验证码"按钮后,将收到的"短信验证码"在规定的时间内输入"短信验证码"右边的文本框内)。

④ 设置密码(密码组成=数字+英文+字符)。

⑤ 确认密码(再一次输入刚设置的登录密码,避免容易遗忘的密码)。

知识加油站

"微店实名认证"的说明

根据国家《网络交易管理办法》,应监管部门的要求,微店对卖家进行实名制核实,实名认证有利于确定商家的身份,营造更安全的网络交易环境,避免不法分子通过网络欺骗消费者。

因此,卖家需要登录"微店店长版"App,选择"微店"进入微店管理页面,单击"实名认证"按钮,输入正确的姓名、身份证号、银行卡号。姓名与身份证、银行卡注册信息一致,即可完成认证。

(3)选择主体类型(个人/企业)。

① 个人注册。

单击"个人"选项对应的"选择"按钮,然后进入下一步操作,如图 3-3-12 所示。

图 3-3-12　微店"选择主体类型"页面

小贴士

☞目前，网页版暂不支持提现，需要在手机端操作提现。

☞订单交易完成的次日显示在可提现中，可提现中的金额可以选择手动提现。如果开通手动提现，那么可以登录"微店店长版"中的 APP，单击"订单收入"➜"我的收入"➜"可提现"中的"提现"按钮。店铺有收入后，即可直接提现至个人银

🔗 **知识链接**

更改个人注册信息

微店几乎所有的设置，都可以随时登录"微店网页版"更改。

（1）更改信息需要提供以下信息（修改本人姓名及身份证号）。

① 本人手持身份证照片。

② 本人身份证正反面照片；

（提示：微店要求清晰看到本人的面部和身份证信息。）

（2）进入"我的微店"，在"个人资料"中填写正确信息并上传验证资料，提交申请即可。

（3）审核时间为 4 个工作日。申请未通过，微店会短信通知，如果有问题则可以联系微店客服，既也可以联系在线客服，也可以拨打微店客服电话 4001356789。

💡 **想一想**

请同学们思考，微店的个人账号什么时候需要申请转为企业账号？

知识链接

"个人微店"如何转为"企业微店"？

个人更改对公提交的资料。

（1）个人手持身份证照片（拍照时，身份证带照片的一面面对镜头）；公司营业执照副本照片、法人代表身份证正反面照片、组织机构代码证（需要显示组织机构代码号及公司名称）、开户许可证明（一般户提供银行卡办理业务申请单，清楚显示卡号、公司名称、公司公章及银行公章；基本户提供开户许可证明）。

（2）本人手写声明并盖公司公章，声明内容为本人注册微店使用手机号为×××，注册时使用身份证号码为×××、姓名为×××、银行卡号为×××；现本人自愿将前述微店信息变更为×××（公司名称）公司信息，变更内容为用户名×××、组织机构代码证×××、银行信息×××，并提交本人和拟变更人的证件照片，对前述变更信息和提交资料的真实性、准确性，本人和拟变更人承诺承担全部法律风险。对信息变更可能存在的风险（例如变更后原账户未提现的余额会提现到新账户中），本人和拟变更人知晓并承担所有的法律责任。特此声明（本人签字、公司盖章）

（3）将以上信息发送到邮箱（kef@weidian.com），标题为"个人转对公业务申请"，提交的材料必须能够清晰辨别人像、证件内容、书写内容,并在邮件正文中打出注册微店手机号、公司名称、组织机构代码号、银行卡账号、银行开户行信息。会有工作人员在邮件发送后的三到四个工作日处理完成。如果提交的资料不符合，那么工作人员会回复邮件。

②企业注册微店

企业注册微店 App 需提供以下资料。

① 公司营业执照。

② 对公账户。

③ 法人身份。

小贴士

☞目前，企业微店无法转成个人微店。

☞同时，企业微店的店铺有收入需要提现时，暂时仅可提现至公司银行账户。

知识加油站

"企业微店"信息的修改

修改企业微店信息所需提交的资料。

（1）原注册公司和修改后公司双方提供公司营业执照副本、法人代表身份证正反面照片、组织机构代码证和开户许可证明（一般户提供银行卡办理业务申请单，清楚显示卡号、公司名称、公司公章及银行公章；基本户提供开户许可证明）、工商局的变更证明。

（2）手写声明并盖双方公司公章，内容为"本公司在微店登记使用名称为×××，因为公司名称更改，现申请修改为×××。对前述变更信息和提交资料的真实性、准确性，本公司承诺承担全部法律风险。特此说明。公司名称×××。年月日（盖章）"

（3）在正文中打出注册微店手机号、公司名称、组织机构代码、银行卡账号、银行开户行信息。

（4）将以上信息发送到邮箱(efu@weidian.com)，标题为"公司信息修改"，会有工作人员在邮件发送后的三到四个工作日处理完成。如果提交的资料不符合，那么工作人员会回复邮件。

（4）填写店铺信息。

找一找

上课之前，请同学们在"微店消费者版"App 上查看农产品类的店铺信息，找一找优质店铺头像、店铺名称及店铺介绍，并说明给你带来了哪些启发？

（1）上传店铺头像

进入微店"填写店铺信息"页面，如图 3-3-13 所示，单击蓝色小字"单击上传图片"上传"店铺头像"。

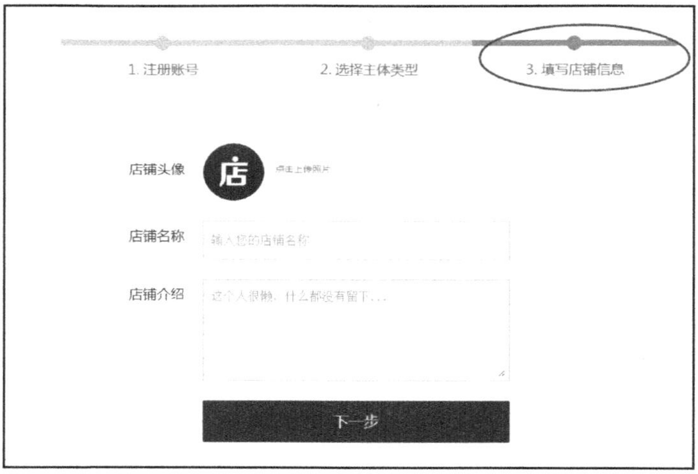

图 3-3-13　微店"店铺信息"填写页面

知识加油站

微店头像设计

微店头像是展示店铺的第一张门面，头像最好与店铺卖的农产品或农村生态环境相关，可以是店铺的品牌 Logo，要给人强有力的冲击力，让人一眼便能记住这个头像。

设计头像时需要掌握以下几点。

① 头像简单不杂乱。

② 色彩搭配符合店铺风格。

③ 设置成 250×250 像素的图片。

④ 适当添加文字、价格优惠说明。

⑤ 最好展现品牌 Logo、所卖的农产品或所在农村的生态。

如图 3-3-14 所示为农村微店头像示例。

图 3-3-14　农村微店头像示例

想一想

同学们，以上农产品微店头像给你带来了哪些启发？你觉得什么地方需要进一步改善？如果你是卖家，那么你会怎么修改设计？

（2）填写店铺名称

在"店铺名称"后边的文本框中输入店铺名称。

知识加油站

店铺名称设计

一个成功的店铺，需要有自己的名称。打出自己响亮的名称，是一个店铺走向成功的第一步。好的店铺名称能让人一眼便能知道店铺是卖什么产品的。店铺的名称可以是店铺名、产品名、商标名等。

设计店铺名称时需要掌握以下几点。

① 名称长度建议不超过 10 个字，否则不利于记忆。

② 最好展现店铺名、产品名、商标名或所在农村原产地等。

③ 店铺名称可以用卖家常用的昵称，因为微店消费者基本都是卖家的朋友、卖家认识的人、或卖家的粉丝。所以，微店名称里有卖家的名字，可以有良好的信誉和一定的知名度，更容易拉近与消费者的距离。

议一议

同学们，你觉得以下 3 个农产品微店名称中有哪些值得学习？哪些不足？如果你是卖家，你会怎么修改？

A．夏小妈果园　　　　B．农村淘五常米　　　　C．海棠之家东北原生态特产

（3）填写店铺介绍

在"店铺介绍"后的文本框中输入店铺介绍，单击"下一步"按钮即可。

小贴士

☞店铺的介绍虽然可写也可以不写，但是如果介绍店铺的产品特色、开店的理念、开店的心路历程、优惠活动信息，就可以让买家感受卖家的用心，从而拉近了卖家与消费者的距离，更容易促进成交。

✎ **试一试**

请你结合所学的知识和参考一些店铺的优秀介绍，在"微店消费者版"App 找出下列农产品店铺并练习写店铺的介绍。

（1）山道郎食品。

（2）食味。

（3）仟枫干货店。

2. 手机消费者端的注册

（1）打开手机"微店店长版"App，进入如图 3-3-15 所示的手机注册微店页面，单击"注册"按钮，进入注册页面。

（2）选择你所在的国家和地区，填写手机号，勾选"已经阅读并同意注册使用协议和禁售商品管理"单选框，单击"下一步"按钮即可，如图 3-3-16 所示。

图 3-3-15　手机注册微店页面

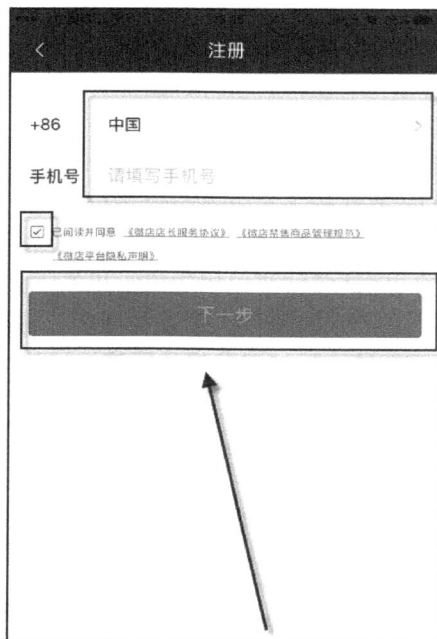

图 3-3-16　填写注册资料

知识链接

"微店店长版" App 如何绑定银行卡?

注册完成后,如果绑定银行卡,那么系统会自动发短信通知卖家绑定银行卡。

绑定银行卡的操作步骤为手机微店 App→订单收入→我的收入→我的银行卡→绑定银行卡,如图 3-3-17 和图 3-3-18 所示。

图 3-3-17　订单收入

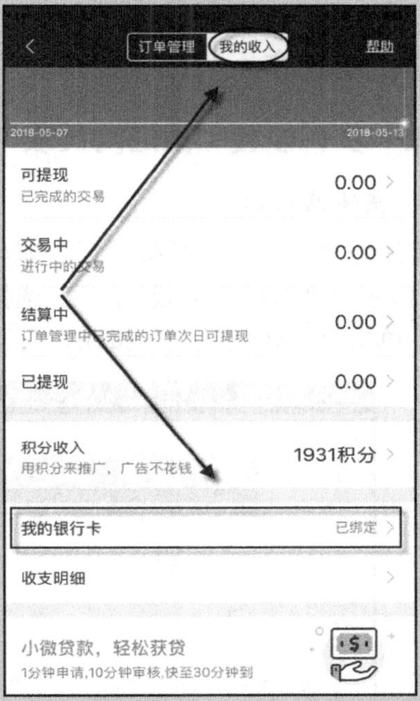

图 3-3-18　单击"我的收入"按钮进行银行卡绑定

试一试

请同学们试一试"微店网页版"和"手机端 App"的微店注册。

在小王的帮助下,赵哥终于创建了一个属于自己的"微店"店铺,成为了一个微商卖家。

活动评价

评 价 项 目	自 我 评 价		教 师 评 价	
	小结	评分(5分)	点评	评分(5分)
1. 掌握各种下载微商 App 的渠道				
2. 掌握各种下载 App 的方式				
3. 掌握 PC 端和手机端下载、注册微商 App 的操作技巧				

活动三 发布农产品

活动描述

赵哥虽已开通了个人微店，但还不知道怎样把自己的农产品放上去销售。于是小王便教赵哥"微店网页版"和"微店手机版"的农产品发布操作。

活动实施

第一步：学会"微店网页版"的农产品发布

1. 实体店认证

注册成功"微店店长版"后，即可进行实体店的认证。认证操作步骤如下。

（1）打开"微店网页版"首页，选择页面左侧功能区中的"店铺资质"选项，如图 3-3-19 所示，单击"实体店认证"按钮，打开"实体店认证"页面。

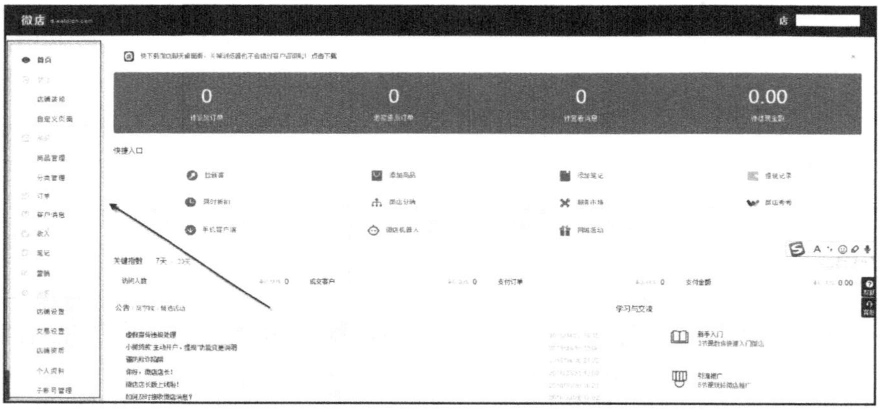

图 3-3-19 "微店网页版"首页

（2）根据网页提示填写门店地址、门店名称、营业执照注册号。

（3）提供营业执照照片、门店外面照片、门店内营业现场照片、门店内悬挂营业执照的照片。

（4）审核时间为 7 个工作日，审核结果可在提交资料页面查看。如果提交资料不符，那么页面会有提示。

知识链接

"微店网页版"的功能区
1. 装修 店铺装修、自定义页面。 2. 商品 商品管理、分类管理、订单、消费者消息、收入、笔记、营销。

3. 设置

店铺设置、交易设置、店铺资质、个人资料、子账号管理。

✏️ **试一试**

> 同学们，请用计算机打开"微店网页版"，预习微店网页版各个功能的操作。

2．添加商品

（1）选择"微店网页版"首页中的"添加商品"选项，如图 3-3-20 所示。进入"添加商品"页面，如图 3-3-21 所示。

图 3-3-20　"添加商品"选项

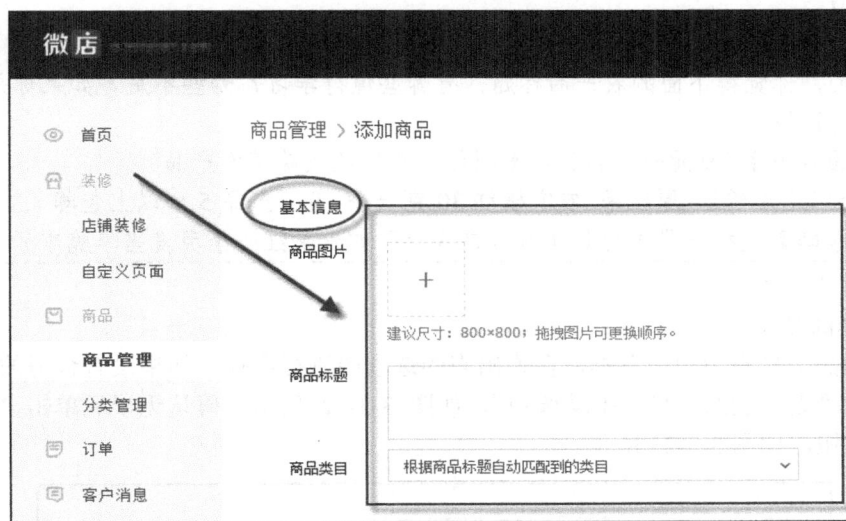

图 3-3-21　"添加商品"页面

（2）添加商品图片。

单击"商品图片"右边的"＋"，即可添加农产品图片。可以选择"手机拍照""手机相册"这两种方式上传图片。上传图片后单击"完成"按钮即可。

小贴士

☞15 张图片如果不能详细地体现商品，就可以用作图软件将多张图片合并再上传。

☞例如作图软件：

计算机版：Photoshop、美图秀秀-网页版等

（2）添加商品标题

微店中的商品标题即商品描述。在微店商品标题中加入农产品关键字，可以让消费者更快速地找到商品。

知识加油站

微店设计——商品标题

设计商品标题时需要掌握以下几点。

① 因为系统限制，所以字数一般控制在 20 个字（40 个字符）以内。

② 如果字数太少，那么可以适当添加空格，以增加长度和提高美感。

③ 商品的标题一般包括日期、农产品原产地、农产品名称、品牌、农产品特色、产品的重量/大小、价格、优惠信息、产品级别（正品/极品/超极品……）、醒目的图片、字符、表情等。

议一议

同学们，你觉得下面的农产品标题，有哪些值得学习？哪些不足？如果你是卖家，你会怎么设计修改？

A.【漫泉河】9.9 元包邮新鲜甜菜根红菜头紫菜头蔬菜农产品

B. 正宗化州橘红 原压果 农家橘红 30 克一个 良心产品 5 个以上包邮

C.【包邮】钱排三华李现货新鲜水果 3 斤孕妇水果红心李现发当季脆李子

（3）商品类目

a. 选择商品类目

单击商品类目右边的空白框，在弹出来的选项中进行选择。如果没有合适的类目，那么可以单击"无合适的类目，手动选择"，如图 3-3-22 所示。确认无误后单击"确认选择此类目"按钮，如图 3-3-23 所示。

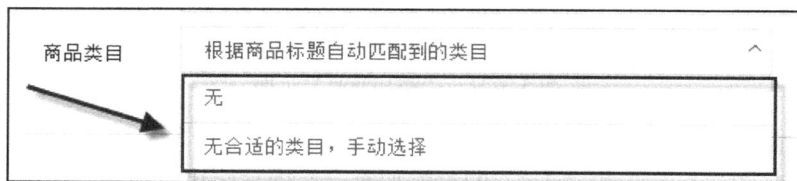

图 3-3-22 添加商品的基本信息

图 3-3-23 选择农产品的类目

小贴士

☞选择农产品所属类目的方法。

方法 1：在图 3-3-23 直接在❶号方框快速搜索内幕，在❷号方框搜索产品名称属性。

方法 2：手动在类目栏里找到类目。

🔗 **知识链接**

商品的品类

微店系统根据商品标题获取品类属性。如果系统对应的商品品类不准确，则可以再次修改商品标题或手动选择。

（3）设置商品的

在"型号/价格"对话框中添加商品价格、商品库存、商品编码等内容，如图 3-3-24 所示。

（4）设置

🔗 **知识链接**

商品分类的设置

设置微店商品分类有手机移动端和 PC 端两种方式。

1. 移动端

打开微店店长版 App，进入"商品"模块单击"分类"按钮，可以进行新建与编辑分

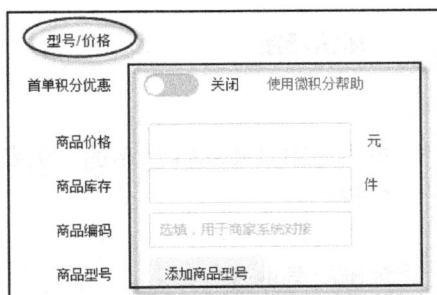

图 3-3-24 添加商品的型号/价格

类；单击"新建分类"按钮，输入分类名称即可完成添加，然后进入未分类商品，单击"批量管理"按钮，勾选商品，单击"分类至"按钮，即可批量将商品设置在某个商品分类中。

2. PC 端

登录"微店网页版"首页进行操作，进入我的微店的分类管理中，单击"添加分类"按钮输入名称和排序，单击"保存更改"按钮即可添加成功。

（5）设置店铺主营类目

🔗 **知识链接**

店铺主营类目的设置

操作流程：打开微店店长版 App，单击"店铺头像"→"店铺资料"→"主营类目"按钮，根据店铺实际情况选择一二级类目。

如果没有所经营的类目类型，则可以单击"没有你经营的类目？"按钮向微店后台提出建议。

（6）运费/其他

请在"微店网页版"依次填写与添加下面所列出的内容，"消费/其他"对话框如图3-3-25所示。

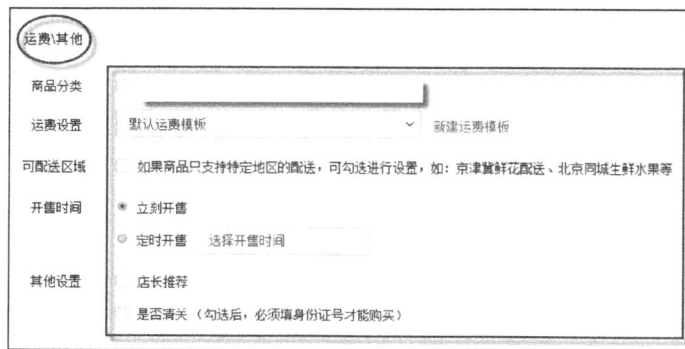

图 3-3-25　设置商品运费界面

🔗 **知识链接**

默认的运费模板

单击如图3-3-26所示的"运费设置"右边的"默认运费模板"空白框，可以选择以下3个模板。

（1）包邮

全国所有地区免邮。

（2）包邮（除了偏远地区）

海南省、西藏治区、新疆维吾尔自治区、香港特别行政区、澳门、内蒙古自治区、台湾省、宁夏回族自治区、甘肃省，青海省。

（3）默认的运费模板

默认运费（除指定地区外）：10件内0元；每增加1件，增加运费0元。

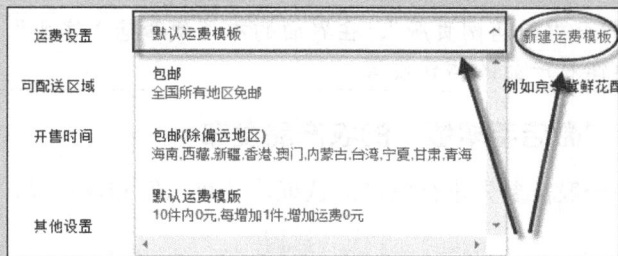

图3-3-26 运费模板的设置

李哥觉得，上面默认的运费模板都不太合适。因此，小刘教他单击"新建运费模板"按钮来自定义一个运费模板，如图3-3-27所示，设置好后单击最下方的"保存"按钮即可完成新建运费模板的设置。

知识链接

运费的设置

（1）店铺可以按照商品件数或商品重量计算来设置运费（按重量设置运费时，重量支持1位小数，金额支持2位小数）。

（2）运费模板最多设置50个，同一个商品只能选择一个运费模板。

（3）根据店铺的情况进行设置，可以指定地区运费，不同地区设置不同的运费，设置好后将对整个店的商品生效。

图3-3-27 新建运费模板

知识加油站

清关

（1）如果是海外卖家，则可以勾选"清关"选项。

（2）勾选后消费者必须填写身份证号才能购买。

（3）如果想取消，那么取消勾选"清关"选项即可。

✎ **试一试**

　　请你用计算机打开"微店网页版"，在界面的右边找微店"客服"了解"商品运费计算规则"，并实际操作农产品的运费设置。

第二步：学会"微店手机版"的农产品发布

小刘告诉李哥，一般需要先进行农产品认证，才可以发布农产品。

ⓘ **知识加油站**

农产品的认证

　　根据《农产品包装和标识管理办法》规定，对于个人包装销售的农产品，应该在包装物上标注或附加标识标明品名、产地、生产者或销售者名称、生产日期。

　　农产品认证可以不用提供营业执照和食品资质备案，但是需要签署自产协议，审核时间是 4 个工作日。

　　农产品认证流程：登录微店店长版 App，单击"店铺头像"→"店铺资料"→"特殊行业认证"→"初级农产品认证"按钮即可。

✎ **试一试**

　　请同学们在移动端试一试农产品的认证的操作流程。

2. 微店手机版

　　在手机下载注册成功"微店店长版"App 后，打开手机上的"微店"App 图标，输入个人信息，即可进入微店 App 首页，单击"商品"按钮，如图 3-3-28 所示，即可进行发布产品的操作。

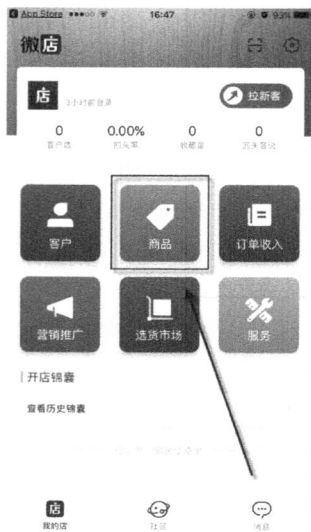

图 3-3-28　选择商品模块

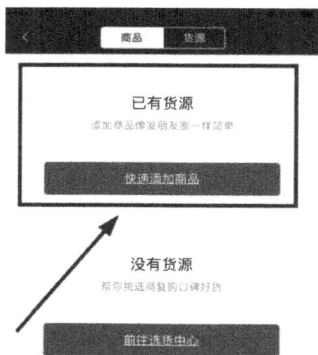

图 3-3-29　单击"快速添加商品"按钮

知识链接

"微店手机版"发布商品

有货源卖家的操作流程如下。

1. 商品上架

登录微店店长版 App 单击"商品"→"已有货源"→"快速添加商品"按钮，直接上架新品，如图 3-3-29 所示。

2. 商品图片

商品图片支持手机拍照、相册选取进行添加。每个商品最多添加 15 张图片，系统默认首张图片为商品主图。

3. 其他设置

同时可以针对商品描述、商品价格、商品库存、商品型号及商品分类进行设置，商品描述没有字数限制。

提示：

（1）为了账号安全，商品上架前需要先进行实名认证。

（2）微店商品数量＋淘宝搬家商品数量限制在 10 000 件以内。

（3）商品标题限制在 60 个字以内。

小贴士

☞微店的商品视频发布支持添加美拍视频和腾讯视频链接。

知识链接

"淘宝搬家"功能

因为现在有很多微店卖家已经开设了淘宝店铺，所以若想同时开设微店，则可以直接使用淘宝一键搬家的功能一键复制过来，不需要再一件一件地重新上传商品。

说明：微店商品数量＋淘宝搬家商品数量限制花 10 000 件以内。同一个微店可以一次性搬几家淘宝店铺的商品。但是，目前微店只支持淘宝和天猫店铺商品的搬家，其他平台暂不支持。

操作方法：选择"服务市场"中的"爱铺货"和"无忧一键复制"选项进行搬家。同学们如果需要看具体的铺货步骤，那么可以进入第三方软件的服务详情、使用教程中查看，如图 3-3-30 和图 3-3-31 所示。

（提示：因为新版的应用由第三方服务商提供，所以试用完再使用，需要付费。）

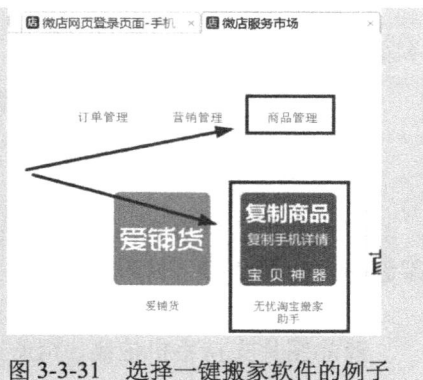

图 3-3-30　服务市场

图 3-3-31　选择一键搬家软件的例子

知识加油站

商品的下架与删除

1. 商品的下架

单击商品图片进入编辑商品，将商品库存更改为"0"即为下架。若想重新上架商品，则直接修改商品库存即可。

2. 商品的删除

单击商品图片进入编辑商品，在页面的最下方单击"删除商品"按钮即可删除。

小贴士

☞店铺预览：打开微店卖家版 App，单击"店铺头像"→"预览"按钮，可以浏览店铺详情。

试一试

1. 请同学们用计算机打开微店手机端 App，熟悉微店-手机端各个功能的操作。

2. 请同学们打开手机微店店长版 App，单击"设置"→"规则中心"按钮查看了解微店的有关规则。

在小刘的帮助下，李哥学会了在计算机消费者端和手机消费者端发布产品了！以后就可以在微商界占有一席之地了！小刘为能够运用所学的知识帮助李哥而感到高兴。

活动评价

评价项目	自我评价		教师评价	
	小结	评分（5分）	点评	评分（5分）
1. 熟悉微店的各大功能				
2. 掌握微店网页版发布产品的方法				
3. 掌握微店手机消费者端发布产品的方法与技巧				

项目总结

通过本项目的学习，学生能够掌握农村主要电子商务运营平台使用方面的知识；能够对阿里巴巴平台、京东平台、微商平台进行实际的操作；能够熟练创建阿里巴巴平台、京东平台、微商平台店铺并上架商品。

项目练习

一、填空题

1．目前年满_____周岁即可在淘宝开店。

2．宝贝的标题最多不能超过_____个字符。

3．一个人可以申请的淘宝账号是_____限制的，淘宝账号的申请注册既可以使用_____，也可以使用_____。

4．淘宝类目是发布宝贝时淘宝商品体系_____的，不是自定义的。店铺分类是卖家对店铺的_____分类，便于宝贝管理，可以随时修改。

5．运费模板是指为一批商品设置_____运费。当需要修改运费的时候，这些关联的商品的运费将_____被修改。

6．完成阿里巴巴和天猫及淘宝平台的内容。

阿里巴巴平台	店 铺 类 型	平 台 特 点	开 店 条 件
淘宝网			
天猫商城			
1688 批发网			

7．京东旗舰店、专卖店和专营店有何区别？

店铺类型 项 目	旗 舰 店	专 卖 店	专 营 店
商标个数			
经营品牌			
授权			

8．京东开放平台合作的 FBP 模式、LBP 模式和 SOP 模式各有什么不同？

项 目 模 式	京 东 仓 储	京 东 物 流	京东货到付款	京东开具发票	优 点
FBP					
LBP					
SOP					

9．"R"商标是"_____"的标记，意思是该商标已经在国家商标局进行注册申请并已经审查通过，成为注册的商标。

10．"TM"商标表示该商标已经向国家商标局提出申请，并且国家商标局也已经下发了《＿＿＿＿＿＿＿＿》，进入了异议期，这样就可以防止其他人提出重复申请，表示现有商标持有人有优先使用权。

11．开微店需要准备身份证、＿＿＿＿＿＿＿、可上网的智能手机/电脑/iPad 等物品。

二、不定项选择题

1．用"邮箱注册"注册成为淘宝会员的操作流程是（　　　）。

    A．选择"邮箱注册"

    B．单击淘宝首页的"免费注册"链接

    C．同意注册协议

    D．填写淘宝会员名、电子邮箱、登录密码

    E．登录电子邮箱，单击激活信里的"激活"按钮

    F．确认密码，输入验证码

2．申请支付宝实名认证的操作流程是（　　　）。

    A．登录个人银行账户，查看汇款金额

    B．填写个人信息和银行账户信息并提交给系统

    C．填写身份证号码及身份证真实姓名并提交给系统

    D．单击"申请支付宝个人实名认证"按钮进入提交认证申请页面

    E．输入收到的准确金额并提交给系统

    F．选择通过银行汇款金额的方式进行实名认证

3．在京东开店以下需要加盖公章的资质有哪些（　　　）？

    A．营业执照　　　　B．税务登记证　　　C．组织机构代码证　　　D．开户许可证

4．可以入驻京东的品牌是（　　　）。

    A．6 个月以上 2 年以下的商标受理通知书

    B．R 标

    C．TM 标

    D．都可以

5．下面的选项中，属于默认运费模板的是（　　　）？

    A．包邮：全国所有地区免邮

    B．包邮（除了偏远地区）：海南省、西藏治区、新疆维吾尔自治区、香港、澳门、内蒙古自治区、台湾省、宁夏回族自治区、甘肃省，青海省。

    C．包邮：省内包邮，省外付费

    D．默认运费（除了指定地区以外）：10 件内 0 元；每增加 1 件，增加运费 0 元

三、实践题

1．请你根据以下要求，为自己的土豆淘宝店设置一个"土豆不包邮模板"。按重量为计价方式：广东省、湖南省、广西壮族自治区、江西省、浙江省、江苏省包邮，其他地区运费为 8 元，续重为 3 元。

2．如果某快递公司发到北京首重 15 元/kg，续重 6 元/kg，要托寄的物品 7.5kg，则快递费是多少元？

3．请同学们在京东商城完成自己的农产品品牌的申请。

4．请同学们小组合作，在计算机或手机上，选择当地的农产品发布到微店的店铺上。

项目四

农村电子商务网店运营

项目简介

本项目中，将从网店的装修与优化、网店的运营策略和网店引流与推广 3 个方面向同学们介绍农村电子商务网店运营的相关知识。学习完本项目，同学们将掌握农村电子商务网店运营、引流与推广方面的知识，能够对农产品网店进行装修与优化、运营、引流与推广进行操作。

项目目标

➢ 了解农村电子商务网店运营策略。
➢ 了解引流与推广在运营中的重要性。
➢ 会运用淘宝的推广服务和站外引流平台。
➢ 熟练使用软件对农产品网店进行装修。
➢ 能够根据运营情况对农产品网店进行优化。

任务一　网店的装修与优化

任务介绍

在本任务中，将学习农产品电子商务网店装修的知识与方法。通过活动一装修 PC 端店铺，使同学们掌握如何装修 PC 端店铺，从而更好地呈现出农产品店铺的特色。通过活动二装修移动端店铺，使同学们了解如何利用移动端店铺提升用户的阅读效果，掌握移动端店铺的装修技巧。通过活动三优化农产品网店，使同学们更进一步优化网店，利用全屏轮播达到更大的营销效果。

活动一　装修 PC 端店铺

活动描述

　　李哥拥有了自己的 PC 端店铺，但消费者的流量不大，停留的时间不长，转化率不高，在对比一些知名的农产品品牌店后，很明显感到自己的店铺特色不够鲜明，于是便邀请杨师傅给他重新装修店铺。

　　网店装修是一个非常热门的话题，无论对城市中的网店卖家，还是农村网店卖家来说，恰当而独特的装修风格是非常重要的成功因素。如果产品分类混乱或信息标注不清晰，消费者就很可能因为体验的感觉太差而离开，这是众多卖家最不愿意看到的结果。

活动实施

第一步：确定店铺类型和风格

　　在网店装修的过程中，很多店铺通常主题是一种风格，模块是另一种风格，甚至农产品页面又是另一种风格，卖家需要重视店铺整体设计和页面设计，根据品牌和产品格调尽可能地使网店中所有页面的风格保持一致，如图 4-1-1 所示为原生态形象页面，图 4-1-2 所示为区域特色文化页面。

图 4-1-1　原生态形象页面

图 4-1-2　区域特色文化页面

第二步：收集素材

　　收集素材是农产品店铺装修的一项重要工作，可以简化装修过程。在明确了店铺的类型和装修风格后，就可以整理摄影师所拍摄的农产品图片，同时通过各种素材网站寻找与自己的店铺风格相适应的素材，主流的素材网站包括昵图网、花瓣网、素材中国、站酷等，如图 4-1-3～图 4-1-8 所示。

图 4-1-3　时尚

图 4-1-4　好玩儿有趣

图 4-1-5　图片素材共享平台

图 4-1-6　互联网图片采集社区

图 4-1-7　平面设计素材网

图 4-1-8　综合性设计师社区

✏️ **试一试**

作为运营者，对于图片的选择在考虑主题匹配的同时，还要考虑图片的尺寸及清晰度，在百度搜索图片选项里、可以对搜索主题的目标有相应的尺寸要求，如图 4-1-9 所示。请试一试利用百度搜索高清图片。

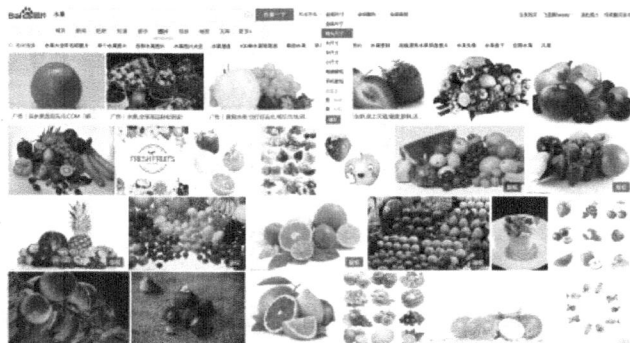

图 4-1-9　百度搜索图片

第三步：认识农产品店铺装修的模块

与传统淘宝店铺中的模块相似，农产品店铺一般包括店铺招牌、商品分类导航、图片轮播模块等。

1．店铺招牌

店铺招牌位于店铺页面的最上方，一般用以宣传店铺。店铺招牌上有店名，可以放置应季营销活动或农产品图片，店铺招牌的表现形式较多，既可以是静态店铺招牌也可以是动态店铺招牌，如图 4-1-10～图 4-1-12 所示。

图 4-1-10　以品牌宣传为主的店铺招牌

图 4-1-11　以活动促销为主的店铺招牌

图 4-1-12　以产品推广为主的店铺招牌

2．商品分类导航

商品分类导航是对农产品进行细分，主要用于方便消费者精准找到所需的产品。作为农产品店铺的卖家，一定要明白装修的目的就是给消费者一个更好的消费体验，以此获得更大的用户资源。为了避免分类混乱，划分不清的现象，可以对农产品进行量化分类，如图 4-1-13 和图 4-1-14 所示。

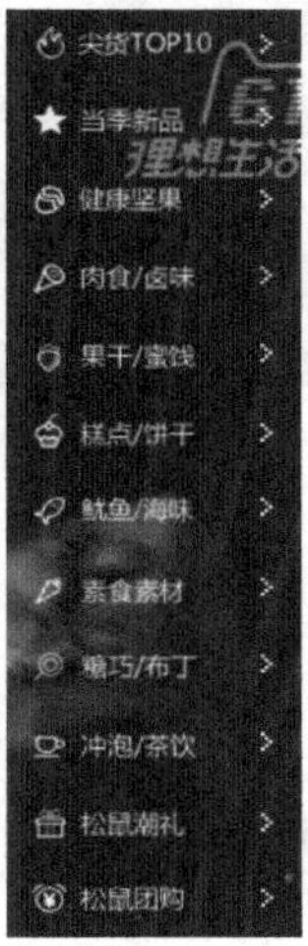

图 4-1-13　农产品的分类 1　　　　　　　图 4-1-14　农产品的分类 2

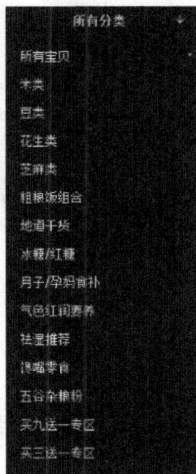

3．图片轮播

图片轮播主要用于播放店铺中的商品图片，可以放置热销商品、新品、打折商品等。为了让消费者快速读取店铺的产品信息，卖家一定要多用图片，制造视觉冲击，以便吸引他们的注意，同时也要注意控制文字的大小和多少。

常规图片轮播模块的图片大小一般为 750×350 像素，使用 Photoshop CC 制作合适的轮播图片后，即可上传，如图 4-1-15～图 4-1-17 所示分别为活动海报、农产品介绍海报和农产品品牌宣传海报。

图 4-1-15　活动海报

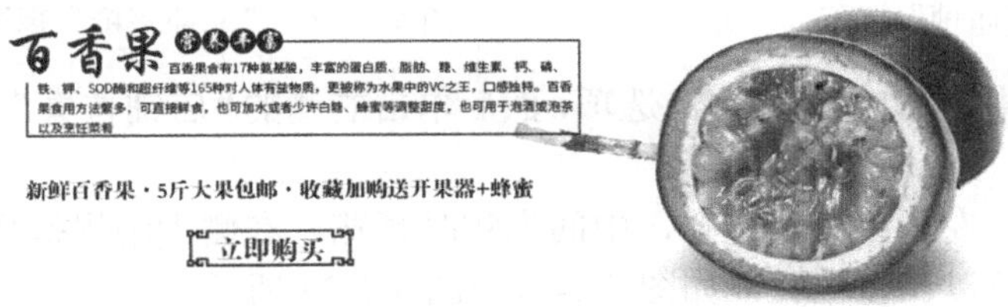

图 4-1-16　农产品介绍海报

图 4-1-17　农产品品牌宣传海报

议一议

> 同学们，通过了解农产品的店铺装修，总结农产品的店铺装修应注意哪些事项？

活动二　装修移动端店铺

手机在人们的生活中占据着重要的地位，由于手机购物快捷、方便，所以手机淘宝越来越普及。2014 年年初，淘宝手机端总流量已经超过 PC 端，这代表着移动互联时代已经来临，并迅猛发展着，因此农产品在移动端的视觉设计必将成为重中之重。

第一步：了解首页模块的使用

进入"消费者中心"页面，选择"手机淘宝店铺"选项，在打开的页面中单击"立即装修"按钮，如图 4-1-18 和图 4-1-19 所示。

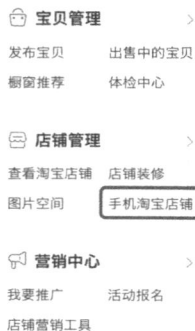

图 4-1-18　"手机淘宝店铺"选项

图 4-1-19　"立即装修"按钮

在打开的页面中选择"店铺装修"选项，然后单击右侧的"店铺首页"按钮，如图 4-1-20 所示。

进入装修页面，左侧为模块选择，中间为实时预览，右侧为编辑操作。选择模块，单击模块的上下箭头可以调整位置，如图 4-1-21～图 4-1-23 所示。

图 4-1-20　单击右侧的"店铺首页"按钮

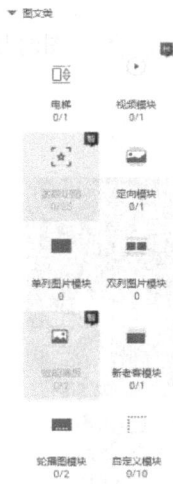

图 4-1-21　模块选择　　　　　图 4-1-22　编辑操作　　　　　图 4-1-23　调整位置

第二步：移动端店铺招牌的设计

移动端店铺的店铺招牌大小为 750×580 像素，如图 4-1-24 和图 4-1-25 所示。

图 4-1-24　移动端店铺的店铺招牌 1　　　　　图 4-1-25　移动端店铺的店铺招牌 2

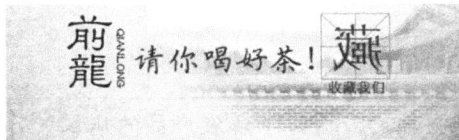

移动端店铺招牌的设计要着重体现店铺的风格，一定要和店铺的产品相对应，不要标新立异，需要注意整体和谐。

试一试

请同学们在网上收集关于农产品的移动端店铺招牌。

第三步：焦点图设计

移动端的焦点图与 PC 端海报图的设计类似，需要重点注意以下两点。

1．主题突出

移动端的焦点图的主题要简明、突出，可以通过对字体进行加粗，使用对比颜色等处理方式来实现。

2．色彩鲜明

使用鲜明的颜色来吸引浏览者的眼球，由于手机屏幕较小，所以制作手机焦点图时切忌使用暗沉的颜色，如图 4-1-26 和图 4-1-27 所示为焦点图示例。

图 4-1-26　焦点图 1

图 4-1-27　焦点图 2

想一想

同学们，通过了解农产品的店铺装修，总结农产品的移动端店铺装修应注意哪些事项？

活动三　优化农产品网店

效果上大气的全屏轮播图，视觉冲击力强，吸引消费者眼球，可以提升农产品的转化率。凡是做得成功的旺铺，都对全屏轮播图非常讲究，农产品的网店也不例外。

第一步：了解全屏轮播广告

全屏轮播是网络店铺最重要的展示表现形式之一，通过版面的构成在第一时间吸引客户的眼球，并获得瞬间的刺激，激发消费者的购买欲，从而提升店铺的转化率，形成店铺文化。这就要求设计者将图片、文字、色彩、空间等要素进行完美的结合，以恰当的形式向网商们展示出宣传信息，如图 4-1-28 所示为全屏轮播广告图。全屏轮播广告图的设计要点如下。

（1）充分的视觉冲击力，可以通过图像和色彩来实现。

（2）全屏轮播表达的内容精练，抓住主要诉求点。

（3）内容不可过多，一般以图片为主，文案为辅，主题字体醒目。

图 4-1-28　全屏轮播广告图

第二步：制作全屏轮播图片

全屏轮播图片可以覆盖整个屏幕，因此全屏轮播图片的宽度要制作成 1920 像素，高度不大于 540 像素。制作全屏轮播图片时，首先在 Photoshop 软件中新建一个画布，大小为宽 1920 像素×540 像素，分辨率为 72 像素，然后把素材拖动到文件中，对素材图片的大小、背景、文案等进行设计，通常需要对图片的两边进行"留白"，即全屏轮播图片左右两侧宽度均为 360 像素，如图 4-1-29 所示。

图 4-1-29　全屏轮播图片

第三步：设置全屏轮播广告

图 4-1-30　全屏轮播模块

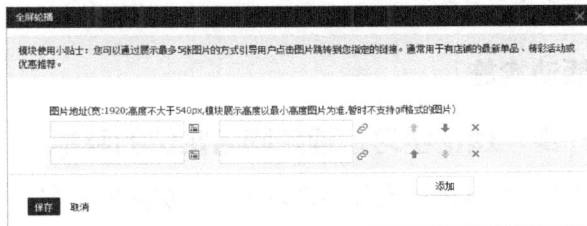

把制作完成的全屏轮播图片上传到图片空间，进入店铺装修页面，在左侧列表中把"自定义模块"拖动到右侧页面中，如图 4-1-30 所示。

打开"全屏轮播"对话框，在"图片地址"文本框中输入图片地址，在"链接地址"文本框中输入需要链接的地址，如图 4-1-31 所示。

图 4-1-31　"全屏轮播"对话框

💡 想一想

┌───┐
同学们，农产品网店的优化是一个长期优化的过程，还有哪些环节需要根据流量数据动态优化呢？
└───┘

📋 活动评价

评价项目	自我评价		教师评价	
	小结	评分（5分）	点评	评分（5分）
1. 能装修 PC 端店铺				
2. 能装修移动端店铺				

任务二　网店的运营策略

任务介绍

在本任务中，将学习农村电子商务网站运营的基本方法及策略，使同学们了解网店运营过程中应该注意的问题，从而更好地开展销售。通过活动一了解网店定位的重要性，学习网店定位的基本原则。通过活动二了解网店呈现的重要性，并根据网店的定位进行店铺首页及活动的设计。通过活动三学习标题、价格和主图的优化方法。通过活动四学习店铺运营数据分析的方法和数据分析表格的制作。

活动一　进行网店定位和产品结构调整

🐾 活动描述

小李是海南人，这两年一直在广州打工，他发现城里人特别喜欢买乡下的绿色食品。而他家乡的农产品特别多，既有应季新鲜瓜果蔬菜，又有各类海鲜。他觉得这是一个很好的创业机会，于是回到家乡，在淘宝网上开了一家卖家乡水果的网店。可是经过几个月的运营，销量一直上不去，消费者也很难留住。到底是哪里出了问题呢？小李打算好好地学习一下网店的运营。

📁 活动实施

第一步：理论学习，理解网店定位的原则

农村电子商务网店定位涉及以下 5 个层面的内容。

1．做精品

尽可能选择自己熟悉的、能得到一手货源的产品，这样才能很好地保证产品质量，才能给消费者最好的体验。做精品就是让消费者知道你是真的很了解产品，而且是你的第一手的资源。

2．专注

在淘宝平台上有很多店铺一直缺流量、缺转化，规模不大。这是因为有些卖家以为线下店铺有什么产品，或者有什么产品资源，线上就应该有什么产品，每个产品都不放弃，最终消费者进来看到琳琅满目的商品，反而导致消费者注意力分散，很难下手购买，这是极其危险的营销方式。因此专注是店铺定位非常重要的原则。

3．深度

如果要展现专业和专注，那么没有足够的产品深度是不行的。例如，同样是卖吸尘器，一个有 40 款吸尘器＋30 款吸尘器配件的店铺要胜过一家只有 3 款吸尘器的店铺是很容易的。配件可能很少卖出去，但为什么还是展示出来呢？因为这样才有产品的深度，让消费者感觉更专业。农村电子商务也一样，例如卖坚果，同时销售开坚果专用的开果刀，或者以"下单送刀具"的方式进行营销。因此深度展现是品牌定位、专业度和专注度的体现。

4．主推明确

开放平台的电子商务是否成交由消费者主导，所以注定无法形成所有产品全面开花的局面。无论成功的店铺还是不那么成功的店铺，其结果大概都依据二八原则，即 20%的产品占据了店铺的 80%的销量。因此，主推就是卖家要根据市场的反馈和自己的营销倾斜，平衡消费者的"顺从"和"引导"关系，让消费者的购买形成聚焦，进一步拉升主推单品的权重和影响力，并努力让消费者在购买后进行商品等信息的传播。

5．产品结构调整

店铺运营有 4 个模块，分别是产品结构、店铺呈现、消费者服务和店铺流量。其中，产品结构是其他运营模块的基础。一个店铺如果没有良好的产品结构作，那么其他的所有努力都将白费。产品结构调整包括增和减，增是把缺失的单品补充进来，减是把有损店铺定位的单品下架。例如，某小区的小超市倒闭了，之前兼卖日常用品、水果、蔬菜，原来只有这一家超市的时候，生意好得不得了。随着入住率的提升，该小区增开了两家专卖日常用品的超市和 1 家专卖水果及蔬菜的超市，这 3 家新开的超市显然更加专注，消费者自然更愿意去购买。所以原有的那家小超市必须进行产品结构的调整，否则就有可能倒闭了。

🛢 知识加油站

产品的选取范畴

产品的选取范畴有两个维度，即价格区间维度和功能定位维度。

1．价格区间维度

价格必须是通常范围内的价格区间。

例如，电饭锅，在 200～500 元的卖的最好，1 000 多元的卖得也不错，5 000 元以上的就卖的不太好了。所以店铺内产品价格梯队的过渡性也必须关注一点，要平滑一些。

2．功能定位维度

简单来说一句话：别什么都卖！

价格降下去，容易！要想再涨回来，难！

别轻易牺牲你的利润，要把团队建好一点儿，把产品线整好一点儿，把服务做得更细致一点儿。

议一议

同学们，假如现在市面上沙田柚4.5元1斤，1个沙田柚大概3斤。现在你打算在网上卖，你会怎样定价呢？

第二步：农村电子商务网店定位案例分析

小李在学习完上面的理论后感觉豁然开朗，原来自己之前把网上销售看得太简单了，以为只要把产品上架就能大卖的想法是不准确的。于是，他认为必须重新对自己的网店进行定位和产品结构的调整。他认真地分析了自己的优势和拥有的资源，整理出网店的定位方案，如表4-2-1所示。

表4-2-1 电子商务网店定位方案

项 目	内 容	说 明
店铺名称	南国屋	以海南地处中国的南边而起名为"南国屋"，让消费者能从店名联想到店里水果的产地。树立起店铺的品牌
店铺口号	源头把控每一个水果，所以放心	口号体现了精品意识，让消费者更放心选择我们的产品
店铺分类	新鲜水果、果园里的不同口感、关爱人群、年货节	"新鲜水果"类目主要推送应季水果，而"果园里的不同口感""关爱人群"体现了店铺的专注，我们不仅是卖水果，更帮助消费者更好地选择适合自己的水果。"年货节"是专为中国的各大节日而准备的分类。分类并不采取通常的水果分类方式，展现了我们在水果方面的知识更专业
营销文案	吃尽热带水果，传递海南的味道，果园现摘现发	在标语中使用"吃尽热带水果"体现了店铺产品的丰富，而"传递海南味道，果园现摘现发"说明了我们的服务态度
店铺主推	海南应季鲜果，在首页设置热售区和预售区，根据季节不断地推送应季的水果。让消费者"足不出户，吃尽海南热带鲜果"	由于每个季节的水果会有变化，所以在主推的时候要根据应季的水果进行调整，同时增加预售方式，可以更好地留住消费者
产品结构	发布多类产品，如散装、包装、买送刀具、买一送一等	发布产品时采用多种形式，更容易满足不同消费者的需求，同时为一些比较难开的水果提供相应的刀具，从消费者角度着想

第三步：实践与探索

通过以上的理论和案例的学习，同学们已经认识了网店定位的重要性了，那么请同学们根据自己的实际情况，或者在网上找一家网店，为其重新做一个网店的定位和产品结构的调整，完成"试一试"。

✎ 试一试

店铺类型	□淘宝　□天猫　□其他	
网店经营类目		
项　目	内　容	说　明
店铺名称		
店铺口号		
店铺分类		
营销文案		
店铺主推		
产品结构		

活动评价

评价项目	自我评价		教师评价	
	小结	评分（5分）	点评	评分（5分）
1. 理解网店定位的 5 个层面				
2. 掌握产品定价的基本方法				
3. 能根据产品特点及网店定位进行产品结构调整				

活动二　优化网店首页及活动海报的呈现

活动描述

　　小李重新对网店进行定位和产品结构调整后，觉得必须对网店的呈现做进一步的优化。于是跟美工讨论，着手对网店首页、活动海报、产品详情等页面进行全面的优化。

活动实施

第一步：理论学习，店铺呈现的价值

　　假设你有好的产品、好的产品专注度、好的深度、好的主推方向，通过什么把这些信

息传递给消费者呢？答案很简单，那就是店铺的页面展示。

消费者在网上购物时作出的判断，都源于其所看到的页面信息。直白地说，页面展示是网店的第一营销。

店铺呈现究竟包含了哪些内容呢？

1. 品牌形象

需要适度地展示品牌历史、起源、味道、优势、江湖地位等。如果有品牌故事那就更好了。在一个相对独立的展示环境下，关于品牌的部分是不可缺失的。当然展现的形式要简明扼要，图文并茂。

2. 产品结构

因为产品结构关乎定位，所以恰当地把产品结构展示出来，让消费者对店铺的业务结构建立清晰、完整的认知非常重要。最大的忌讳是定位不明确、主推不清晰。

3. 完整性

消费者面对每一张图片、每一个标题和独立页面，或者片段式页面的时候，内心的首要需求就是完整性。其次是整体内容结构的清晰认知。例如，主推海报、产品形象的旁边必须有价格、核心卖点等主要信息。

4. 产品详情页

产品详情需要兼顾更改层面和感性层面，着重引导消费者去想象，满足消费者的需求。产品详情页需要做得长一些，且要内容丰富，尽量把不同消费者的不同诉求都表现出来。同时制作产品详情页要注重内在的逻辑顺序、结构模块，要预先计划好再制作。

5. 店铺首页

产品详情页解决的是消费者是否对产品产生认同感的问题，而首页解决的是消费者是否对店铺产生认同感的问题，只有两个认同感都具备了，购买才会成为可能。首页主要包括海报区域、产品单列或自定义区域，设计时要色调统一并贯穿整个首页，产品主图的风格必须统一，海报的风格、字体、结构等要大致统一。

6. 营销文案

营销文案要关注目标人群喜欢什么，要和定位相符，要接地气、深入人心。例如，奶茶就要香飘飘；OPPO 手机，年轻人都在用的拍照手机等。一个好的文案比你喊破嗓子喊质量、打折要更加吸引人。

店铺呈现的价值是什么呢？

店铺呈现决定着销售业绩。即便产品结构非常清晰，如果没有良好的呈现作为通道，业绩也无法达到预期。总之，店铺呈现是网店的生命，店铺的展示页面做得好不仅仅是为了好看，更重要的是给消费者信心。一个页面都设计不好的店铺，消费者很难对其建立起信心。

知识加油站

文案的格调

高端、大气、上档次可以有，呆萌、耍帅、扮可爱也行。但别太夸张、别过度，更不能完全照搬别人的广告语。下面举几个例子做引导。

吃的：唯有美食不可以辜负。

户外：心和灵魂，总有一个在旅行。

跑鞋：因为奔跑，所以健康！

油烟机、燃气灶：煮夫最务实。

免烫耐磨牛仔裤：彪悍的人生，何惧折磨。

咖啡机：一杯咖啡，一段时光。

想一想

同学们，假如你开的网店近段时间主推荔枝，荔枝产自广东省高州市，被称为"唐代贡园"。请你为这款产品写一个营销文案或店铺标语。

第二步：网店首页及活动海报呈现

通过以上内容的学习，小李找到美工为自己的网店设计首页及活动海报呈现。

1．网店店铺标志及店铺招牌设计

"南国屋"，树立品牌形象；"海南热带应季新鲜水果"，告知消费者产品的来源、优势；"源头把控每一个水果，所以放心"，展示了店铺的服务意识。同时在店铺招牌上加入主推产品菠萝蜜的关联链接，更能引导消费者选购店铺的主推产品，如图4-2-1所示。

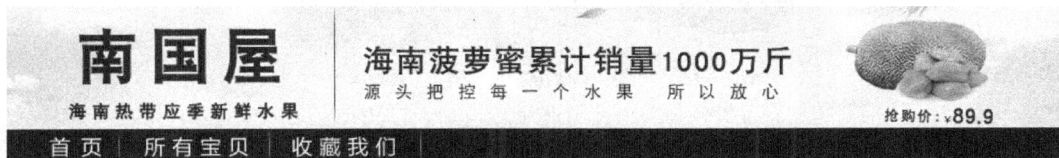

图4-2-1　店铺标志及店铺招牌设计

2．首页海报设计

首页海报采用海南最具特色的风景——阳光沙滩。构图时将各类鲜果有序地摆放在海报中心，突出鲜果的吸引力。配上营销文案"吃尽热带鲜果，海南的味道，果园现摘现发"，更能激发消费者的购买欲，如图4-2-2所示。

3．主推产品海报设计

主推产品海报放置在首页海报的下方。设计时要突显产品的卖点，如图4-2-3所示，实例中的配图采用了果实和果肉组合图，果实的新鲜、果肉的饱满和鲜嫩都给消费者带来很大的吸引力。

图 4-2-2 首页海报

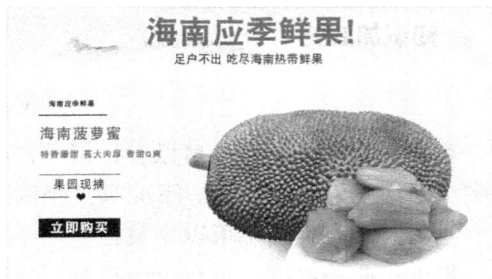

图 4-2-3 主推产品海报

4.应季鲜果产品列表

店铺产品的丰富可以体现卖家的专业和店铺的深度,要适当地发布同类产品,增加消费者的黏性,更好地留住消费者。在设计时风格尽量统一,给人赏心悦目的视觉,如图 4-2-4 所示为应季鲜果产品列表图。

图 4-2-4 应季鲜果产品列表图

5.活动海报设计

放置活动海报是提高销量的重要手段,活动信息一定要醒目明了,让人一看就懂,同时可以多设计几个活动供消费者选择,以体现对新老消费者的关怀。例如,买送刀具、买二送一等。

6.产品详情设计

消费者了解产品的信息主要是通过产品的详情页,所以详情页必须通过完整的呈现去展示产品的卖点、优点等,设计时应注重挖掘消费者的需求,建立消费者的信赖,进而完成最终的交易。作为农村电子商务产品的展现,说明原产地是非常重要的,在设计时一定要加入相关内容,如图 4-2-5 和图 4-2-6 所示分别为活动海报设计和菠萝蜜产品的部分详情。

图 4-2-5　活动海报设计

图 4-2-6　菠萝蜜产品的部分详情

✎ 试一试

> 请同学们根据提供的蜜柚的图片素材，如图 4-2-7 所示，上网搜索产品特性、卖点等方面的信息，为其制作一个产品促销活动海报。

图 4-2-7　蜜柚

第三步：小结与提高

做好农村电子商务要在店铺定位、店铺呈现、产品结构中解决以下 4 方面的问题。

1．产品的认同问题

农村电子商务是新事物，传统品牌很少，所以通常都是新品牌。那么，就先要进行品牌定位，要有树立品牌的意识。然后取一个合适的名字，尽量简洁，本土一些。接着设计一个品牌 Logo 和品牌口号。

2．原产地保证问题

将产品的原产地在店铺首页、海报、产品详情等页面呈现中体现出来，以确保消费者信任店铺产品。

3．购买量问题

以水果为例，通常小家庭的需求量不大，买多了吃不完，而买少了会导致运输成本占比太高。因此，如何让消费者多买或合买是产品结构调整、活动优惠设置的重中之重。

4．运输问题

运输途中应避免破损，保鲜保质。因此需要提供合适的包装，方便运输、避免破损、并且易于保存是关键。

活动评价

评价项目	自我评价		教师评价	
	小结	评分（5分）	点评	评分（5分）
1．理解店铺呈现的重要性				
2．能根据不同的产品撰写营销文案				
3．能根据商品卖点或营销文案制作店铺的各类海报				

活动三　优化宝贝标题和主图

活动描述

店铺运营后，有了基础的销量，小李通过对比发现自己的产品很难出现在宝贝搜索的首页，而且在搜索展现页中，自己的产品显示并不突出，难以吸引消费者的眼球。于是他决定对宝贝的标题和主图做一些修改。

活动实施

第一步：标题优化的方法

1．标题优化之"找词"

寻找关键词，集中在两个方面，分别是淘宝的搜索下拉框和市场行情。

无论是 PC 端淘宝还是手机淘宝，当在淘宝搜索下拉框输入一个关键词时，下拉框都会弹出多个相关的词，这些词是近期搜索热度比较高的词语，可以从中找到一些和产品匹配的关键词，如图 4-2-8 所示。

市场行情是需要订购的，分标准版和专业版两种，选择"搜索词查询"选项，然后输入想查找的关键词，可以看到很多数据，包括搜索人气、搜索人数占比、热度等，如图 4-2-9 所示。

2．标题优化之"选词"

在找完关键词后，需要用表格把它们记录下来，然后开始选词。在选词过程中，需要记录词的展现量、点击率、转化率等数据，如图 4-2-10 所示。

另外，选词必须符合相关性的原则，删除不相关的词。通过表格制作和筛选可以找到需要的优质词。

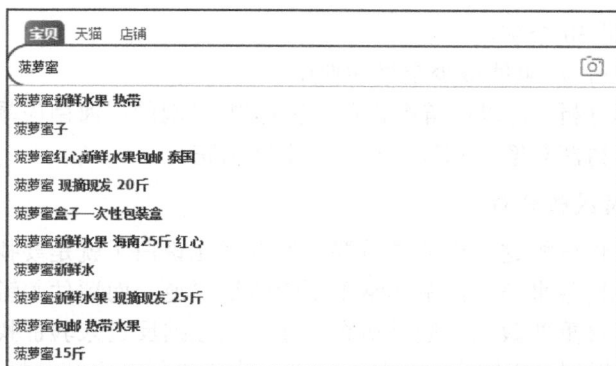

图 4-2-8　淘宝搜索下拉框

图 4-2-9　市场行情

	A	B	C	D	E
1	关键词	展现	点击率	点击转化率	竞争度
2	大树菠萝	1136277	1.40%	0.33%	10179
3	应季菠萝蜜	1161842	2.27%	0.23%	8554
4	现摘现发	923940	2.67%	0.32%	7674
5	果园直达	5150927	1.80%	0.36%	16909
6	脆甜千苞	1114377	3.53%	0.38%	7968
7	热带水果	228911	0.70%	0.70%	4001
8	红肉菠萝蜜	228029	1.40%	0.48%	7995
9	新鲜菠萝蜜	45472	2.47%	0.29%	1996
10	海南菠萝蜜	1110994	1.27%	0.23%	5714

图 4-2-10　关键词的整理

　　选词的原则，第一点要满足相关性，第二点要满足高展现，第三点选择竞争度小的词，第四点选择点击率和转化率较高的词。

3．标题优化之"组合词"

（1）把之前整理好的关键词进行重组，然后再次抓取数据来找到精准的长尾词。

（2）组合标题，可以按以下规则进行组合。

① 按品牌词＋营销词＋属性词＋核心词的模式进行组合。

② 标题组合满足 30 个字。

③ 紧密排列原则，尽可能减少空格的使用。

根据以上的选词分析，可以试着组合菠萝蜜标题："南国屋海南应季现摘现发果园直达脆甜干苞热带水果大树菠萝蜜包邮"，正好 30 个字用完。

4. 标题优化之有效性分析

标题优化之有效性分析这一步非常重要。标题优化说白了就是要找到足够精准的关键词，通过每一个关键词带来访客，是非常重要的流量渠道。而评估关键词的有效性，重点看访客和成交这两个最重要数据。通过访客、成交的数据反过来验证找到的那些关键词是否有效。这些数据可以用"卖家中心"的"生意参谋"进行查看和分析，得出最后的结论。

打开"生意参谋"页面，在一级导航栏中选择"商品"选项，在左侧选择栏中选择"单品分析"选项，在"单品分析"页面可以看到单品的来源去向、销售分析、店铺特征、促销分析等情况，有助于分析单品的效果、哪个来源引来的访客质量高、哪个关键词转化高、哪个地域流量大等。一般来说，在分析数据时，特别是新品的有效性，至少 7 天作为一个周期，甚至可以把时间跨度再拉长，排除干扰因素。

5. 标题优化之"调整词"

在分析完有效性后，根据数据的反馈选择一些优质词去替换原有标题中表现不佳的词，从而达到扩大展现的目的。应该注意的是，如果需要调整关键词，那么一次调整的数量为一到两个，过多可能会导致搜索流不稳。稳定销售的产品，尽量不要调整关键词。若要调整，则需要观察更长时间。如图 4-2-11 所示为单品分析。

图 4-2-11　单品分析

案例分析

某店铺在为鼠标垫做标题优化，从市场行情的行业热词榜里，看到了有上万的搜索人气的词"创意鼠标垫"，然后便把"创意"加到标题里，删掉了搜索人气只有几百的词"胶垫"。但是，改完标题之后，这个宝贝的销量一周环比下降了30多单，请问是什么原因呢？

通过"生意参谋"的流量"纵横工具"来分析这个宝贝本周和上周的引流关键词和成交关键词，发现"创意"这个词，虽然流量还不错，但是几乎不带来成交。而"胶垫"这个词，虽然流量不是很大，但转化特别高，每周能带来30多单的成交，这就是销量下滑的原因。

所以，在运营时，要找到一个能够准确反馈自己的行为是否有效的数据，这样才能不断地纠正和提高自己，成为运营高手。

试一试

同学们，请试一试用以上的标题优化方法为自己的店铺宝贝做标题优化吧。

第二步：宝贝主图的优化方法

宝贝主图就是宝贝首图，宝贝主图的优化技巧主要有 4 点，分别是主图背景、宝贝卖点、价格及服务质量。当店铺没有流量时，或者流量很小时，就要分析主图是否出现了问题。主图要有竞争力，在所有产品中让消费者一眼就看到你的产品，你的图片就很有吸引力。

1. 主图背景

消费者通过搜索宝贝进来，展示在同一个页面上的都是相同的产品，众多宝贝在竞争。要想让消费者感受到宝贝的与众不同，就需要在背景上区别于别人，这是一个眼球经济的时代，抓住消费者的眼球，就获得了初步的成功。但是，宝贝的主图背景要跟产品本身相符合，不要为了突出而哗众取宠，那样会得不偿失。

如图 4-2-12 所示为甜瓜主图。以春意盎然的清新绿色为背景，衬托出甜瓜的新鲜，背景中的绿叶与切开的黄嫩的瓜肉形成很好的对比，凸显了瓜肉的甜，给人一种很想吃的感觉。

2. 宝贝卖点

背景吸引了消费者的注意力，这时需要消费者单击进来查看你的主图。想要打动消费者单击进入你的页面，就需要宝贝有足够的卖点吸引消费者的购买欲望。找到宝贝的卖点，把消费者的需求和宝贝的优势完美地结合起来，如果能有相较于其他产品的独一无二的卖点就更好。

如图4-2-13所示为西红柿主图。消费者购买比较关注的一定是西红柿的绿色健康及口感，该主图上用文字直接标明产品是"不催熟、生物杀虫、酸甜可口"，用"自然熟的西红柿"直击消费者的痛点，很好地满足了消费者的需求。

图 4-2-12　甜瓜主图

图 4-2-13　西红柿主图

3．价格

价格是很多人选择网上购物的主要因素。当产品做活动价格优惠时，把价格写到主图上，以使产品与价格形成鲜明的对比，让消费者迅速判断出产品的性价比，有效地留住消费者，促成交易。

人对数字比较敏感，如图 4-2-14 所示的坚果主图上直接标明产品价格和销量，让消费者在浏览时可以很快地判断产品的优惠力度，价格文案决定之后的消费者点击量。

4．服务质量

现在市面上产品的质量、性能基本上差不多，很多时候比拼的就是服务。产品质量性能重要，产品售前、售中、售后服务也很重要。很多老消费者就是冲着店铺的服务，才介绍朋友购买或自己二次购买的。

消费者购买鲜果时，对其在运输过程中的安全性的要求很高，要求有可靠的后期服务保障。如图 4-2-15 所示为蓝莓主图，就是抓住消费者安全的心理，在主图上直接说明采用顺丰空运，保证时效快且够安全，而"坏果包赔"更是消除了消费者的后顾之忧。

图 4-2-14　坚果主图

图 4-2-15　蓝莓主图

虽然以上的案例并不全面，但主图对于所有店铺来说都是一个门户，想要让消费者单击进来并最终完成交易，就要掌握主图的优化技巧，吸引消费者进店，而且主图的优化还会影响宝贝的权重排名。总之，在设计主图时，一定要突出重点。

试一试

同学们，找一个产品为其制作一个具有吸引力的主图。

活动评价

评价项目	自我评价		教师评价	
	小结	评分（5分）	点评	评分（5分）
1. 理解标题、主图的优化原则				
2. 掌握使用各种工具进行标题关键字收集和整理				
3. 掌握标题优化的方法				
4. 掌握主图优化的方法				

活动四　店铺数据分析

活动描述

店铺运营起来后，小李觉得有必要对店铺数据进行收集，只有全面了解店铺的数据，才能更好地运营店铺，制定销售策略，从而使店铺健康成长。需要收集哪些数据呢，怎么收集，如何对数据进行分析呢？

活动实施

第一步：了解店铺数据分析的内容

店铺数据分析是制定店铺运营策略的重要依据。在店铺运营过程中，只有获得足够的、准确的数据，才能做出正确的运营和决策，包括产品设计部门、营销推广部门、运营管理部门、售后服务部门的任何决策都必须以数据为支撑。

店铺运营需要分析很多数据，在收集数据时可以重点整理以下4个方面的数据。

1. 店铺运营的基础数据

店铺的运营数据主要包括店铺运营时间、星级、服务等级、行业排名、交易概况等。

2. 流量数据

流量数据主要包括流量来源、页面停留时间、访问深度、访客数、浏览量等。

3. 销售数据

销售数据包括成交金额、订单数、成交用户数、客单价、支付宝成交量等。

4. 转化数据

转化数据主要包括 UV 转化率（店铺成交转化率）、Call in 转化率（从浏览到咨询的转化率)、询单转化率（从咨询到付款成交的转化率）、静默成交转化率（从浏览直接付款成交的转化）等。

知识加油站

数据分析中的几个关键值

（1）UV：独立访客数量，越高越好。

（2）访问深度：体现消费者对店铺的兴趣，数值越高越好。

（3）停留时间：与访问深度类似，但停留时间会存在无效的停留时间，如消费者打开页面长久不关闭。

（4）软化率：购买人数和所有到了店铺人数的比率，越高越好，但有一种可能也是非常正常的，那就是当店铺达到一定的规模，且有一定的影响力时，转化率通常反而会变低。

（5）客单价：客单价的高低取决于产品，最健康的客单价是比行业平均值略高的客单价，客单价相对稳定最好。

（6）店铺征服指数：（静默购买 UV＋咨询 UV）/总 UV，这项数据反映了店铺本身对消费者的征服能力。

第二步：数据分析表格的制作

店铺数据和实时数据可以在“卖家中心”中查阅，但要获得更详尽的数据，就必须订购相关服务了，如市场行情、生意参谋、流量纵横、竞争情报、数据作战室、商品分析等。这样获取的数据非常大，为了更好地进行数据分析，有必要将数据细化为各类表格。

1．店铺运营基础数据表

做店铺运营基础数据是为了更好地了解自己、了解竞争对手，只有知己知彼才能在激烈的竞争中获得胜利。店铺运营基础数据表如图 4-2-16 所示。

店铺运营基础数据表			
分类	项目	子类	内容
知己	店铺定位	销售渠道	
		网络品牌	
		行业排名	
	运营策略	成本优势	
		产品结构	
		电商呈现	
		差异化	
		……	
	客户体验	浏览体验	
		购买体验	
		客服体验	
		收货体验	
		反馈体验	
	团队职责	线上团队	
		线下团队	
知彼	消费需求		
	客户群		
	行业趋势		
	竞争对手		
	网络口碑		

图 4-2-16　店铺运营基础数据表

2．全年促销计划表

店铺运营要非常注意节假日的促销活动，做好一年的促销计划非常重要。示例图只是一种参考，必须根据自己的资源及投入适当地进行分配和时间调整，制定出全年促销计划表，如图4-2-17所示。

3．流量统计分析表

流量统计分析表中包含淘宝收费流量、自主访问流量、淘宝免费流量和淘宝站外流量等，流量来源有助于分析推广的效果、了解宝贝的展现量、了解店铺的知名度、了解消费者对店铺的忠诚度等，如图4-2-18所示。

4．店铺运营每日数据表

店铺运营每日数据表非常重要，这是店铺运营效果最重要的数据体现。因此需要每天记录，且要记录的数据比较多，如客单价、成交数、UV访客数、全店转化率等。通常以一星期为一个周期，如图4-2-19所示。

全年促销计划表

月份	关键词	1-31日（促销安排）
3	新店开张	新店开张　　优惠促销
4	春季特荐	春季特荐　　五一专题
5	夏季降署	五一专题　母亲节专题　夏季降署　端午专题
6	年中大促	端午专题　夏季降火　年中大促
7	七夕专题	清凉一夏　七夕专题
8	秋季热荐	七夕专题　秋季上新
9	中秋专题	中秋专题
10	秋冬换季	换季上新　准备双十一
11	双十一	双十一专题　备战双十二
12	圣诞专题	双十二专题　圣诞专题　元旦专题
1	元旦专题	元旦专题　浪漫冬季　备战春节
2	春节专题	春节专题　元宵专题

图 4-2-17　全年促销计划表

流量统计分析表

日期	周期	淘宝收费流量			自主访问					淘宝免费流量									淘宝站外		
		钻石展位	直通车	淘宝客	购物车	直接访问	我的淘宝	店铺收藏	宝贝收藏	淘宝搜索	店铺搜索	淘金币	淘宝类目	淘宝首页	信用评价	店铺动态	淘宝专题	淘宝街	百度	搜狗	其他
5月1日	周二																				
5月2日	周三																				
5月3日	周四																				
5月4日	周五																				
5月5日	周六																				
5月6日	周日																				
5月7日	周一																				

图 4-2-18　流量统计分析表

店铺运营每日数据表

日期	星期	活动\推广或其他备注	客单价	成交笔数	交易金额	直通车推广金额	直通车成交金额	UV访客数	访问深度	售前咨询接待人数	成交用户数	全店转化率	静默转化率	静默转化率	询单占比	询单转化率%	询单占比	服务态度	收藏量	行业排名
5月1日	周二																			
5月2日	周三																			
5月3日	周四																			
5月4日	周五																			
5月5日	周六																			
5月6日	周日																			
5月7日	周一																			

图 4-2-19　店铺运营每日数据表

5．费用产出分析表

费用产出分析表主要记录推广费用与产出回报之间的对比。如果支出费用和产出收益不平衡，就说明运营出现了问题，应该及时调整。如果退货、退款现象严重，说明产品质量或售后服务出现了问题。费用产出分析表必须每天记录，以一星期为一个周期，根据数据的变化调整活动及推广的投入，以便达到最佳的效果，同时能及时发现运营过程中出现的问题，如图 4-2-20 所示。

费用产出分析表															
日期	周期	总花费	费用				产出				销售额	计算			
			直通	钻展	淘客	CRM	直通	淘客	钻展	手机		退款	ROI	投入	退率	总率
5月1日	周二															
5月2日	周三															
5月3日	周四															
5月4日	周五															
5月5日	周六															
5月6日	周日															
5月7日	周一															

图 4-2-20　费用产出分析表

6．月度运营总结及计划表

综合前面的数据统计和分析最终形成月度运营总结及计划表，根据总结制定次月的目标。作为运营，数据分析的最终目的是形成新的目标和计划，让店铺走在良性、健康的发展道路上，如图 4-2-21 所示。

月度运营总结及计划表													
本月总结							次月计划						
店铺本月数据	PV/日	UV/日	支付率	转化率	访问深度	成交额	店铺预期数据	PV/日	UV/日	支付率	转化率	访问深度	成交额
PV							PV						
UV							UV						
支付率							支付率						
转化率							转化率						
停留时间							停留时间						
客单价							客单价						
成交额							成交额						
其他							其他						

图 4-2-21　月度运营总结及计划表

数据分析工作其实就是将一项看似复杂的工作，分解成几个简单的、操作性强的数据表，这对了解店铺运营情况，制定运营策略是非常重要的。事实上，数据分析远不止上述的内容。

第三步：总结与提高

许多数据统计人员喜欢把数据做得非常庞大，一做就是上百项，事实上是很不利于进行数据分析的，数据分析要根据实际需要去做。

（1）日常的数据分析一定要简洁，数据就是一个检测工具。如果做得太复杂，一是加工成本高，二是阅读成本高，读完一个表格要花半个小时，容易疲劳。

（2）数据列项太多，反馈问题越来越多，越来越细，每一个细节都意味着一个需要提升的方向，当看到那么多需要提升的时候，可能会造成内心的恐慌。

（3）最重要的是当数据太庞大时，数据分析可能没法坚持做下去。

总之，在做数据分析时只有明确细化问题，才能把数据做得更加细致，最终转化为巨大的商业价值。数据分析可以记录店铺的成长历史，既能反馈出店铺运营过程中存在的问题，也是培育团队思考能力的有效工具和考核团队的重要指标。

同学们，根据你的店铺运营情况，做一个用户分地区的来源的统计表。

活动评价

评价项目	自我评价		教师评价	
	小结	评分（5分）	点评	评分（5分）
1. 了解网店数据分析的内容				
2. 掌握常用数据分析表格的制作				
3. 能根据数据分析调整店铺的经营				

任务三 网店引流与推广

任务介绍

在本任务中，将学习农村电子商务网站运营过程中最重要的模块，那就是引流和推广。通过活动一认知推广、引流和流量。通过活动二理解用好淘宝的推广服务的重要性。通过活动三学习利用好站外引流平台。

活动一　认知推广、引流和流量

活动描述

运营一段时间后，小李的店铺有了很大的好转，为了扩大经营、提升业务，同时希望能有更多的消费者了解他的店铺。小李在请教高手后得知要进行引流和推广，提高网店的流量。什么是流量，怎么做推广和引流呢？

活动实施

第一步：认识流量

网店流量就是网店的访问量，是分析网店运营效果的重要指标，常用的统计指标包括网店的独立用户数量（一般指 IP）、总用户数量（含重复访问者）、页面浏览数量、每个用户的页面浏览数量、用户在网店的平均停留时间等。这些指标通常使用特殊的符号代表，例如，PV（Page View，页面访问量）也称为浏览量，即页面被浏览或点击的次数，消费者每次刷新页面或点击链接都会计算一次；UV（Unique Visitor，独立访客）即访问网店的一个消费者端为一个访客，24 小时内相同的消费者端仅计算一次。

对于一个健康的网店一个访客有 3 个左右浏览量是比较好的，如果低于 3 个说明网店的内容不能吸引用户进行深度访问、页面内容不能吸引用户、页面内容质量过低等。对于网店来说，这样的页面存在是很不利于店铺排名的。淘宝的搜索排名其中一项就是根据计算访客数的各项指标而得出的综合数据。所以提高流量对于网店运营来说是非常重要的。

？议一议

在同一个局域网中对互联网访问时，对外通常是同一个 IP，如果该局域网中有 10 台计算机在同一个计算时段内访问同一个网店，如果每个消费者端都浏览了 3 个页面，那么请问该网店所获得的独立用户数是多少？独立访客 UV 值为多少？页面访问量 PV 值为多少？

第二步：淘宝站内推广和站外引流

推广和引流都是对店铺或宝贝进行宣传，提高店铺的展现量和知名度，最终目的是获得更多的流量。一个网店想要快速扩张市场占有率，进行必要的推广是肯定的，但推广毕竟是要花费不少人力和物力的，所以推广不宜选择没有利润的道路去走，必须时刻关注转化率和推广投入的产出比。

关于推广和引流，可以大体分成两种类型，即淘宝站内推广和淘宝站外引流。

1．淘宝站内推广

（1）直通车

直通车是为淘宝卖家量身定制的，通过关键字竞价，按点击付费的营销工具，实现宝贝的精准推广。直通车推广能大大提高宝贝的曝光量，精准的搜索匹配能为宝贝带来精准的潜在消费者。但是直通车的推广竞争相当惨烈，而且投入较大，建议新手或新店需要认真权衡后再使用。

（2）淘宝客

淘宝客推广是专为淘宝卖家提供的淘宝网以外的链接，帮助推广商品。淘宝客推广是一种按成交计费的推广模式，不成交不收费，对于卖家来说是一种免费的推广资源。建议每一个店铺都可以去做淘宝客推广。卖家只要设置好推广的商品及佣金，淘宝客只需将推广代码放到网站、博客、论坛或其他地方，当有消费者通过此链接完成交易时，淘宝客就能获取相应的佣金回报。

（3）聚划算、天天特价等活动

聚划算和天天特价都是很好的推广方式，聚划算的门槛比较高，天天特价可以长期报名。进入"卖家中心"，在"营销中心"中选择"我要推广"选项即可以进入活动报名页面，如图 4-3-1 所示。

图 4-3-1　淘宝网活动报名入口

（4）订购营销推广工具。

淘宝服务平台提供了众多的营销推广工具，可以通过定制这些工具来帮助店铺进行相关的推广营销。首先进入"卖家中心"，在"软件服务"中选择"我要订购"选项打开服务市场页面，在这里可以根据需要订购相应的服务，如图 4-3-2 所示。

2．淘宝站外引流

站外引流就是要想方设法让尽可能多的人知道店铺或产品，通过文字或图片信息吸引消费者光顾店铺。这就需要让店铺地址、店铺介绍、产品资料、产品链接等相关信息，能在网络上留下痕迹，并能够进入足够多的人的视线。跟广告一样，只有将想要传达的信息发布出去，才可能被人看到，才可能有人对店铺产生兴趣，从而光顾店铺。

图 4-3-2　淘宝营销推广工具

站外引流的平台有很多，重点把握腾迅 QQ、新浪微博、百度 3 个平台。

（1）腾迅 QQ。

QQ 的用户群最大，许多人都在用，有些 QQ 一天挂好几个小时，而且已经形成了一个庞大的人际关系网，这自然是批量营销的好舞台。例如，你的 QQ 签名或空间显示你新开了一个网店，你的亲朋好友们肯定会看到，就有可能会关注并询问。

（2）新浪微博。

新浪微博现在极为流行，经常可以看到有人拿着手机不断地刷新，而且微博的传播功效非常强，微博是一定要运用起来的。例如，某知名演员的微博粉丝有 2000 多万，该知名演员曾经发过一条关于"某地区的樱桃非常好吃"的微博，一时间淘宝上某地区的樱桃被抢疯了，可见微博传播量太惊人了。如果能经营一个粉丝量达到百万的微博，那么这将有可能是一个巨大的流量获取工具。

（3）百度。

"凡事不知问百度"，想必这个工具大家每天都会用，全中国有几亿人到这个平台上找自己想要的信息，大家把搜索用百度形成了日常习惯，自然百度就是传播推广信息的一个非常好的平台。百度旗下有很多产品，如百度知道、百度文库、百度百科、百度贴吧、百度空间等，这些页面的内容在百度搜索里能获得很高的排名和权重，且很容易被收录。也就是说，如果你在百度百科及文库这类的网页留下你的店铺及产品介绍的话，一旦消费者在百度搜索相关的关键词，你发布的内容就很可能被搜索到。

利用百度空间引流的操作步骤如下。

① 把空间名称设置成淘宝店铺的名称，以便与淘宝、新浪微博、博客、QQ等平台同步，聚焦推广店铺。

② 在百度空间里发布自己店铺的详细介绍（附上博客、微博、淘宝店铺的地址链接），并以博文的形式发布重点产品信息。同时把宝贝图片上传到百度相册，并为图片添加标签和热门关键词。

③ 在百度空间里写好的宝贝的推广软文，还可以分享到百度贴吧，起到扩散宣传的目的。

第三步：推广、引流和流量的关系

推广和引流是助力，获得流量不是最终目的，最终目的是转化率。流量仅仅是一个数字，它的本质是人的喜好，喜欢才会打开网店进来访问。因此，只有关乎消费者心情，契合消费者价值观的推广，才能称为真正的营销推广。

有竞争力，才会有转化率、搜索排名和活动资源，才会有更多的流量。所以任何成功的店铺，肯定不是以流量为出发点的，不能把推广当作成交的主要来源，应该是以自身为出发点，以消费者为出发点去做好服务。据以上分析，还可以整理出以下3点推广。

1．售后服务推广

售后服务推广是一种服务营销观念。在这种观念下，关心的不仅是产品是否成功售出，更注重用户在享受产品所提供的服务的全过程的感受。因此，可以更积极主动地关注售后细节、收集用户对产品的意见和建议并及时进行产品调整，以便能满足甚至超出用户预期感。这是以消费者为出发点的推广。

2．包装营销推广

包装营销推广是根据消费者购物的感受而提出的推广方式，消费者在收到包裹前总是带有期待感的，如果能在包装上多点新意和温情，就会让消费者对产品加分不少。这也是以消费者为出发点的推广。

3．销售客服的主动推荐

销售客服的主动推荐是指当客服在与消费者沟通时，能根据消费者的情况，善意地进行推荐产品，这个过程一定要热情，目的是要把更好的产品和更好的服务通过互动的方式传递给消费者，让消费者享受更好的购物体验。这是以自身为出发点的推广。

总之，所有的推广方式，都必须落脚在产品和店铺本身。如果流量来了，而转化没有达到预期，那么就要检讨是单品转化问题还是全店转化问题，如果转化问题相当严重，就必须回到产品结构、电子商务呈现、消费者服务等方面去找根源。

✎ **试一试**

同学们，记录你下一次网购过程和收到包裹的心理感受。

活动评价

评 价 项 目	自 我 评 价		教 师 评 价	
	小结	评分（5分）	点评	评分（5分）
1. 理解流量的概念				
2. 了解常用的淘宝站内推广和站外引流工具				
3. 理解推广、引流和流量的关系				

活动二　用好淘宝的推广服务

活动描述

学习了上面的内容，小李明白了流量的重要性，于是决定先从淘宝内部推广着手，开通淘宝客为自己的店铺引流，参加聚划算活动以增加店铺的影响力，参加淘金币活动留住更多的消费者。

活动实施

第一步：开通淘宝客推广

淘宝客，即 CPS（Cost Per Sale），按成效付佣金的效果类推广，与淘宝直通车按单击付费不同，淘宝客是按销售支付提成的广告模式。淘宝客的佣金=实际成交金额×佣金比例。淘宝客只需将推广代码放到自己的网站、博客、论坛、QQ 群等平台进行推广，当消费者通过此链接完成交易时，淘宝客就能拿到卖家设置的对应佣金。

淘宝客是阿里妈妈旗下的产品，打开阿里妈妈（www.alimama.com）网站，使用淘宝会员登录，选择"产品"→"淘宝客"选项，根据要求填写资料后便可以加入淘宝客。目前淘宝客可以提供通用计划、定向计划、活动计划、如意投计划等推广方式，如图 4-3-3 所示。

状态	计划名称	产品类型	结算佣金	结算金额	平均佣金比率	点击数	引入付款笔数	引入付款金额	点击转化率	操作
	通用 通用计划	淘宝客	0.00	0.00	0.00%	0	0	0.00	0.00%	查看
	活动 活动计划	淘宝客	0.00	0.00	0.00%	0	0	0.00	0.00%	
	如意投 如意投计划	如意投	0.00	0.00	0.00%	0	0	0.00	0.00%	
	定向 定向计划	淘宝客	0.00	0.00	0.00%	0	0	0.00	0.00%	

图 4-3-3　淘宝客的推广计划

1．通用计划

通用计划对店铺内所有的商品生效，任何淘宝客均可以进行推广，只要成交就可以获得拥金,最低佣金比例为 10%。通用计划的特点是无须审核,任何淘宝客都可以推广。

2. 定向计划

定向计划是卖家针对不同质量的淘宝客设置的推广计划。卖家既可以筛选加入的淘宝客等级,也可以自主联系淘宝客来申请加入。定向计划的特点是可以筛选优质淘宝客,设置高佣金奖励,与优质淘宝客建立长期稳定的合作关系。

3. 活动计划

活动计划又名"鹊桥",是搭建淘宝客与卖家之间的沟通推广桥梁,卖家在淘宝客创建的活动广场报名活动,淘宝客针对报名的商品筛选后进行推广。活动计划的特点是淘宝客发起活动,卖家自主报名,无须费力找淘宝客,每天数万活动任卖家挑选报名,推广力度大。

4. 如意投计划

系统根据卖家设置的佣金比例和宝贝的综合质量情况,将商品智能推送到爱淘宝搜索结果页、中小网站橱窗推广等页面上展现。如意投计划的特点是按成交计费,没有任何推广风险;简单易用,只需设置相应的类目佣金即可;精准推广,系统智能分析,根据用户的行为,进行精准投放,让商品轻松地展现在消费者面前;流量可控,系统自动投放,省去了找淘宝客漫长的过程,调整佣金设置可以影响流量大小;渠道丰富,如意投计划依托联盟自有媒体和合作伙伴的推广渠道,为消费者带来更多的站外优质流量。

淘宝客推广的佣金按订单实际成交价格乘以佣金比率计算,运费不计算在实际成交金额内,消费者确认收货后,系统会自动从支付宝扣除佣金。例如,小 A 的订单总付款金额为 105 元,运费为 5 元,佣金比率为 5%,则佣金为(105-5)×5%=5 元。淘宝客佣金不会重复叠加收取,哪个计划引入的就按哪个计划佣金比率结算。例如,消费者是通过点击通用计划链接进入产生的订单,按通用计划佣金比率结算;消费者是通过点击如意投计划的链接进入产生的订单,按如意投计划的佣金比率结算。

下面以报名活动计划为例演示淘宝客活动报名的方法。

(1)选择"推广管理"→"互动招商"→"淘宝客活动广场"选项。

(2)筛选活动,选择想要报的活动,在右侧单击"立即报名"按钮,可以通过"促销类型""行业类目""佣金比例"等进行筛选,或者通过"最新发布""等级从高到低"进行筛选。也可以通过"活动名称"搜索,查找想报名的活动,如图 4-3-4 所示。

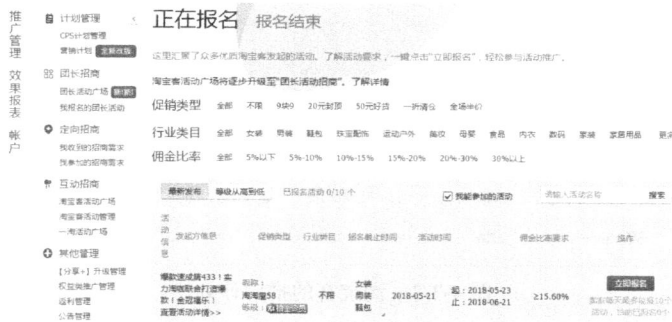

图 4-3-4　报名淘宝客活动计划

(3)选择对应可报名的宝贝,不支持参加该活动的宝贝则会被标记为"条件不符合"。

（4）设置商品的佣金比例、优惠券。

第二步：参加聚划算

聚划算是团购的一种形式，是由淘宝官方组织的一种线上团购活动形式。聚划算用户流量非常大，其交易额远远超过其他团购网站交易额的总和，因此有条件的卖家可以申请这个活动，它能帮助店铺在短时间内快速提升信誉，获得很大的成交量。

除聚划算以外，淘宝的营销中心还提供了淘抢购、天天特价、品牌 Outlets 等官方组织的营销推广渠道，它们的报名方法大体相同。下面以报名聚划算的操作流程做演示。

（1）选择"卖家中心"→"营销中心"→"我要推广"选项，在常用入口中找到聚划算入口。

（2）进入聚划算主页后单击"我要报名"按钮，即进入活动列表，如图 4-3-5 所示。

图 4-3-5　聚划算活动列表

（3）选择主报的活动后，可以查看活动介绍、品类要求、收费规则等信息，如图 4-3-6 所示。第一次报名需要签署协议，按要求完成即可。

图 4-3-6　聚划算活动详情

（4）根据报名流程，依次填写基本信息、提交商品等操作，最终完成报名，完成后进入淘宝审核状态，如图 4-3-7 所示。

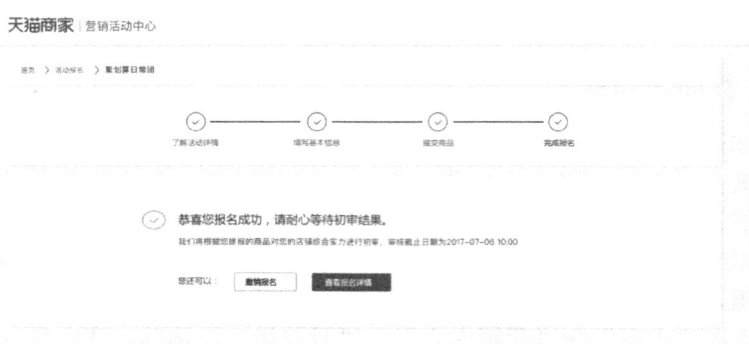

图 4-3-7　淘宝审核状态

（5）淘宝的审核有被审和终审两轮。审核通过后，若系统排期的开团时间与期望的时间不符，则需要在 48 小时内做出选择，同意系统排期还是拒绝排期。若超过 48 小时未做确认，则系统默认同意系统排期，如图 4-3-8 所示。

图 4-3-8　聚划算终审通过

第三步：参加淘金币活动

淘金币是淘宝网的虚拟积分，淘金币的介绍如图 4-3-9 所示。在淘金币平台上，消费者既可以兑换、竞拍到全网品牌折扣商品，也可以通过兑换、抽奖得到免费的商品或现金红包。对于卖家而言，可以通过消费者不断地浏览自己提供的商品而得到相应的流量，增加消费者黏性，留住更多的消费者。

图 4-3-9　淘金币的介绍

选择"卖家中心"→"营销中心"→"我要推广"选项，在常用入口中找到淘金币的入口。淘金币的活动流程包括商家报名、系统审核、上线前校验、活动上线及活动结束，如图 4-3-10 所示。

图 4-3-10 淘金币的活动流程

此外，淘宝内部的推广服务还有很多，如无线手机淘、试用中心、优惠券、店铺宝、微海报、短链接、淘宝直播等，可以根据实际情况选用，加入方法大同小异。

活动评价

评价项目	自 我 评 价		教 师 评 价	
	小结	评分（5分）	点评	评分（5分）
1. 掌握淘宝客推广的方法				
2. 掌握聚划算的申报方法				
3. 掌握淘金币活动的报名方法				

活动三　利用好站外引流平台

活动描述

淘宝推广服务有很多都是要收费的，作为普通卖家还是有很大压力的，如直通车推广非常烧钱。还有其他推广引流方式吗？答案是肯定的，下面来学习通过淘宝以外的其他平台引流的方法。

活动实施

第一步：通过自媒体营销推广商品

自媒体营销也称为社会化营销，是利用各种互联网协作平台和媒体进行信息传播与发布资讯，从而形成的营销、销售、公共关系处理及消费者关系服务维护与开拓的一种方式。自媒体营销工具包括个人博客、个人日志、个人主页、QQ 空间、新浪微博、腾讯微博、微信朋友圈、微信公众平台、人人网、百度贴吧等。

任何一个自媒体营销都建立在大量粉丝的基础上，要想通过自媒体实现营销推广，首先要进行圈粉，而且在发布信息时要能引起浏览者的兴趣。下面以新浪微博为例进行发布荔枝的商品推广。

（1）撰写文案，微博有 140 个字的长度限制，所以撰写文案应该简洁、通俗易懂。文案可以根据"引起注意→产生兴趣→勾起欲望→行动买单"的格式进行撰写。

例如，在 5 月正是妃子笑荔枝上市的时候，撰写的微博文案如下。

从树尖到舌尖 顺丰空运海南妃子笑

5.20 表白日 您选好礼物了吗

5.21 爱你日 您选好礼物了吗

5.27 爱妻日 您选好礼物了吗

特别的爱 给特别的你

送妈妈 送老婆

一切为了爱她

送她妃子笑

来吧，南国屋欢迎您！

（2）准备 9 张图片，尽量在图片上体现产品的质量、卖点和细节等。

（3）登录微博，发表图文微博内容，如图 4-3-11 所示。

图 4-3-11 图文微博内容

经营好个人微博、博客、空间等自媒体平台，主题是很重要的，但不能每条推送的信息都是自己的店铺或产品，应该丰富内容，可以就当前的一些热点转载一些文章，或者收集一些笑话、图片、电影等推荐文章。只有提高自媒体的人气、回访率、交互率，再来宣传店铺和产品，才能收到较好的效果。

第二步：撰写软文推广单品

软文推广是相对于硬性广告而言的，由公司的文案人员撰写的"文字广告"。与硬广告相比，软文之所以叫软文，精妙之处就在于一个"软"字，在用户不受强制广告的宣传影响下，文章内容与广告的完美结合，以达到广告宣传的效果。

软文只有写自己的亲身体验，才算得上是"干货"，有内容才容易引发他人的共鸣，写自己知道的、经历过的、平时工作中的一些发现、心得和经验。同时也要站在消费者的角度出发，去发现、理解他们的所想、所需，这样才能真正地吸引住消费者。

下面以桂味荔枝为例，以"寻唐味·不将就·小慈善"为主题撰写的宣传软文。

寻唐味·不将就·小慈善

Duang~，欢迎乘坐"多果号"航班，带你领略荔枝之乡——广东省茂名市高州的风情，开启我们追寻唐味的旅程。

高州环境得天独厚万物生，气候温和，年气温23℃，年降雨量1 893mm，无霜期361天。丘陵地带，土壤由混合岩、风化物和浅海沉积物及河流冲积物发育而成，特别适合荔枝生长。

二月荔花漫山遍野，粉妆玉砌，驻足于花径之间，踏春、赏花、尝蜜，迷人的春光扑面而来。五月、六月蝉鸣荔熟，这时，漫步荔乡，一边看似海红荔，一边品尝荔枝，十分惬意。

高州根子镇乃中国荔枝第一镇，根子镇的贡园被誉为"中国荔枝博物馆"。这里有300年、500年、600年、800年、1300年的古荔树，36颗在淘宝网被拍出4万元的荔枝就摘于此园。

话说当年唐玄宗的心腹内侍高力士，就是高州人，就是他把家乡高凉大园岭的荔枝献给杨贵妃的。经验丰富的果农在这些千年古树上挑选一些枝干进行环割，用泥土包裹住割开的口子。等到环割的口子长出新芽时，果农们便把千年古树的枝干移植下来，长成一棵具有唐朝"血统"的新树。树龄二三十年的荔枝树正值壮年，结出的果实口感最佳。

我们是追求品位的人，荔枝，我们只选择桂味。桂味可以算得上是荔枝中的"白富美"，以肉质爽脆、清甜微香、核小肉厚、有桂花风味儿而闻名。而速递到亲们手上的佳果，就是我们精挑细选具有唐朝"味道"的桂味。将果肉放入口中，轻轻咀嚼，在唇齿磨合间，爽脆的口感、满溢的汁液沁人心脾。桂花清香，甜蜜滋味穿过舌尖，在心底流淌。

属于朋友圈的"唐味盛宴"，2018年6月15日前预订，仅限预订1000份（5斤装），订完即止。

我们不远千里，来到高州根子镇，为您寻找最新鲜、最爽口的桂味荔枝，只为电子商务专业的建设与发展，给这个专业的同学提供锻炼的舞台。与此同时，每销售一箱荔枝（5斤装），将捐赠2元给山区教育。亲，你愿意和我们一起吗？

具体活动请访问：【网店活动页面URL】

软文推广也是口碑宣传的一种，需要网店卖家长期来做，撰写软文可以按以下3步去厘清思路。

（1）了解消费者对广告软文的接受过程，明确推广概念主题，只有主题明确，才能有的放矢，以达到预期的广告效应。

（2）必须有新颖、富有创意的标题与销售推广文案。

（3）选择与文案相匹配的表现形式或活动内容。

第三步：了解其他站外引流方法

站外引流方法有很多，下面将常用的站外引流分为8类进行简单地介绍。

1．搜索引擎推广

常见的搜索引擎有百度、搜狗等，但通常都要进行付费推广。对搜索引擎而言，关键词仍然是最为重要的。

2．视频网站

如土豆、优酷、爱奇艺、搜狐影视等，可以在观看视频时利用弹幕、评论等方式推广网店和产品。

3．社交平台

各大论坛、百度贴吧等都是不错的选择。在此类平台上，不能直接地进行网店或产品的宣传，而应该以讲故事、说体验等方式，吸引用户关注，进而把关注人群导流到平台店铺上。

4．导购网站

参加返利网、大淘客、慢慢买、易买等折扣返利和比价购物网站，让产品被更多的消费者看到。

5．博客引流

博客平台，作为卖家也是一定要建的，新浪、百度、163等平台都是不错的选择。根据自己的生活经验、使用体验定期发表自己的心得体会，慢慢地聚集粉丝和人气。也可以通过不同的博客站内投放文字、图片广告，按点击付费。

6．发布任务隐性宣传

在百度知道发布提问，或者解答网友们提出的问题，多与网友进行交流。在百度百科创建词条，或者完善别人的词条等都是宣传网店的重要方式，这样可以起到隐性的宣传效果。

7．利用电子邮件推广网店

电子邮件是一种重要的网店推广手段，常用的方法是给自己的消费者发送新品速递电子刊物、优惠信息、网络调查等。邮件内容设计要尽可能简洁，清楚说明自己的意图和展示出商品即可。

8．社交软件推广

目前常用的社交软件有QQ和微信等，智能手机的普及使移动消费者端的流量占比越来越大。微信营销、QQ营销是移动消费者端引流的重中之重，虽然淘宝与腾讯之间接口互相关闭，但是通过淘口令和二维码还是能进行引流和推广的。

活动评价

评价项目	自我评价		教师评价	
	小结	评分（5分）	点评	评分（5分）
1. 熟练使用自媒体进行店铺和产品的推广				
2. 学会撰写推广软件的方法				
3. 了解其他引流平台和使用方法				

项目总结

　　任务一通过装修 PC 端店铺、装修移动端店铺、优化农产品网店这三个活动讲述了如何进行网店的装修与优化。任务二以一个新手开设淘宝店的实际出发，讲述了农村电子商务中网店运营的策略，着重介绍了产品结构调整、电商呈现优化、标题和主图优化、网店数据分析的方法，帮助同学们快速了解农村电子商务的运营；任务三讲解了推广和引流的重要性，重点介绍了淘宝的常用推广工具和常用的站外引流工具，提高了同学们对店铺的运营能力。

项目练习

一、填空题

　　1. 店铺运营有 4 个模块，分别是＿＿＿＿＿＿、＿＿＿＿＿＿＿、＿＿＿＿＿＿和＿＿＿＿＿＿，其中＿＿＿＿＿＿是店铺所有其他运营模块的基础。

　　2. 消费者在网上购物时作出的所有判断，全都源于他所看到的页面信息。可以说，＿＿＿＿＿＿是网店的第一营销。

　　3. 流量数据主要包括＿＿＿＿＿、＿＿＿＿＿、＿＿＿＿＿、访客数、浏览量等。

　　4. 关键字的选词原则，第一点要满足＿＿＿＿，第二点要满足＿＿＿＿＿，第三点要满足＿＿＿＿＿，第四点要选择竞争度小的词，第五点要选择点击和转化较高的词。

二、选择题

　　1. （　　）是网店的生命，店铺的展示页面做得好不仅仅是为了好看，更重要的是给消费者信心。

　　A. 店铺首页　　　　B. 店铺呈现　　　　C. 宝贝主图　　　　D. 详情文案

　　2. 页面访问量的简称为（　　），也称为浏览量，即页面被浏览或点击的次数，消费者每次刷新页面或点击链接都会计算一次。

　　A. DV　　　　　　B. UV　　　　　　C. PV　　　　　　D. MV

　　3. 独立访客的简称为（　　），即访问网店的一个消费者端为一个访客，24 小时内相同的消费者端仅计算一次。

　　A. DV　　　　　　B. UV　　　　　　C. PV　　　　　　D. MV

三、实践题

【背景】

某电子商务公司打算开一家新的淘宝店，主要销售广东省茂名市高州桂味荔枝。希望能够迅速占领市场，增加销量，提升营业额，要对店铺进行数据化营销管理，主要从店铺装修、宝贝标题拟定、详情制作、软文写作、微博推广等方面进行精细化操作，现请你运用所学知识对店铺进行全方位的运营，网店名自拟（注：素材已经提供，也可以使用网络资源）。

高州桂味荔枝

【实训内容】

1．在淘宝网开通淘宝店，进行店铺的基础装修。

2．拟定 30 个字的宝贝标题，并发布产品。

3．提炼宝贝优点和卖点，设计产品活动海报。

4．设计产品详情文案，以图片形式呈现。

5．撰写一篇高州桂味荔枝的推广软文。

6．使用微博发表荔枝营销推广图文。

【实训评价】

项目内容	自己评分（分）	小组评分（分）	教师评分（分）	综合得分（分）
店铺装修				
活动海报				
产品评情				
营销软文				
微博图文				

项目五

农村电子商务微商运营

项目简介

本项目将从微店的装修与优化、微店的运营策略、微商的引流与推广几方面介绍农村电子商务微商运营的相关知识。通过学习本项目，同学们将掌握微店的日常维护、运营策略方面的知识，能够对农产品微店的装修与优化、运营、引流与推广进行实际的操作。

项目目标

➢ 了解微店装修的基本要点。
➢ 了解微店的装修设计在运营中的重要性。
➢ 能够使用合理的色彩搭配及选择合适的字体来优化农产品店铺。
➢ 能够运用运营策略对农产品进行引流与推广。
➢ 会运用 O2O、公众号、站外的推广服务。
➢ 熟练使用软件对农产品微店进行装修。
➢ 能够根据运营情况对农产品微店进行优化。

任务一 微店的装修与优化

任务介绍

在本任务中，将学习微店开设及装修的知识与方法，使同学们能够根据产品及店铺的特点对农产品微店进行合适的装修。通过活动一了解农产品微店装修的基本方法，并能独立完成微店的装修设计。通过活动二优化农产品微店，使同学们能够进一步掌握微店装修设计的技巧，并且能够针对农产品的特点，结合活动信息设计出有吸引力的广告图，以提升店铺流量。

活动一　装修农产品微店

活动描述

越来越多的人开始习惯用手机购物、支付甚至理财，连菜市场各种大大小小的菜摊前都挂上了"微信支付"的二维码，全民进入了移动时代。肖乐眼看着妈妈从不信任手机支付和购物，到每天乐呵呵地拿着手机和肖乐分享。

"你看看这件衣服怎么样？"

"昨天我在微信上买了五斤老家产的柑橘，可新鲜了，你回来一定得尝尝。"

"今天我去水果店买苹果，用了网上的优惠券下单，便宜了10元呢！"

……

肖乐心想，连妈妈都开始使用手机支付和购物了，自己创业经营的农产品是不是也能在手机上开一个微店，来拓宽自己的经营之路呢？

说干就干，肖乐马上拿起手机，注册了一个微店账号，可是问题来了，微店是开了，接下来该怎样对它进行装修设计，把自己的产品美美地展示在消费者面前呢？

活动实施

第一步：微店首页的设计

微店首页功能分区如图 5-1-1 和图 5-1-2 所示。

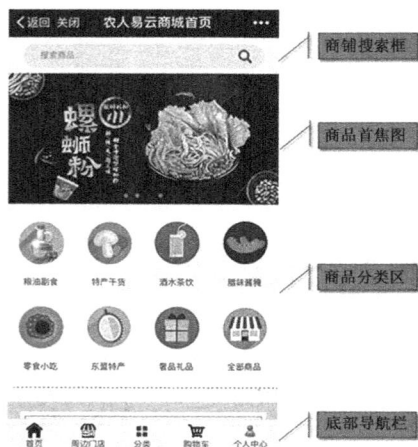

图 5-1-1　微店首页功能分区 1

图 5-1-2　微店首页功能分区 2

1. 商品搜索框

在首页设置商品搜索框有利于消费者方便而快捷地搜索到自己想要的商品，直达商品的购买页面。

2. 首页轮播图

首页轮播图一般占到店铺首页二分之一到三分之一的黄金位置，是消费者进入店铺首页中看到的最醒目的区域，第一视觉关注点，精美的轮播图能够为店铺首页装修起到"点睛"的作用。同时，在这个区域展示商品和活动，往往能够起到加大宣传力度、提升店铺形象的作用。

首页轮播图一般用来展示新品上市、促销活动、热卖单品等信息。

首页轮播图的制作要点如下。

（1）主题。每张图的制作都需要一个主题，让消费者一眼就能看出核心内容，之后再围绕主题添加文案和商品信息。如图 5-1-3 为首页轮播图主题。

（2）风格。首页轮播图的风格，通过页面传递给消费者第一感觉，如科技风、典雅风、小清新风、时尚风，或者手绘、古典风格。既可以根据不同的商品，选择合适的风格，也可以根据季节、活动、节日、品牌等因素来确定，使整个画面协调。如图 5-1-4 所示为首页轮播图风格。

图 5-1-3　首页轮播图主题

图 5-1-4　首页轮播图风格

（3）构图。首页轮播图的构图需要确定好文字、背景和商品之间的位置关系，使其整体和谐，突出主图。

① 左右式构图。左右式构图分为左图右文式和左文右图式两种，这种是比较经典的构图方式，不容易犯错，整体看上去比较协调，如图 5-1-5 所示。

② 两边图中间文构图。将主题或文字放在中间，一般适用于多个商品的页面，如图 5-1-6 所示。

图 5-1-5　左右式构图

图 5-1-6　两边图中间文构图

③ 上下式构图。这种构图方式和左右式构图相似，一般适用于商品扁平或商品很多的情况，如图 5-1-7 所示。

④ 斜切式构图。这种构图方式会使画面显得时尚动感，视觉冲击力强，文字一般向右上方倾斜，呈现上升的感觉。需要注意的是，斜切的文案的倾斜角度最好不超过 30°，否

则会影响消费者的阅读体验，如图 5-1-8 所示。

图 5-1-7　上下式构图　　　　　　　　　　　　图 5-1-8　斜切式构图

（4）配色。配色的技巧有很多，最常见的有对比色、邻近色、冷暖色配色等方式。如图 5-1-9 所示为邻近色配色。

图 5-1-9　邻近色配色

3．商品分类区

对商品进行合理地分类，能引导消费者快速而准确地找到自己想要的商品。

4．店铺热卖商品展示区

此区域能够展示多种商品，能直接引导消费者下单，因此，此部分展示商品的选择及商品的主图设计非常重要，要选择对消费者有直接吸引力的商品，以及制作精美的主图展示，多种商品的主图风格要和谐统一。

5．底部导航条

此区域可以设置"客服""首页""活动""购物车""个人中心"等常用导航，方便消费者进入相应的页面，以提升消费者的购买体验。

想一想

请同学们思考，微店首页除以上内容外，还可以设计其他内容吗？

微店的首页设计是很灵活的，每个平台的首页布局也不尽相同，除了设计以上内容展示在首页，还可以添加"店铺公告""促销区""优惠券"等信息，根据产品、活动及运营的要求，设计精美的首页，以提升店铺的形象。

第二步：微店商品主图的设计

店铺想要提高成交转化率，主图是核心影响因素。主图除要展现卖点外，还要具有一定的视觉效果，这样才能吸引消费者浏览。

知识加油站

商品主图的设计要点

1. 是否有体现产品独树一帜的卖点

产品的卖点既可以从产品本身去寻找，也可以从价格、质量及是否包邮等方面去思考，要让消费者有眼前一亮的效果。

2. 主图的构图是否规整，主体是否明确

主图设计太单一就没有吸引力，太凌乱又加重顾客的阅读负担。因此，主图既要有亮点，又不能夺走产品的关注点，构图要规整，商品主体要明确，如图5-1-10和图5-1-11所示。

图5-1-10 主图1

图5-1-11 主图2

议一议

同学们，主图展示的信息是越多越好吗？为什么？

第三步：微店商品详情页的制作

商品的详情页部分是在消费者对商品兴趣后，进一步了解商品的页面，这部分如果能够突出商品的卖点，直击消费者的购买欲望，那么商品的转化率也就提升了。接下来大家一起来学习设计商品的详情页。

商品详情页的布局如图5-1-12所示。

知识加油站

商品详情页的设计要点

1. 是否有清晰的导购思路

商品详情页对商品的使用方法、材质、尺寸和细节等方面的内容进行展示，同时，为

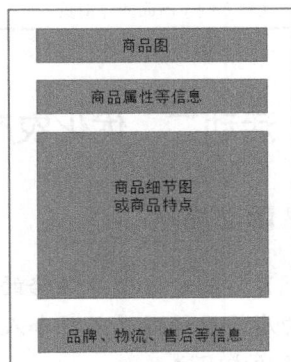

| 商品图 |
| 商品属性等信息 |
| 商品细节图
或商品特点 |
| 品牌、物流、售后等信息 |

图5-1-12 商品详情页的布局

了拉动其他关联商品的销售量，也可以在详情页中添加"搭配套餐""关联推荐"等信息。

2. 详情页可以展示的内容

（1）创意海报情景大图。

（2）商品的特性、作用、好处。

（3）商品的参数信息。

（4）同行商品优劣对比。

（5）模特。

（6）商品细节。

（7）商品包装、资历证书等。

（8）品牌信息及物流、售后保障等信息。

✏ 试一试

学习了那么多新知识，请选择身边的一件农产品来练练手吧，使用制图软件，为此产品设计首页轮播图、主图及详情页。

完成后，请老师点评修改，并将作品发布到微商城中。

☀ 想一想

微店的商品详情页设计与 PC 端的商品详情页设计一样吗？为什么？

📋 活动评价

评价项目	自我评价		教师评价	
	小结	评分（5分）	点评	评分（5分）
1. 能说出首页设计的要点				
2. 能独立制作商品的主图				
3. 能独立制作商品的首页轮播图				
4. 能独立制作商品的详情页				

活动二 优化农产品微店

🐾 活动描述

肖乐明白了微店装修的基本要点后，开始尝试装修自己的店铺，可不久她便发现，自己的店铺设计得并不很令人满意，朋友说"总觉得看上去不吸引人"。于是，她开始了更深一层的学习之旅。

活动实施

第一步：优化微店装修设计的配色

配色在微店装修中的应用如下。

1. 相邻色搭配

相邻色因为比较接近，所以有很强的关联性，非常协调柔和，画面和谐统一，可以制造出柔和温馨的感觉，但这种搭配的视觉冲击力比较弱，如图 5-1-13 所示。

图 5-1-13　相邻色搭配

2. 间隔色搭配

间隔色的视觉冲击力会强于相邻色，使用非常广泛，既不会有互补色冲击力那么有刺激性，又比相邻色多了一些明快活泼、对比的感觉，特别是红黄蓝三原色之间的相互搭配，应用十分广泛，如图 5-1-14 所示。

图 5-1-14　间隔色搭配

3. 互补色搭配

互补色即红＋绿、橙＋蓝、黄＋紫等。互补色搭配可以表现出力量、气势与活力的感觉，有非常强烈的视觉冲击力，是非常现代时尚的搭配。

互补色搭配时一定要控制好画面的色彩比例，选择一个色调为主色调即可。同时，可以降低其中一种色调的明度或饱和度，产生明暗对比，以缓冲画面的对抗性。

黑白色调是非常万能的调和色调，在画面配色冲突大时，使用黑白色调调和可以使画面看上去容易接受，和谐统一，如图 5-1-15 所示。

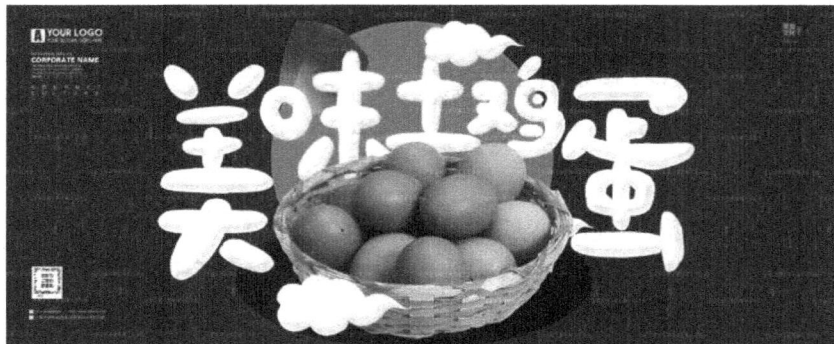

图 5-1-15　互补色搭配

想一想

同学们，你们知道低明度暗色调的配色与高明度亮色调的配色通常会带给人什么样的感觉吗？有哪些农产品可以使用低明度暗色调的配色，哪些可以使用高明度亮色调的配色呢？请举例说明。

第二步：优化微店装修设计的文字

字体就是文字的风格样式，字体是文化的载体，不同的字体给人的感觉不同。在微店的装修设计中，字体选用不当，会拉低消费者对店铺、商品甚至品牌的印象。好的字体，能够在装修中起到画龙点睛的作用。

常见的字体及字体效果如图 5-1-16 所示。

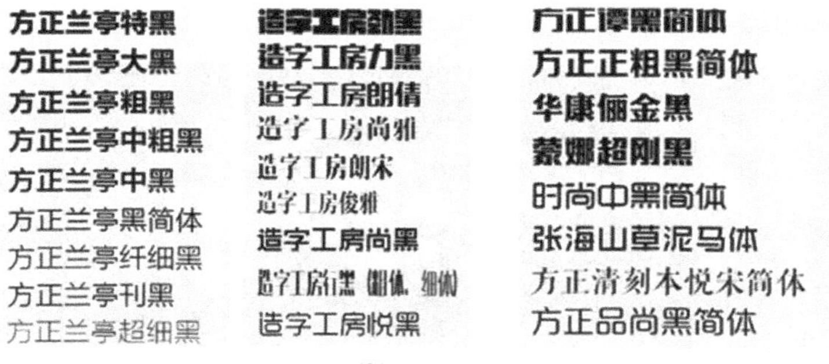

图 5-1-16　常见的字体及字体效果

1．男性字体

男性字体一般选用笔画粗的黑体类字体，或者呈现棱角分明的搭配。该字体给人展现一种硬朗粗犷、有力量、稳重、大气的感觉，如图 5-1-17 所示。

2．女性字体

女性字体一般选用纤细、秀美、线条流畅，有粗细等细节变化的字体，给人展现出飘逸、俊俏、纤细、秀美、气质、时尚的感觉，如图 5-1-18 所示。

图 5-1-17 男性字体

图 5-1-18 女性字体

3．促销型字体

促销型字体一般使用笔画粗的字体，主题文字大，同时，使用字体拉伸、倾斜等变形传递给消费者一种活动促销的感觉，如图 5-1-19 所示。

图 5-1-19 促销型字体

知识加油站

文字排版的技巧

1．横式、竖式排版

（1）横式。

横式排版的文案信息单行，最多两行为宜，对齐用常见的左、右和中间 3 种方式，重点是大小和颜色的变化，主文案字号偏大，颜色较整个画面突出。

（2）竖式

竖式排版多用于传统产品的设计排版。横式、竖式排版如图 5-1-20 所示。

2. 倾斜式排版

有倾斜的排版视觉效果是非常直接的，有视觉冲击力，需要注意的是倾斜角度不要超过 30°，否则影响视觉效果。另外，一旦采用斜向排版，建议所有文案内容都采用斜向排版，否则看起来不协调，如图 5-1-21 所示。

图 5-1-20　横式、竖式排版

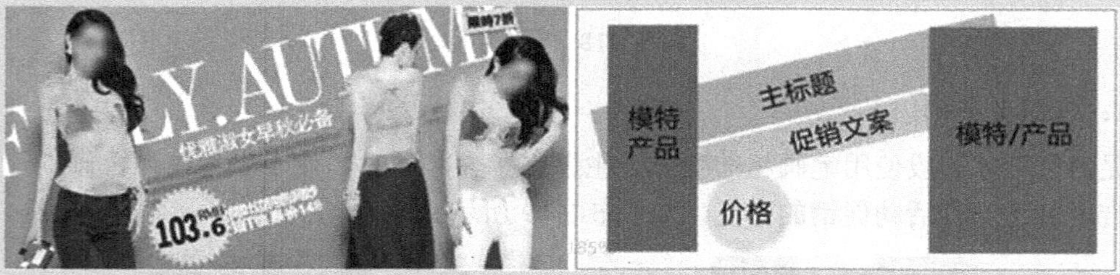

图 5-1-21　倾斜式排版

3. 框架式排版

框架式排版即把文字排列出一定的形状，或者根据一定的形状固定排列，形式感、整体感较强，画面显得比较规整、不凌乱，如图 5-1-22 所示。

图 5-1-22　框架式排版

议一议

微店中字体的排版与 PC 端店铺中字体的排版有什么不同？字号大小能够用一样的吗？为什么？

✏️ **试一试**

请你根据本任务所学的内容，将自己制作的首页轮播图、商品详情页等作品做一次有关配色和文字排版方面的优化与修改。

📋 **活动评价**

评价项目	自我评价		教师评价	
	小结	评分（5分）	点评	评分（5分）
1. 能使用简单的配色方法为产品图进行设计				
2. 能通过选择不同的字体和设计不同的字体排版样式来优化主图、首页轮播图及详情页的设计				

任务二 了解微商的运营策略

任务介绍

在本任务中，将从微店的日常维护、微店的运营策略、微信创业团队运营 3 个方面讲解与微商运营策略相关的内容。通过活动一学习微店的日常运营维护，掌握如何运营和维护好微店。通过活动二学习微店的运营策略，掌握微店运营的主要方法与策略。通过活动三学习微信创业团队运营，掌握农产品微信创业团队运营的方法。希望同学们学完本任务后，能够掌握并实际运用微商的运营方法与策略。

活动一 了解微店的日常维护

😊 **活动描述**

李哥学会了使用"微店"发布农产品后，平时就一直忙着去果园照料农产品，基本上隔很多天才打开微店，有空了才看一下后台。有时候隔两三天才回复消费者的咨询。有时候消费者下单后，很久都没等到发货就取消订单了。每当这个时候，李哥有一种煮熟的鸭子飞了的感觉。于是，他很痛心地找小刘反映了这个情况。小刘听后，觉得很有必要给李哥普及一些微店日常维护的知识。

活动实施

第一步：微店店铺的运营管理

1. 点亮微店/微店公告

小刘告诉李哥，平时若没时间查看微店消息，则可以点亮微店，即通过绑定自己的微信号来解决这个问题。因为这种方法是微店外部联系微店卖家的一种方式，可以避免许多流失消费者的情况发生。

知识链接

点亮微店设置

点亮微店即绑定微信号后，可以在微信显示你的微店。一般一个微店只能绑定一个微信号。

绑定微信号的流程如下。

（1）在微信上登录想绑定的微信号。

（2）打开微店店长版 App，单击"店铺头像" → "店铺资料" → "在微信中点亮微店" → "立即开通" 按钮即可，如图 5-2-1 所示。

（提示：如果手机上使用了微信分身的功能，则需要先删除。因为腾讯官方规定，每个手机用户只能登录一个微信账号，使用微信分身的功能可能会导致微店绑定微信失败。）

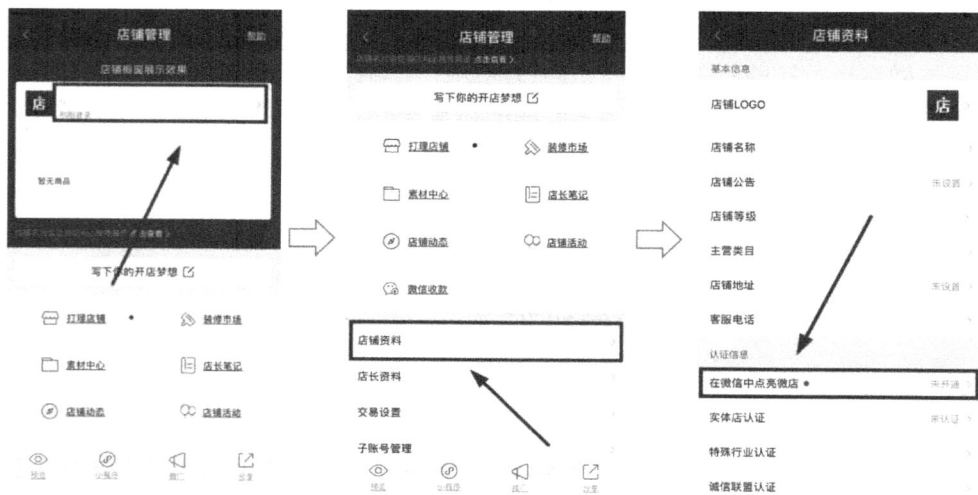

图 5-2-1　点亮微店设置

试一试

请同学们试一试打开手机微店 App 点亮微店。

知识加油站

微信二维码的设置

在卖家微店中设置微信二维码后，消费者可以在商品详情页、卖家笔记中看到。

操作流程：打开手机微店店长版 App，单击店铺头像→卖家资料→微信二维码→选择二维码上传，微信二维码便可以显示在卖家笔记页或商品详情页上。

修改微信二维码。单击"修改"按钮可以重新上传微信二维码，单击"删除"按钮可以删除微信二维码。

议一议

同学们，讨论一下微信二维码、微店二维码和多渠道二维码 3 者有什么相似与不同？

点亮微店后，李哥看到微信号显示了微商在微信号上特有的店铺招牌标志，心情非常激动。小刘告诉李哥，微店上还有一个微店公告，简短易写，写得好就会一下子抓住消费者的购买心理，完成交易。于是，李哥立刻请教他如何设置微店的公告。

知识链接

微店公告的设置

微店公告的设置有以下两种方式。

1. PC 端

登录微店网页，选择"店铺装修"→"编辑店铺"→"店铺公告"选项，即可设置微店公告。

2. 移动端

打开微店店长版 App，选择"店铺头像"→"店铺资料"→"店铺公告"选项，即可设置微店公告。

微店公告的内容不能超过 500 字，可以填写与店铺相关的情况、店铺的优惠活动、如何联系卖家等信息，如图 5-2-2 所示。

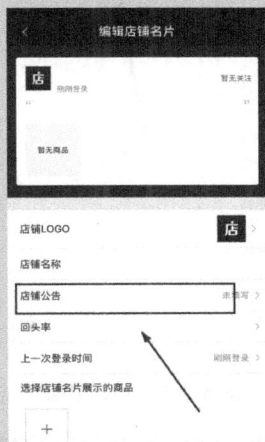

图 5-2-2　微店公告的设置

❓ 议一议

> 请同学们讨论一下，如何撰写出一条优质的微店公告呢？

2．卖家笔记/卖家标签

小刘建议李哥开通卖家笔记，因为这个是微店特有的功能，其他微商平台没有。那么如何设置卖家笔记呢？

🔗 知识链接

卖家笔记的设置

卖家笔记可以图文并茂，编辑完成后通过微店店长版 App 分享到微信朋友圈。

操作流程：请打开微店店长版 App，选择"店铺头像"→"卖家笔记"→"添加新笔记"选项即可进行编辑。

（提示：同学们可以在微店头条中查看优秀的卖家笔记示例。）

小贴士

通过微店卖家笔记这个功能，卖家可以向消费者传递企业文化、开店的心路历程、产品设计理念、最新优惠活动等。因此，卖家笔记是卖家与消费者沟通的桥梁之一。

同时，卖家的开店梦想这个功能有类似卖家笔记的作用，如图 5-2-3 所示。

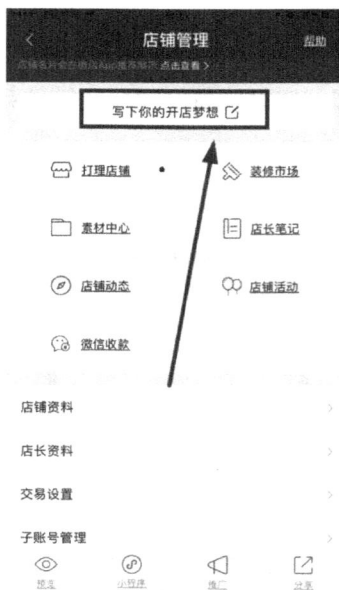

图 5-2-3　开店梦想

李哥写完开店梦想后，小刘告诉他，微店的卖家标签会显示在店铺首页上，所以消费者第一眼就可以了解店铺的相关产品种类、特点等。那么如何设置卖家标签呢？

知识链接

卖家标签的设置

设置卖家标签的两种方式如下。

1. PC端

登录微店网页，选择"店铺装修"→"编辑店铺"→"卖家信息"选项，选中样式拖至右侧店铺页添加卖家标签，添加后支持修改。

2. 移动端

打开微店店长版App，选择"店铺头像"→"卖家资料"→"卖家标签"选项。支持自定义标签或选择软件推荐的标签。单击页面右上方的"分享"按钮，即可分享给微信好友或分享到朋友圈，让更多的朋友点赞，如图5-2-4所示。

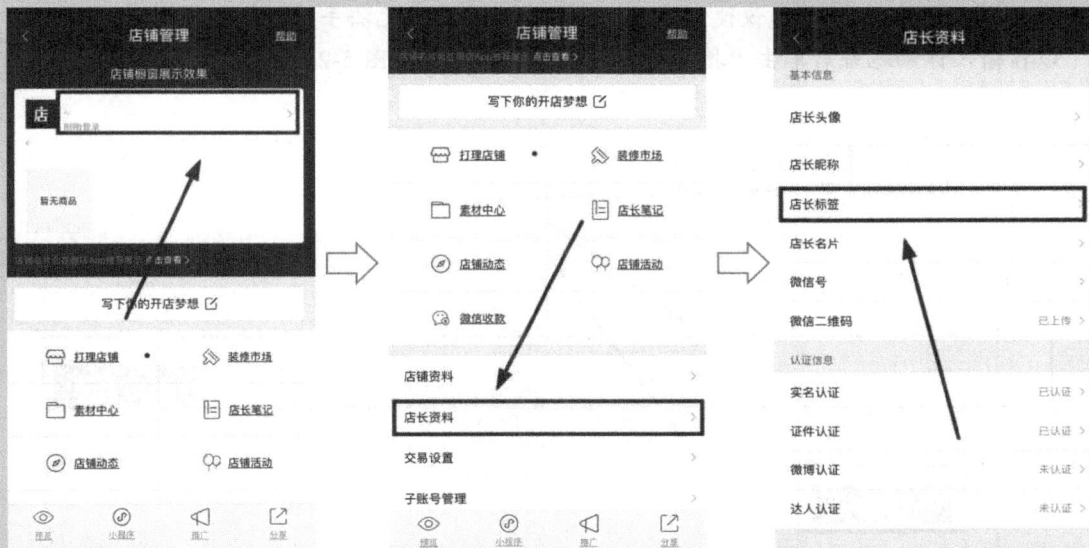

图5-2-4 卖家标签的设置

试一试

请同学们打开手机微店App，尝试操作微店卖家的相关设置。

3. 实体店地址/客服电话

因为李哥有线下的实体店，这在纯粹线上销售的微商当中是很有优势的，所以小刘建议他在微店中添加实体店的地址，让顾客觉得放心，并且可以在有需要时直接去他的实体店购物。

🔗 **知识链接**

微店实体店的认证

将实体店绑定在微店中销售食品、书籍类音像制品、电话卡等商品，需要先提供营业执照等资料完成特殊行业认证，如果未通过认证就会删除相关商品。

认证流程如下。

（1）登录微店网页，选择"店铺资质"→"实体店认证"选项。

（2）根据提示填写门店地址、门店名称、营业执照注册号。

（3）提供营业执照照片、门店外面照片、门店内营业现场照片、门店内悬挂营业执照照片。

（4）审核时间为 7 个工作日，审核结果请在提交资料页面查看。

小贴士

☞实体店认证时，建议使用谷歌浏览器登录，如果无法手动标注门店地址，则可以在输入详细地址后单击"搜索位置并标注"按钮，如图 5-2-5 所示。

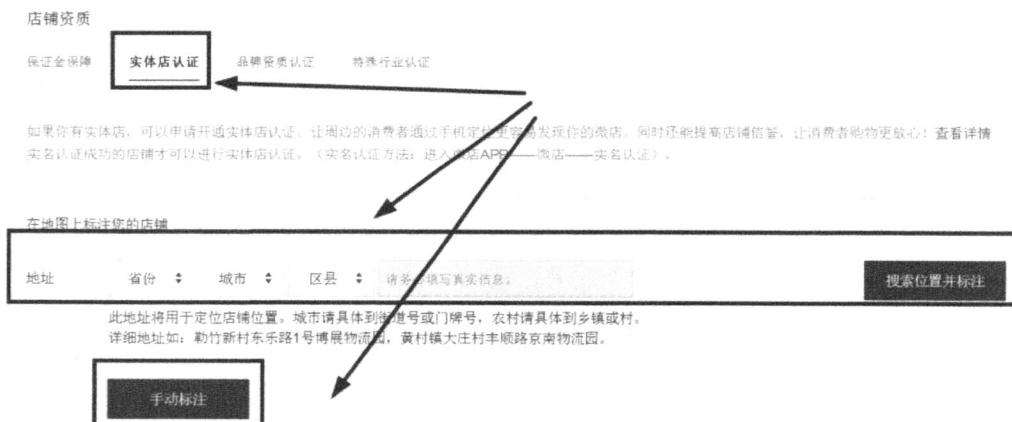

图 5-2-5　网页版的实体店认证

⛽ **知识加油站**

移动端添加实体店地址

移动端添加实体店地址的操作流程如下。

打开手机微店店长版 App，选择"店铺头像"→"店铺资料"→"店铺地址"选项。添加后的实体店地址会在店铺详情页展示，如图 5-2-6 所示。

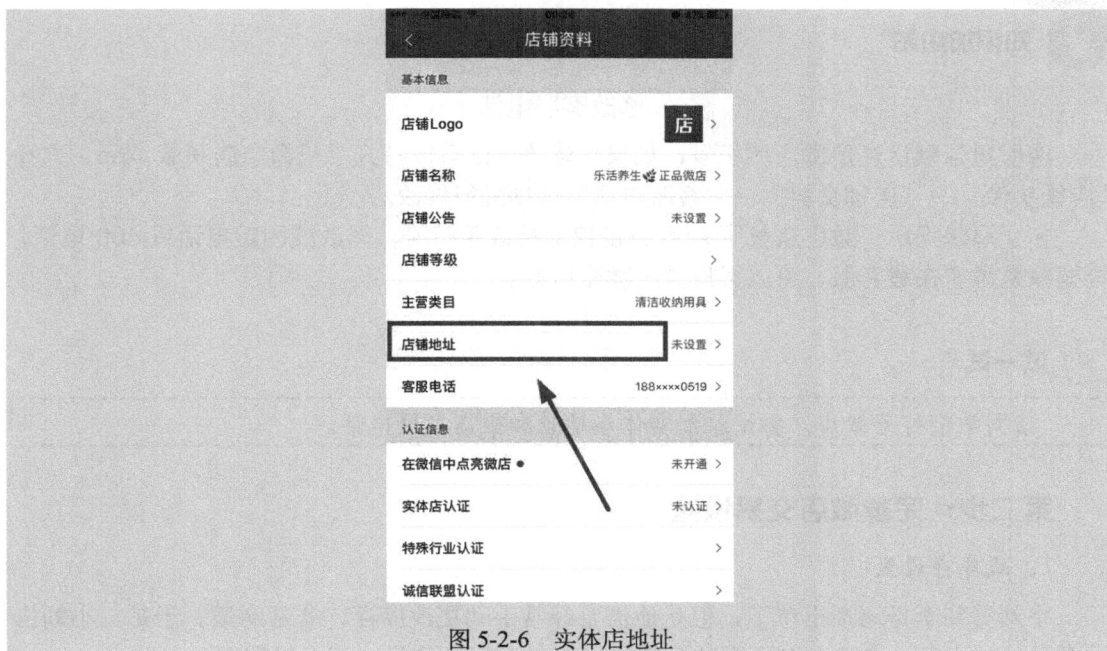

图 5-2-6　实体店地址

　　小刘告诉李哥，有必要在微店显示他的联系电话，这样消费者在有紧急情况时可以打电话与你联系，避免你不及时查看微店消息，造成不必要的损失。

🔗 知识链接

微店客服电话的设置

　　操作流程：打开手机微店店长版 App，选择"店铺头像"→"店铺资料"→"客服电话"选项进行编辑，如图 5-2-7 所示。

　　（提示：客服电话会展示在订单详情和发给消费者的短信上，默认展示注册手机号。设置的客服电话一定要保持畅通，以便及时解决消费者的问题与需求。）

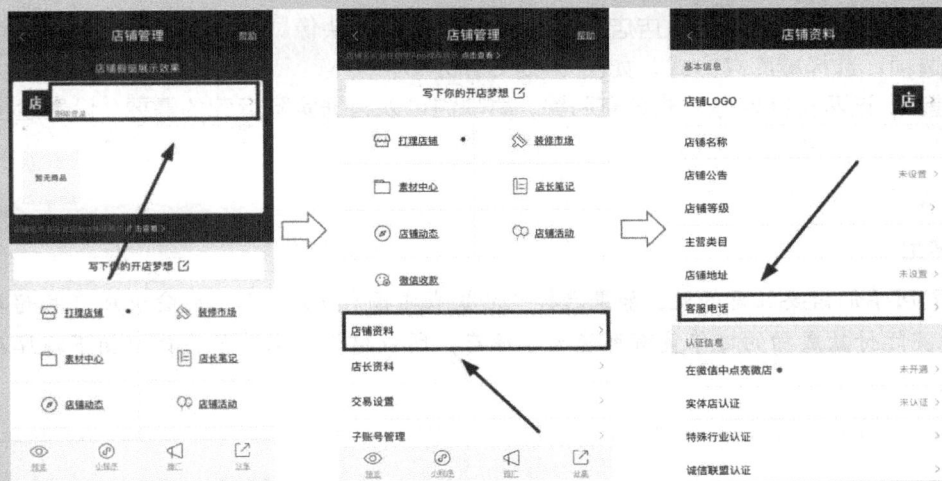

图 5-2-7　微店客服电话的设置

知识加油站

修改客服电话

客服电话默认注册微店手机号，如果想修改，则可以打开手机微店店长版 App，选择"店铺头像"→"店铺资料"→"客服电话"选项进行修改。

➢ 温馨提示：微店店长版 App 目前仅支持改手机号，修改成固定电话或 400 电话，需要联系微店在线客服，可以拨打微店客服电话。

试一试

请同学们打开微店，尝试添加实体店地址和微店客服电话。

第二步：完善微店交易设置

1. 减库存设置

小刘看到李哥逐渐出单了，但是他需要经常手动更改库存，非常麻烦。于是，小刘告诉李哥，微店有一个自动减库存的功能可以帮他减轻工作量，怎么设置呢？

知识链接

微店减库存的设置

微店有拍下减库存和付款减库存两种减库存方式。

1. 拍下减库存

消费者拍下商品，库存就自动减少。如果 24 小时后仍未付款，系统就会自动恢复库存。

2. 付款减库存

消费者拍下商品，先预扣库存。如果 15 分钟内消费者付款，系统就自动减库存。如果消费者超过 15 分钟仍未付款，系统就自动释放库存。

具体的操作步骤：登录微店店长版 App 选择"店铺头像"→"交易设置"→"减库存方式"选项，选择减库存方式，如图 5-2-8 所示。

（提示：这两种减库存方式各有利弊，同学们可以根据实际运营的需要，设置适合的方式。）

小贴士

☞同学们需要注意的是，如果选择"付款减库存"方式，则可能会造成产品超卖，因为实际付款成功的订单量有可能大于库存，所以建议卖家尽量选择"拍下减库存"方式。

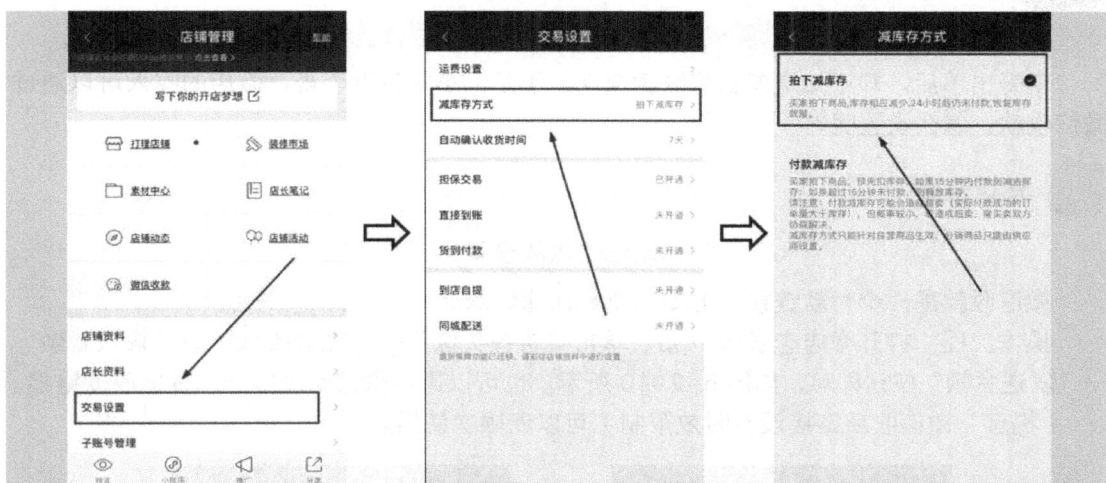

图 5-2-8 减库存设置

知识加油站

自动确认收货时间

自动确认收货时间是指消费者付款后，却不确认收货。系统根据自动确认收货的时间，在卖家发货第 8 天系统自动确认收货。

修改自动确认收货时间的操作流程：打开微店店长版 App，选择"店铺头像"→"交易设置"→"自动确认收货时间"选项，选择自动确认收货时间即可，如图 5-2-9 所示。(提示：自动确认收货时间可以选择 7/10/15/20/25/30 天，设置后每 7 天只能修改一次。)

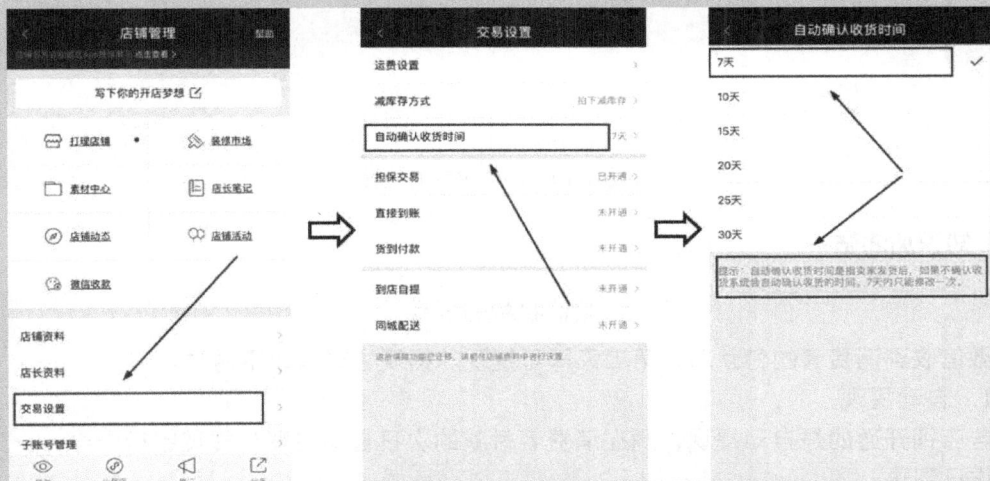

图 5-2-9 自动确认收货时间

试一试

请同学们打开微店，尝试设置微店减库存和自动确认收货时间。

2. 微信收款设置

李哥出单后，却不知道怎么将账款提现。于是，小刘告诉李哥，微店的收入可以通过微信收款。怎么设置呢？

🔗 **知识链接**

微信收款的设置

微信收款是一个付款链接，方便消费者快速付款。

操作流程：打开微店店长版 App，单击"店铺头像"→"微信收款"→"输入金额"→"发送金额"按钮即可，如图 5-2-10 所示。也可以通过微信和短信分享微信收款链接。

（提示：微信收款链接没有时效限制，可以无限次使用。）

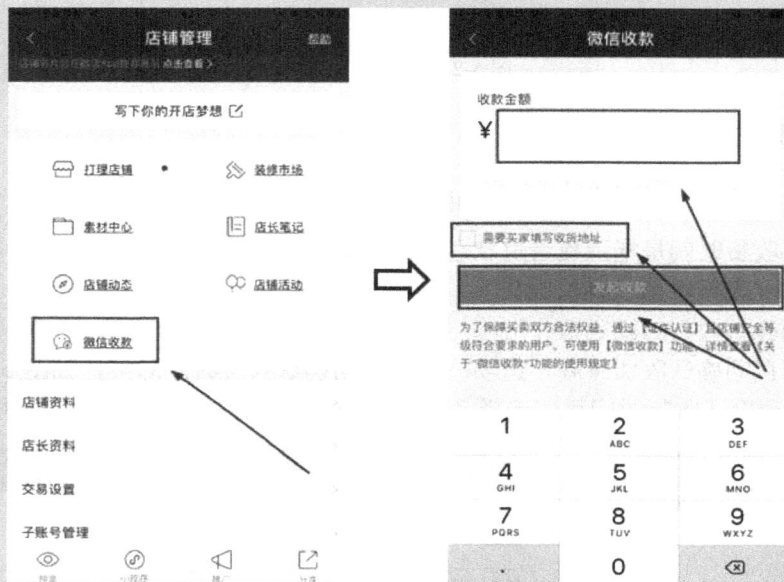

图 5-2-10　微信收款的设置

⛽ **知识加油站**

微信收款的提现

微信收到消费者的付款后，第二天即可提现。提现方式有以下两种。

1. 自动提现

若店铺开通的是自动提现，则在消费者付款的次日自动转账到提现银行卡中，一到两个工作日到账。

2. 手动提现

若店铺需要开通手动提现，则可以将收入可提现金额设置为手动提现。手动提现成功后，个人微店货款会在 2 小时内自动提交至银行，由银行继续处理，到账以银行为准，商家需要随时关注到账短信通知。

（提示：企业微店手动体现 1 个工作日内到账。）

第三步：微店消费者的运营管理

只有维护好每一位消费者，才会形成更多的订单。如何进行消费者管理呢？

1. 消费者消息回复

🔗 **知识链接**

自动回复设置

当消费者每次打开客服对话框和卖家聊天时，会第一时间看到卖家设置的自动回复内容。

设置自动回复功能：打开微店店长版 App，单击"消息"→"设置"按钮，编辑聊天自动回复的内容，如图 5-2-11 所示。

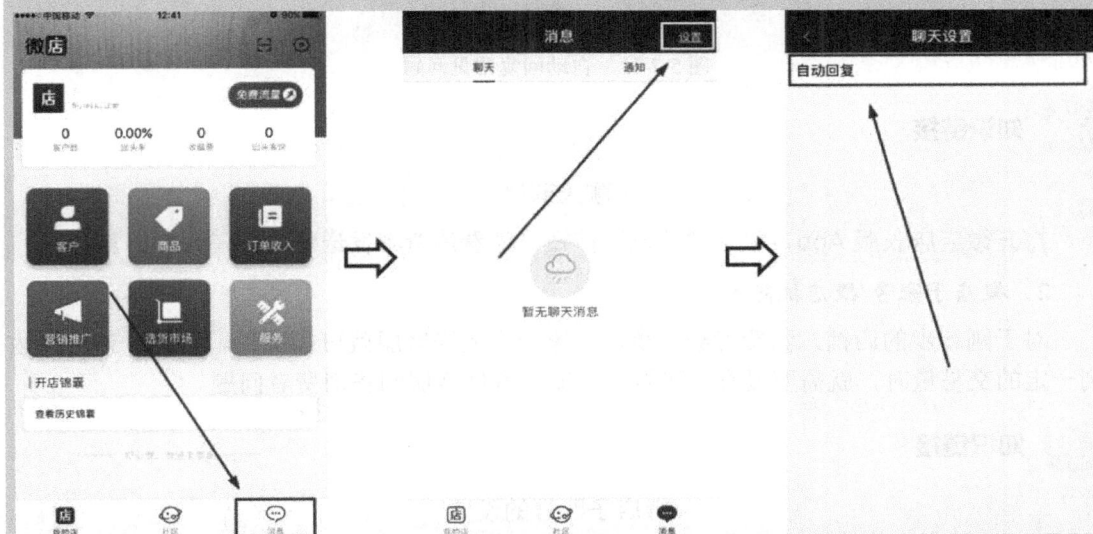

图 5-2-11　自动回复设置

小贴士

☞建议同学们在自动回复消息中设置：店铺介绍、最新活动、卖家联系方式、发什么快递、发货时间、是否包邮等一些常见问题的回答。

自动回复功能是方便卖家没空回复时，系统第一时间自动回复消费者的。自动恢复常见问题如图 5-2-12 所示。有些消费者的个性化问题，需要卖家人工回复。

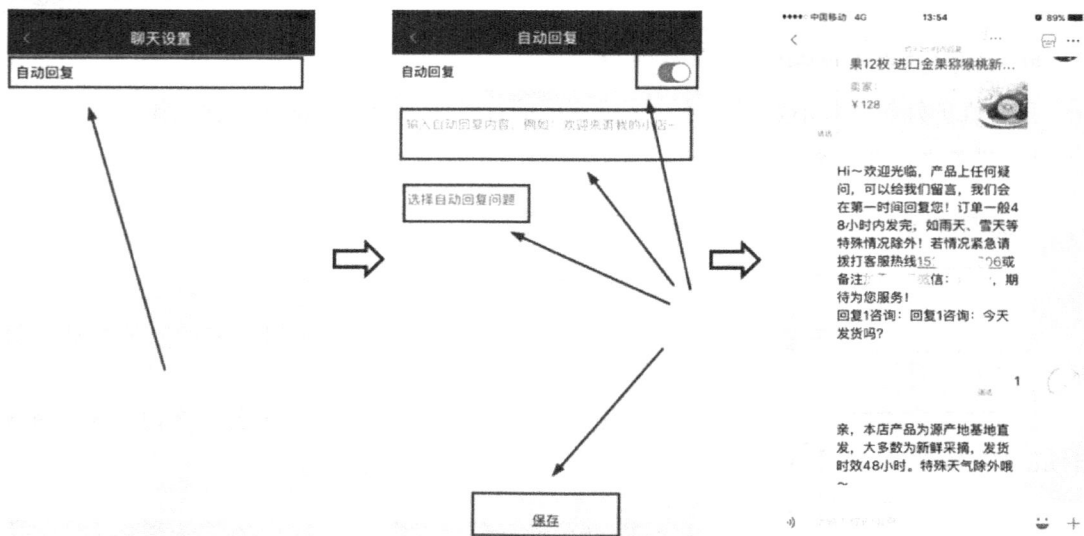

图 5-2-12　自动回复常见问题

🔗 **知识链接**

聊天消息

打开微店店长版 App，单击"消息"按钮，查看消费者发送的聊天消息并回复。

2．微店子账号/微店机器人

对于刚起步的店铺，消费者会较少，卖家一个人当客服就可以应付。但是，当店铺达到一定的交易量时，就需要设置子账号，协助卖家做客服回答消费者问题。

🔗 **知识链接**

微店子账号的设置

设置微店子账号，可以由他人帮助卖家管理店铺或作为客服接待消费者。

设置微店子账号的操作流程如下。

1．移动端

打开微店店长版 App，选择"店铺头像"→"子账号管理"→"子账号管理"→"新建子账号"选项即可设置，如图 5-2-13 所示。

2．PC 端

登录微店网页，选择"子账号管理"→"新建子账号"选项进行设置，可以对子账号登录名、昵称、密码、岗位权限进行编辑，最多添加 10 个子账号。

（提示：子账号支持在多台设备上同时登录。当子账号管理消息功能时，仅支持在一台设备上登录。）

图 5-2-13　移动端子账号设置

知识加油站

微店机器人

微店机器人是一款为微店卖家打造的智能应答沟通工具，支持在微信上与消费者进行沟通管理。

1. 操作流程

登录微店网页，选择"微店机器人"选项，可以立即授权使用，如图 5-2-14 所示。

2. 绑定后支持解绑

登录微店网页，选择"微店机器人"选项，在授权页面单击右上角的"×"按钮即可解除。

（提示：微店机器人可以绑定多个微信账号。群发消息发送到微信中，暂时不支持同步到微店聊天页面。）

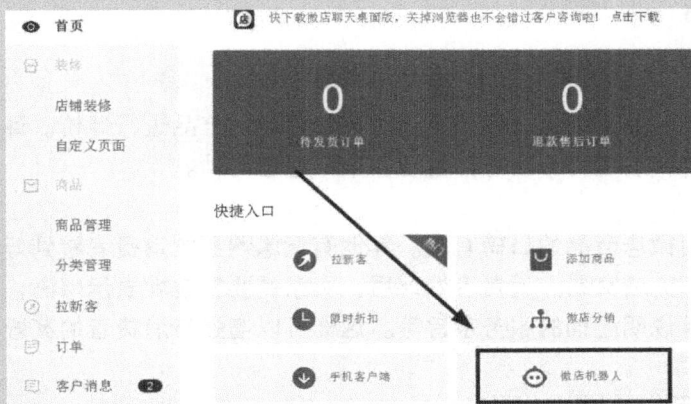

图 5-2-14　PC 端微店机器人设置

3. 消费者评价管理

李哥的消费者收到农产品后评价各不相同。他不知道怎么处理这些评论，小刘便告诉他需要对这些消费者进行评价管理。

🔗 知识链接

消费者评价管理

回复消费者评价的操作流程：打开微店店长版 App，单击"客户"图标，查看客户评价并回复，如图 5-2-15 所示。

（提示：每条评论可以回复一次，回复内容发布后不可修改，最多 200 个字。）

图 5-2-15　消费者评价管理

🛢 知识加油站

回复消费者评价

如果店铺完成交易，那么有些消费者收到货后会对产品进行评价。评价分为好评、中评、差评 3 种，评价管理可分为好评管理和中评管理两种。

1. 好评管理

消费者好评对微店商品的口碑有利。其他有意愿购买的消费者看到好评后，就会自然而然地产生信任，完成交易。消费者好评后，卖家需要礼貌地表示感谢，可以顺便打一下广告，自我肯定，说明店铺的服务宗旨等。这样可以增强与消费者的友好关系，促进二次成交。

2. 中差评管理

如果出现中差评，那么卖家也不要着急。需要礼貌地解释问题，消除误会。或者私底下跟消费者沟通，找出不足。

总的来说，消费者做出评价后卖家应该及时回复，尽量维持产品为零差评，以使产品大卖。

✏ 试一试

请同学们打开微店，尝试设置微店消费者管理。

📋 活动评价

评价项目	自 我 评 价		教 师 评 价	
	小结	评分（5分）	点评	评分（5分）
1. 掌握并运用微店店铺的运营管理技巧				
2. 掌握并完善微店交易设置				
3. 掌握并运用微店消费者运营管理的技巧				

活动二 了解微店的运营策略

🎯 活动描述

李哥在小刘的帮助下，完善了与微店运营相关的设置后，生意慢慢有了起色。但是，小刘告诉他，要真正做好微店营销，还是得充分利用微店一些自带的运营工具，开展各种各样的营销活动。

💻 活动实施

第一步：设置优惠券营销活动

1．新客优惠券

对于未在微店下过单的用户，可以设置新客优惠券来进行营销管理。

🔗 知识链接

新客优惠券的设置

卖家可以给未在店铺下过单的用户设置新客优惠券。

设置新客优惠券的操作流程：登录微店店长版 App，选择"营销推广"→"新客优惠券"→"添加优惠券"选项即可添加新客优惠券，如图 5-2-16 所示。

（提示：新客优惠券最多设置 5 张。）

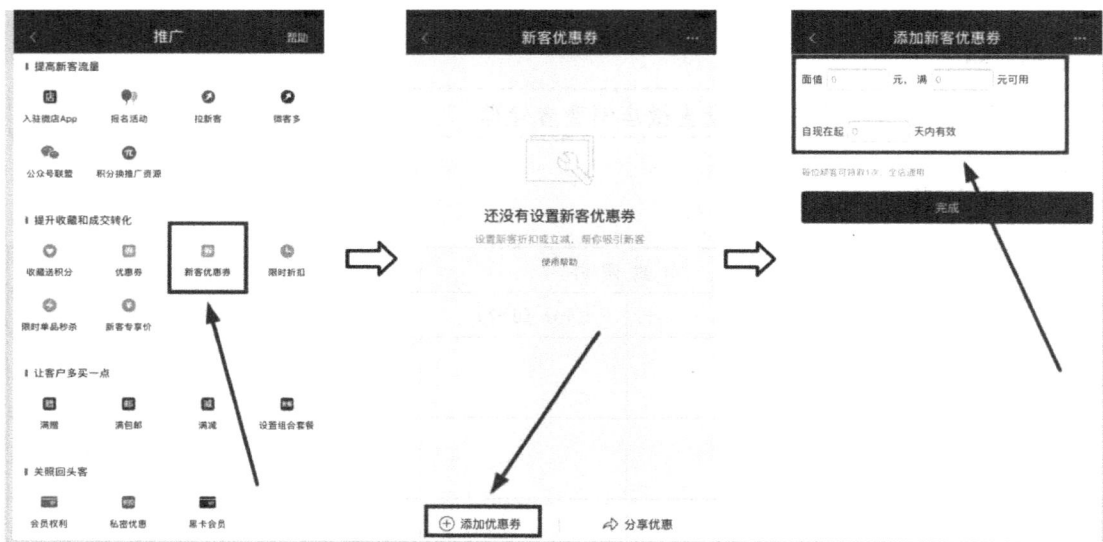

图 5-2-16　新客优惠券的设置

知识加油站

新客优惠券的活动说明

（1）新客优惠券的金额必须是整数。

（2）新客优惠券库存默认 10 万张，每人限领 1 张。

（3）默认全店通用，但是不在店铺内公开领取，设置成功后新用户进入店铺首页时，会弹出新客专享礼包供新人领取。

（4）新客优惠券设置后支持删除、分享，但是不支持修改。

2．新客专享价

对于在微店未下过单的用户，除设置新客专享价外，还可以用新客专享价来进行营销运营。

知识链接

新客专享价

微店增加新客专享价功能，未在店铺下过单的用户可以享受新客专享价。

操作流程：登录微店店长版 App，单击"营销推广"→"新客专享价"→"添加商品"按钮，选择自营在架商品，如图 5-2-17 所示。

（提示：可以使用"立减"或"打折"的优惠方式设置新客专享价，设置成功后在商品详情页会展示"新客专享"标签。）

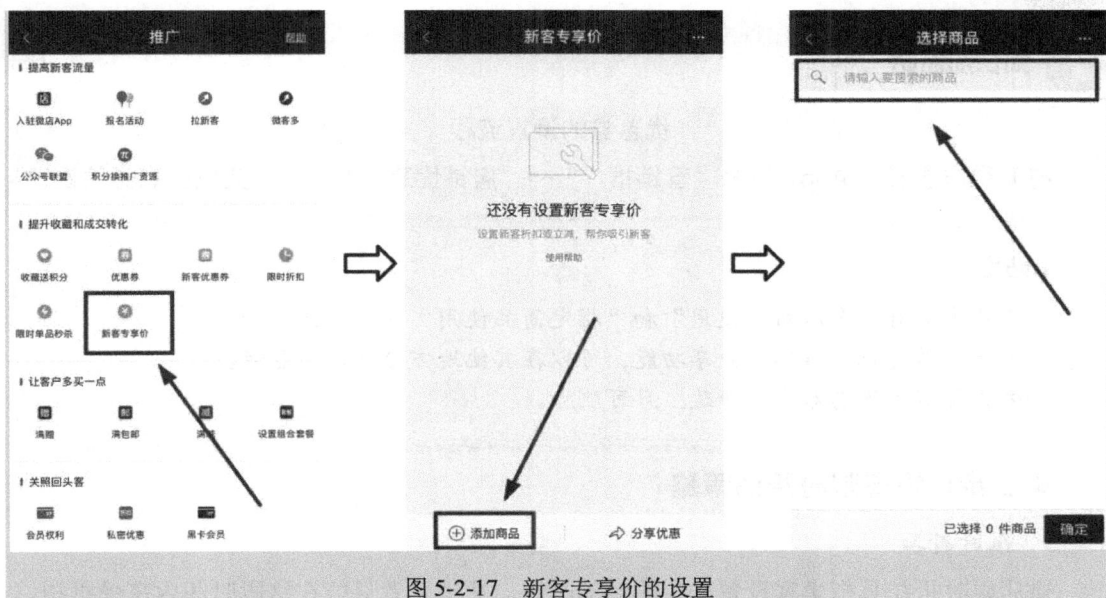

图 5-2-17　新客专享价的设置

知识加油站

新客专享价的活动说明

（1）每次最多选择 10 个商品一起设置专享价。

（2）设置折扣范围：0.1～9.9 折。

（3）优惠后的商品最小金额不得低于 0.01 元。

（4）新客专享价支持删除与修改。

3. 店铺优惠券

店铺优惠券是微店常用的优惠活动。在活动期间，消费者在购物前先领取了优惠券再买单，消费达到优惠要求后可以抵扣优惠券的券面金额。

知识链接

店铺优惠券

1. 活动规则

消费者先领取优惠券，在活动有效期内，消费达到设置的限额可以抵扣优惠券的券面金额。

2. 作用

店铺优惠券可以加快消费者下单购买时间。同时，消费者有时会在店内增加购买金额，以便达到使用优惠券的限额。

（提示：消费者领取了优惠券，即使没下单，也说明了他对店内的商品感兴趣，卖家需要重视和引导这一类的潜在消费者完成交易。）

知识加油站

优惠券的设置流程

打开微店店长版 App，选择"营销推广"→"店铺优惠券"选项，完成优惠券的设置。

小贴士

☞优惠券有"全店商品使用"和"指定商品使用"两种形式。

☞优惠券支持二维码和分享功能，可以在其他地方分享给消费者。

☞设置好的优惠券无法修改，只可删除。

第二步：设置限时营销策略

1. 限时折扣

微店限时折扣是指卖家设置一定的活动时间，让消费者只能在这段时间内享受折扣。限时折扣活动并不像优惠券那样只有先领取才可以参与，因为这个活动可以直接参与，这样有助于加快消费者的下单速度。

知识链接

限时折扣的设置流程

打开微店店长版 App，单击"营销推广"→"限时折扣"→"添加限时折扣"→"添加打折商品"按钮，如图 5-2-18 所示。

（提示：设置好限时折扣后可以分享给消费者，设置成功后不支持修改，只可删除。）

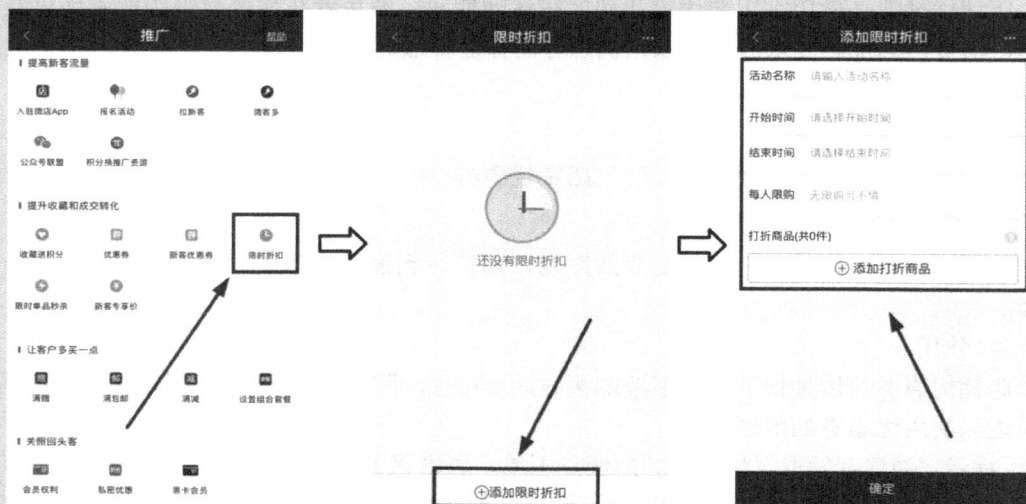

图 5-2-18　限时折扣的设置

知识加油站

限时折扣的活动说明

（1）限时折扣的商品消费者拍下 3 小时内不付款，系统会自动关闭订单，建议在详情页上说明。

（2）手机 App 和网页上设置的限时折扣互不展示。即网页设置的限时折扣在手机 App 不显示，手机 App 设置的限时折扣在网页上不显现。

（3）一次最多添加 30 件打折商品。

2．限时单品秒杀

微店限时单品秒杀是指消费者在限定的时间内抢购低价单品的营销活动。其类似于淘宝的"淘抢购"活动，这种营销活动极大地缩短了消费者的考虑时间，在短时间内快速地提高产品的销量。

知识链接

限时单品秒杀

设置流程：打开微店店长版 App，单击"营销推广"→"限时秒杀"→"添加秒杀活动"按钮，选择商品进行设置，如图 5-2-19 所示。

全店分销店铺不支持限时秒杀活动。选择参加活动的商品时，可以搜索商品，但是不支持批量设置。

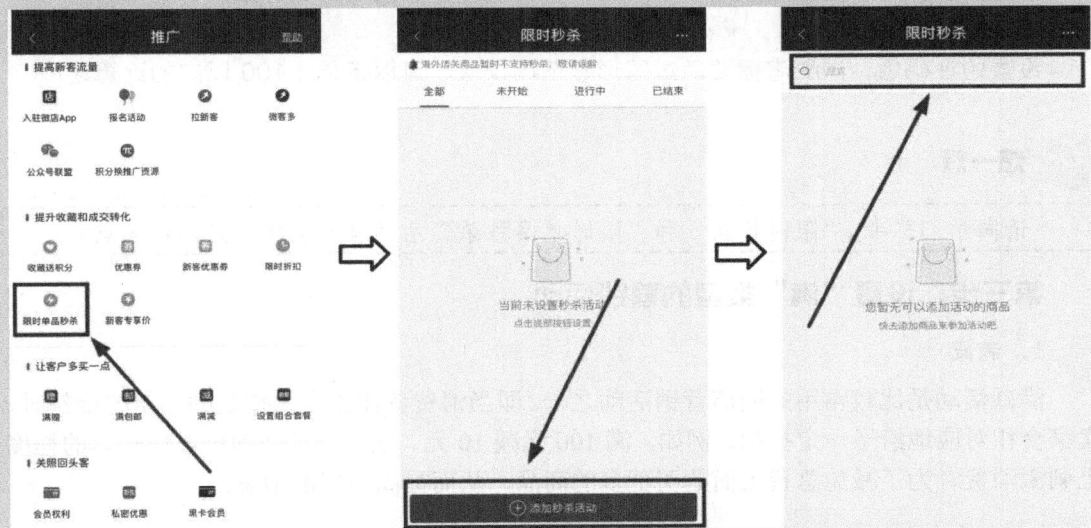

图 5-2-19 限时单品秒杀的设置

知识加油站

限时秒杀的活动说明

1. 型号设置

型号可以多选，最多添加 30 个型号，所选商品型号的最低价作为参考原价，所选型号均以相同价格秒杀。

2. 活动库存

活动库存为设置的各型号库存之和。

3. 参考原价

以所选商品型号的最低价作为参考原价。

4. 秒杀价格

商品参与活动时的统一活动价，大于 0 且小于参考原价。

5. 开始时间

不得早于当前时间，必须距当前时间 15 天之内，所有用户都必须以北京时间为准。

6. 持续时间

持续时间可以为 15 分钟、30 分钟、1~24 小时，用户可以选择。

7. 结束时间

结束时间根据开始和持续时间系统自动计算。

8. 限购数量

限购数量为必填项，1~10。如果卖家限购数量设置为 3，消费者提交订单未支付，会占用限购名额，此时消费者还可以购买两次，但是订单关闭后就会释放。

9. 是否设置验证码

设置验证码后，消费者需要通过图形验证码校验才可以下单（100 以内的计算题）。

想一想

请同学们思考，"限时折扣"和"限时单品秒杀"活动有什么相似点与不同点？

第三步：设置"满"类型的营销活动

1. 满减

满减活动是比较常用的网店营销活动之一。即当消费者在微店消费达到一定的金额时，卖家会相对应地给予一定折扣。例如，满 100 元减 10 元。这个营销活动可以在一定的程度上刺激消费者为了减免总费用而购买更多的商品，从而提高微店的销量。

知识链接

满减的设置

设置满减活动的操作流程：打开微店店长版 App，单击"推广"→"满减"→"添加满减"按钮进行设置。可以设置全店满减或者单品满减，如图 5-2-20 所示。

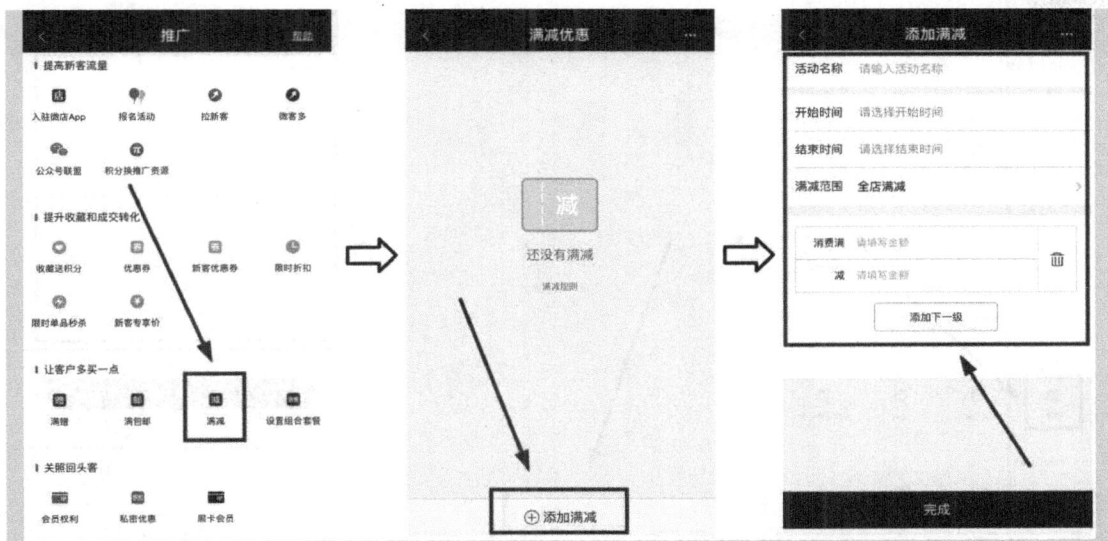

图 5-2-20　设置满减活动

知识加油站

满减的活动规则

（1）在同一时间段内，"商品满减"和"全店满减"活动不能同时进行。

（2）在同一时间段内，可以设置多个"商品满减"活动，但一个商品只能参加一个活动。

（3）下单时，商品价格按照限时折扣、满减、优惠券、私密优惠、满包邮的顺序进行计算，上述优惠可以叠加。

2．满赠

满赠活动是在消费者购买了一定金额的商品后，卖家给消费者额外赠送一些礼物的活动。

无论是卖家出于感恩的心理，还是为了维护老消费者的策略，这都是一种充满人情味的运营策略。

知识链接

满赠的设置

微店可以设置满一定金额送赠品，可以叠加优惠券和满包邮使用。当消费者下单时，系统会按照限时折扣/会员优惠、满减计算后的价格来计算是否符合送赠品的金额。

操作流程：打开微店店长版 App，单击"营销推广"→"满赠"→"添加满送"按钮进行设置，添加满送设置即可，如图 5-2-21 所示。

（提示：可以选择全部或部分自营在架商品，设置后可以在商品详情页展示。）

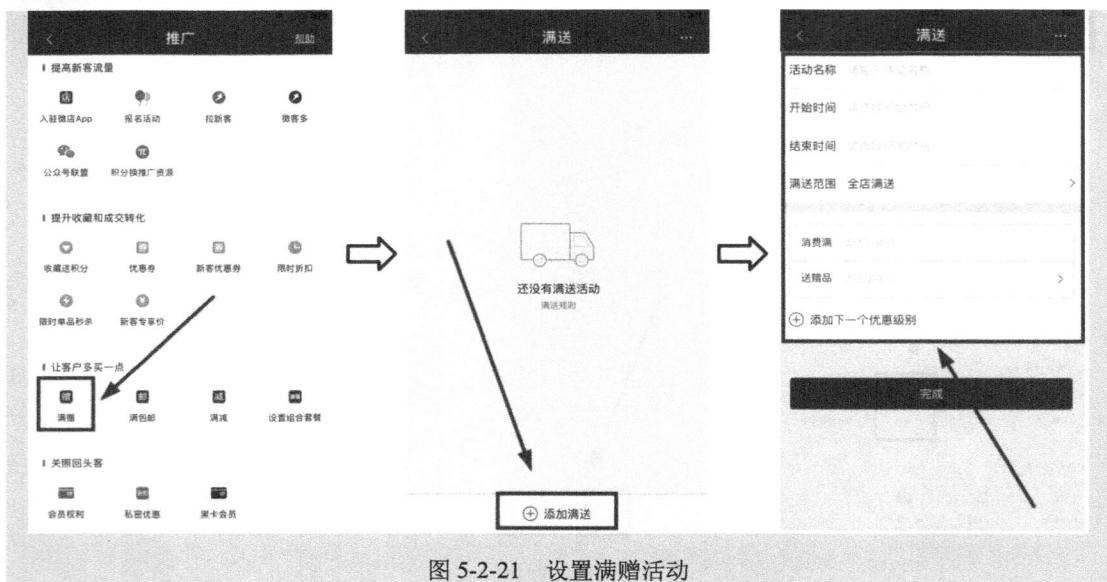

图 5-2-21 设置满赠活动

知识加油站

满赠活动的活动说明

（1）商品参加微团购或秒杀活动后，无法设置满送活动。最多设置 5 级优惠，每级赠品必须不同。

（2）同一时间内最多创建 20 个全店满送活动，且每个满送的活动商品范围不重合。设置部分商品满送时，最多可以选择 50 个商品。

（3）设置为赠品的商品，消费者可以按照售价折扣价购买。

（4）赠品库存与商品库存无关。一件商品作为赠品被送出时会扣除赠品库存，该商品被正常购买时会扣除商品库存。

小贴士

满赠活动暂时不支持修改，可以删除。

删除满送的流程：打开微店卖家版 APP，单击"推广"→"满送"→"删除"按钮即可。

3．满包邮

微店常用的活动形式中，满包邮是其中一个较基本的运营优惠活动。因为随着电子商务的普及，网络购物如果没有物流行业将商品快递到家则是形同虚设的。如今，卖家发货量增多，跟快递公司合作后快递成本费用降低了，所以基本上微店的卖家都是消费者购物满一定的金额就包邮。那么，如何设置微店的满包邮活动呢？

知识链接

满包邮的设置

设置满包邮的操作流程：打开微店店长版 App，选择"营销推广"→"满包邮"→选择"满金额包邮"或"满件包邮"选项进行设置，如图 5-2-22 所示。

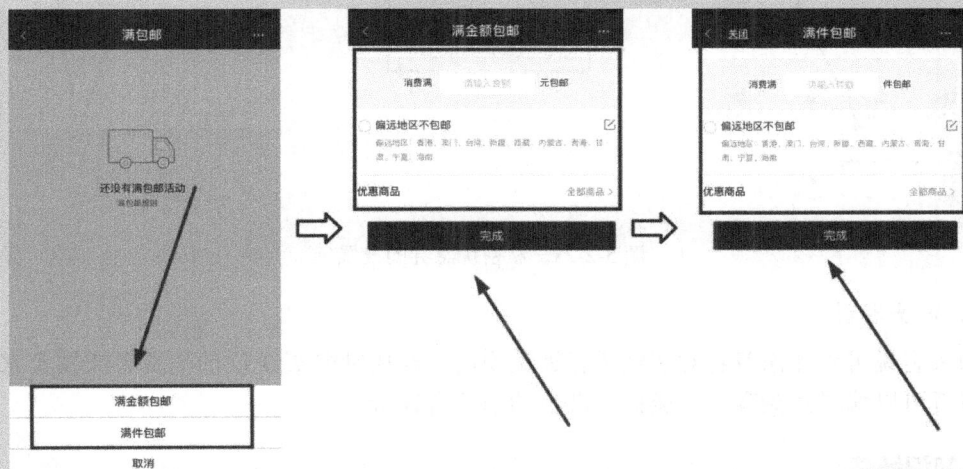

图 5-2-22 设置满包邮活动

知识加油站

修改满包邮活动

修改满包邮的流程：打开微店店长版 App，选择"营销推广"→"满包邮"，选择已经设置的包邮活动进行修改。单击已经设置包邮活动的删除按钮，可以删除该满包邮活动。

（提示：可对消费金额、是否支持偏远地区包邮、参加满包邮活动的商品进行设置。）

第四步：设置回头客营销策略

1. 私密优惠券

设置私密优惠券吸引消费者是维护老消费者的运营策略。经常设置私密优惠券发送给老消费者，把老消费者变成回头客。

知识链接

私密优惠券的设置

➤ 设置私密优惠券的操作流程：打开微店店长版 App，单击"营销推广"→"私密优惠"→"＋"按钮设置折扣、生效时间和结束时间，如图 5-2-23 所示。

（提示：设置好后可以通过微信、QQ、新浪微博进行分享，消费者只有通过分享链接购买才能享受优惠。）

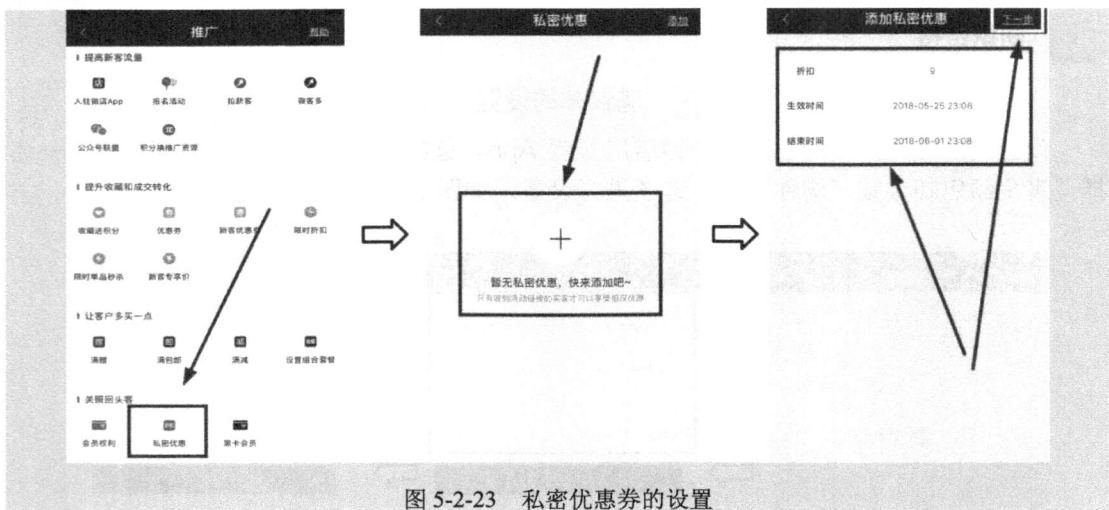

图 5-2-23　私密优惠券的设置

2. 回头客说

回头客说可以让消费者对店铺进行评论说明，在店铺购买 3 次的消费者或被卖家邀请的消费者可以编辑回头客说。类似于淘宝的消费者评价。

知识链接

回头客说

消费者的回头客说一般限制在 2 000 个字，可以添加图片。卖家也可以对消费者的回头客说进行回复。

设置回头客说的操作流程：登录微店店长版 App，单击"店铺名片"下方的"回头客说"按钮，邀请消费者写回头客说，编辑后在卖家店铺首页可以看到，如图 5-2-24 所示。

（提示：回头客再次下单时，系统会自动发送邀请。）

图 5-2-24　回头客说的设置

想一想

请同学们思考，设置回头客说有什么作用？

小贴士

在移动端微店 App 里除上述运营的功能外，同学们还可以摸索其他功能，如使用收藏送积分、朋友圈小工具（图文海报、促销海报、9格图片）等功能。

试一试

请同学们用家乡的农产品试试以上所介绍的微店运营进行设置，包括其他未介绍的微店运营设置。例如，组合套餐的设置。

活动评价

评价项目	自我评价		教师评价	
	小结	评分（5分）	点评	评分（5分）
1. 掌握并运用微店优惠券营销策略的方法				
2. 掌握并运用微店限时营销策略的方法				
3. 掌握并运用微店"满"类型的营销策略的方法				
4. 掌握并运用回头客说营销策略的方法				

活动三　微信创业团队的运营

活动描述

李哥的农产品微店的生意越做越大，很多消费者都成了他农产品的忠实粉丝。因为这些老消费者比较习惯使用微信，和李哥关系好了，所以有时候他们会直接在微信上转账交易。有时候老消费者因为觉得农产品好，就经常介绍给其他亲戚朋友，帮李哥增加了很多收入。时间长了，老消费者就和李哥开玩笑说："我帮你介绍了这么多生意，可以给我一个代理价了吧。"李哥觉得代理很有市场，但是不懂如何运营与管理代理，因此又去请教小刘。

活动实施

第一步：招代理组建团队

1. 认识微商创业团队

（1）为什么组建微商代理团队。

如今有很多微商不论是专职还是兼职，都逐渐开始招代理组队抱团成长。为什么他们会选择组建团队发展呢？

🔗 **知识链接**

组建微商代理团队的原因

"一个人也许可以走得很快，但是，一群人可以走得更长久"。这句话可以很好地诠释这个道理。

微商的"游戏"规则经常更新变换。今天是转发此微信到朋友圈，免费帮你分析星座运程；明天就是转发此朋友圈，3CE 口红免费送……

一个人接收信息的渠道往往是有限的，如果错过了或跟不上变化和发展，单靠势单力薄的个人，很容易会被淘汰，最终投资的金钱就容易化为乌有。

单打独斗容易在大风大浪中牺牲。合作共赢、抱团发展，就能资源共享、相互帮助、相互促进，相互成长，一起适应微商的快速发展。

（2）如何挑选优质微商代理。

一个优质微商代理往往能起到以一当十的作用，可能十个普通微商代理的销售额都达不到一个优质微商代理的销量。因此，在组建团队时，不仅应该考虑如何卖出更多的产品，还要考虑到如何挑选优质的微商代理。

ℹ️ **知识加油站**

优质微商代理有哪些素质？

在挑选团队成员组建团队时，除考虑代理销售的技能外，还应该考虑成员性格、工作态度、团队协作能力、团队管理能力等。

同时，团队需要具有统筹安排工作的成员、制作图片技术专长的成员、文案编辑的成员、微信公众号运营的成员，以及善于培训团队的成员等。

小贴士

☞除此之外，高效的团队还需要9种潜在的团队角色，即创造者、探索者、评价者、推动者、总结者、控制者、支持者、汇报者和联络者。

想一想

请同学们思考一下，自己属于微商团队中有哪一类特长的成员？还有哪些能力是需要继续努力的呢？

2．打造微商团队

（1）设置团队的职责架构。

一个微商团队如果要长期稳定地发展，就需要发挥各个代理的优势。因为组建微商团队就像组建一个公司，要有经理、技术人员、财务人员、培训人员、客服等。微商的团队一般都有哪些职责岗位设置呢？大家一起来了解微商团队的职责架构和微商团队的分工职责吧。微商团队的职责架构和分工职责如图 5-2-25 和图 5-2-26 所示。

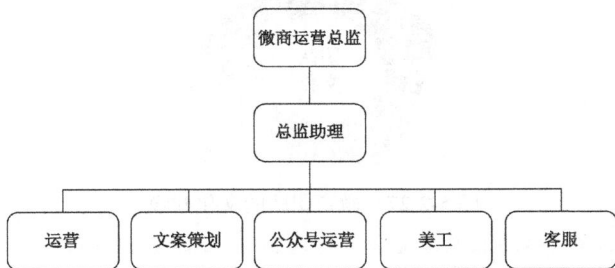

图 5-2-25　微商团队的职责架构

职位	职责
微商运营总监	主要负责微商的项目规划、推广、统筹和执行，制订销售目标、任务分解、团队管理、招募代理等工作
总监助理	协助运营总监落实和执行一些事务性工作，相当于运营总监的秘书
运营	负责管理微商团队的代理和培训，提升团队凝聚力，组织和策划与代理相关的活动
文案策划	负责撰写产品的文案、朋友圈文案、推广文案和活动文案等
公众号运营	负责运营公司品牌的官网公众号、内容的编辑、粉丝的互动公众号运营
美工	负责产品的海报设计、朋友圈的海报设计、活动海报的设计
客服	负责代理、客户的投诉处理工作

图 5-2-26　微商团队的分工职责

试一试

请同学们以小组为单位，试一试根据上述的微商团队分工岗位，模拟组合成一个微商运营团队。

（2）微商团队的名称。

一个微商团队的名称就像一个公司招牌。为什么一个好的微商团队名称很重要呢？因为一个好的微商团队名称方便传播，让更多优秀的人了解团队，并吸引更多有才华的人加入阵营。

试一试

请同学们以微商团队小组为单位，试一试给自己的团队起一个名字。

（3）微商团队的文化建设。

任何一个好的企业都不能忽略建设自己的企业文化。可以这么理解，办公室的设施设备属于硬文化，企业文化属于软文化，只有硬文化，没有软文化，企业员工是缺乏归属感的。微商团队的构建也正是如此，如何进行微商团队的文化建设呢？

小贴士

微商团队的文化建设一般包括团队口号、团队标语、团队理念、团队精神管理制度等内容，如图5-2-27所示。

图 5-2-27　微商团队的文化建设

试一试

请同学们试一试，以微商团队小组为单位，建设自己的微商团队文化。

第二步：培训代理

1．熟悉农产品

（1）农产品的"卖点"与"买点"

一般来说，农产品的卖点就是农产品特有的销售亮点，而消费者本身特别的购买需求就是消费者的买点。农产品的卖点和买点有什么区别呢？如图5-2-28所示为农产品的卖点与买点。

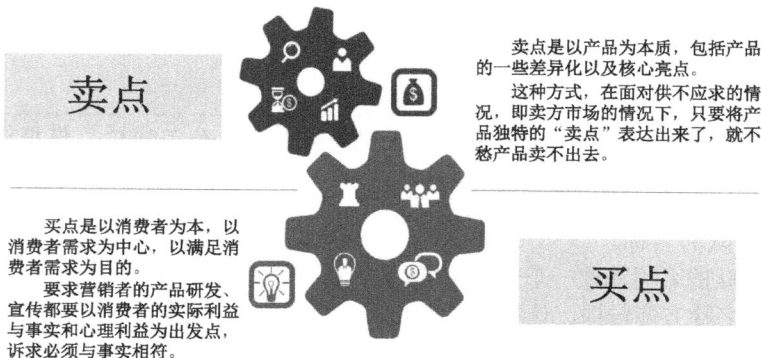

卖点是以产品为本质，包括产品的一些差异化以及核心亮点。

这种方式，在面对供不应求的情况，即卖方市场的情况下，只要将产品独特的"卖点"表达出来了，就不愁产品卖不出去。

买点是以消费者为本，以消费者需求为中心，以满足消费者需求为目的。

要求营销者的产品研发、宣传都要以消费者的实际利益与事实和心理利益为出发点，诉求必须与事实相符。

图 5-2-28　农产品的卖点与买点

在培训代理时，需要让代理了解农产品的卖点与买点。只有把两者结合起来，才能有好的销量。如何挖掘农产品的卖点呢？如图 5-2-29 所示为农产品的 6 个卖点。

想一想

> 同学们，请以微商团队小组为单位，每组选择一种农产品，描述出该农产品的 6 个卖点。

图 5-2-29 农产品的 6 个卖点

（2）农产品的品牌实力。

农产品的品牌实力包括品牌 Logo、公司背景、公司形象、品牌文化、公司实力 5 个方面内容，如图 5-2-30 所示。代理在接受培训时，应该了解所代理的农产品的品牌实力。只有这样才可以在以后的销售过程中为公司农产品做好宣传，让消费者买得放心。

议一议

> 同学们，请以小组微商团队为单位，根据上述农产品的品牌实力，讨论小组代理运营的农产品的品牌实力

2. 微信运营技能培训

（1）微信朋友圈

微信朋友圈是微商运营的一大战略阵地。如果想让代理学会利用微信销售农产品，一般得从目标人群、发布时间点、活动策划、图片/视频制作、文案编辑、排版设计 6 个方面进行，如图 5-2-31 所示。

图 5-2-30 农产品的品牌实力

图 5-2-31 微信朋友圈运营的 6 个方面

知识加油站

微信头像

微信头像是个人微信的一个形象代言，选择合适微信头像对提升消费者对你的好感很有帮助。选择微信头像需要注意以下几点。

（1）用真人近照为宜，既可以很正式，也可以是休闲一点儿的，主要是为了提升消费

者对你的信任感。

（2）卡通形象也是不错的选择，如果能结合产品或个人品牌定位就更好了。

（3）微信头像要清晰，风格要清新美观。

小贴士

☞朋友圈顾名思义是朋友聚集的地方，所以一定不能太商业化，只有让人通过看你的朋友圈喜欢你这个人，才能真正让你的微信号变成红号。

---

①目标人群

微商农产品的代理要明确目标人群的职位、年龄段、性别、消费能力等，这样才可以有针对性地进行销售宣传。

②发布时间点

微信发布广告的时间要选择刷微信、看朋友圈的人最多的时间段。工作时间一般是没空刷朋友圈的，什么时间段人们有空去看朋友圈呢？

知识加油站

人们看朋友圈的时间

人们看朋友圈集中在以下几个时间段。

（1）早上起床的时间，如 7:00—8:30。

（2）中午吃饭的时间，如 11:30—13:00。

（3）晚上吃饭的时间，如 17:30—19:00。

（4）晚上休息的时间，如 21:00—23:30。

（提示：建议一天发朋友圈不超过 10 条，最好隔半小时到 1 小时发一条。）

试一试

请同学们评比一下，下面哪个头像选得好，哪个需要调整，并将自己的微信头像换成上述要求的微信头像，如图 5-2-32 所示为微信头像评比。

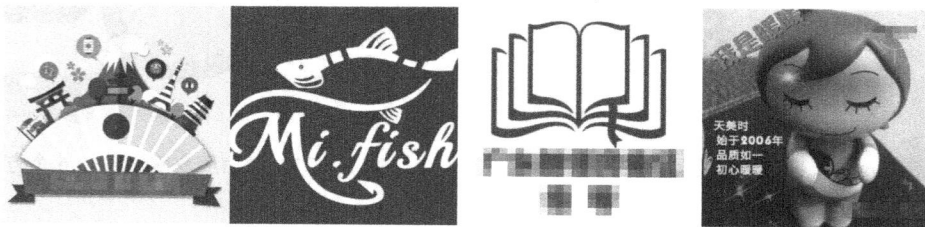

图 5-2-32　微信头像评比

③活动策划。

一般做生意的，销售时需要策划各种各样的促销活动，这样可以增加产品的销量、提高人气、增加收入。所以，一般微商会迎合各种各样的节假日做促销。如春节、元宵节、端午节、情人节、国庆节等。为了有一个合适的噱头做促销，还可以用上店铺的周年庆。

促销活动可以是满多少减多少，买2送1，转发朋友圈免费试用、试吃等。

④ 图片、视频制作。

现如今是视觉营销的时代。许多人喜欢看色彩丰富、内容有趣的图片或短视频。因此，懂得制作图片和视频对于微商运营来说如虎添翼，能起到事半功倍的效果。有哪些软件方便微商制作图片和视频呢？

> **小贴士**
>
> 微商常用的图片编辑软件有天天向商（图片/视频）、黄油相机、美图秀秀（PC/APP）、VSCO、天天P图等。
>
> 微商常用的视频编辑软件有 VUE、小柿饼、抖音、巧影、逗拍、乐秀（视频剪辑）、鬼畜（电影配音）等，如图 5-2-33 所示为微商图片、视频编辑 App。
>
>
>
> 图 5-2-33　微商图片、视频编辑 App

⑤ 文案编辑。

微信朋友圈中文案很重要。每天的文案内容一般包括早安问候语、产品篇、反馈篇、娱乐互动篇、实力篇、招商篇、个人生活日常、晚安问候语等。组织文案的技巧如图 5-2-34 所示。

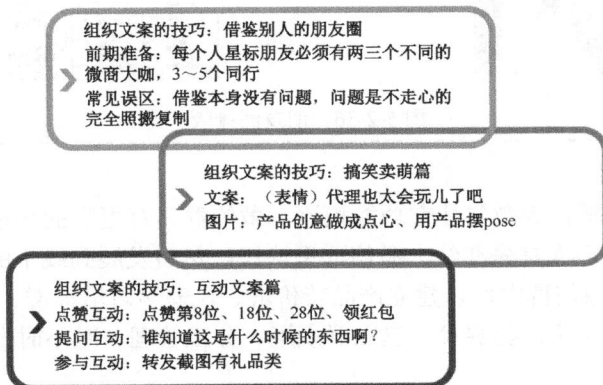

组织文案的技巧：借鉴别人的朋友圈
前期准备：每个人星标朋友必须有两三个不同的微商大咖，3～5个同行
常见误区：借鉴本身没有问题，问题是不走心的完全照搬复制

组织文案的技巧：搞笑卖萌篇
文案：（表情）代理也太会玩儿了吧
图片：产品创意做成点心、用产品摆pose

组织文案的技巧：互动文案篇
点赞互动：点赞第8位、18位、28位、领红包
提问互动：谁知道这是什么时候的东西啊？
参与互动：转发截图有礼品类

图 5-2-34　组织文案的技巧

同时，要在朋友圈发挥出文案的作用，就必须知道朋友圈文案内容编辑的通用技巧。文案编辑的 5 个小技巧如图 5-2-35 所示。

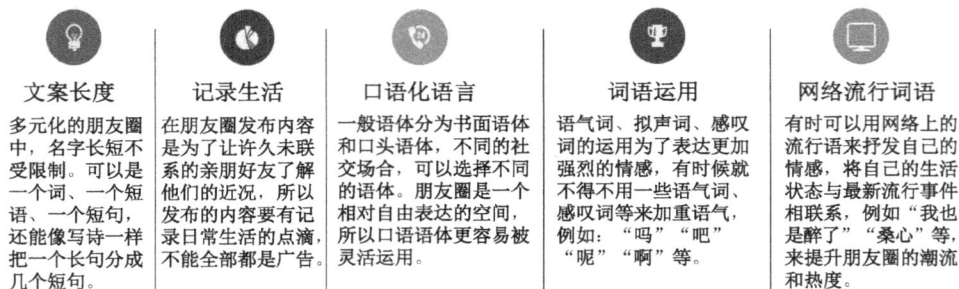

文案长度	记录生活	口语化语言	词语运用	网络流行词语
多元化的朋友圈中，名字长短不受限制。可以是一个词、一个短语、一个短句，还能像写诗一样把一个长句分成几个短句。	在朋友圈发布内容是为了让许久未联系的亲朋好友了解他们的近况，所以发布的内容要有记录日常生活的点滴，不能全部都是广告。	一般语体分为书面语体和口头语体，不同的社交场合可以选择不同的语体。朋友圈是一个相对自由表达的空间，所以口语语体更容易被灵活运用。	语气词、拟声词、感叹词的运用为了表达更加强烈的情感，有时候就不得不用一些语气词、感叹词等来加重语气，例如："吗""吧""呢""啊"等。	有时可以用网络上的流行语来抒发自己的情感，将自己的生活状态与最新流行事件相联系，例如"我也是醉了""桑心"等，来提升朋友圈的潮流和热度。

图 5-2-35　文案编辑的 5 种小技巧

⑥排版设计。

微信朋友圈的排版设计要美观大方、分点介绍、字数简约不繁多、图文并茂，可以添加一些合适的颜色的表情，增加色彩的视觉撞击。

💡 **想一想**

请同学们思考，根据上述的排版设计知识，分别评价下面的两个微商朋友圈排版，如图 5-2-36 所示。

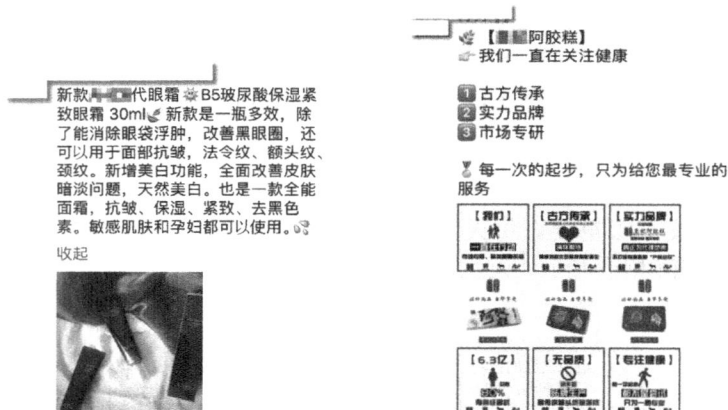

图 5-2-36　朋友圈排版

（2）微信群。

与朋友圈、公众平台等微信社交功能相比，微信群具有更强的穿透性。微信群是社交O2O 的线上平台，很多人是先在线上微信群里认识，然后发展到线下的。加微信群能够扩大自己的社交圈。在微信群中可以建立产品特价群、代理学习培训群、老消费者优惠群等，平时多和群里面的人互动、玩游戏、建立群规矩、分工管理、时不时发群红包等，这样可以很好地维护这个群。

试一试

请同学们以微商团队小组为单位，建立学习工作群、农产品特价群或其他微信群来模拟分工协作运营管理。

活动评价

评价项目	自我评价		教师评价	
	小结	评分（5分）	点评	评分（5分）
1. 掌握并运用招代理组建团队的方法				
2. 掌握并运用微商团队培训代理的方法				

任务三 了解微商的引流与推广

任务介绍

在本任务中，将从微店O2O引流推广、微信公众号推广、站外推广引流3方面讲解微商引流与推广的相关内容。通过活动一，学习微店O2O引流推广方法，了解微店的助农推广引流计划、微店的其他引流推广方法和O2O（线上到线下推广）引流活动。通过活动二，学习微信公众号推广，重点掌握如何开设微信公众号，如何结合微店做推广引流活动。通过活动三，学习站外推广引流，掌握除微店和微信外的推广方式。同学们学完本任务后，能够在实际中运用各种引流与推广的方法和策略。

活动一 微店O2O引流推广

活动描述

李哥的微商事业做得越来越大，虽然他学会了如何运营，但是还不懂得如何去引流推广。店铺来来去去都是一些老消费者帮衬，生意不愠不火。于是小刘教他，可以巧妙地利用微店App的各种推广功能来引流。

活动实施

第一步：了解微店助农推广活动

1. 微店助农

微店助农是微店官方品牌，由微店2014年10月发起。通过联合千万家农村微店，打破农产品的地域限制，缩短中间环节，让消费者买到原产地直发的好产品，让农户不再为销路发愁。微店助农的部分销售数据如图 5-3-1 所示。

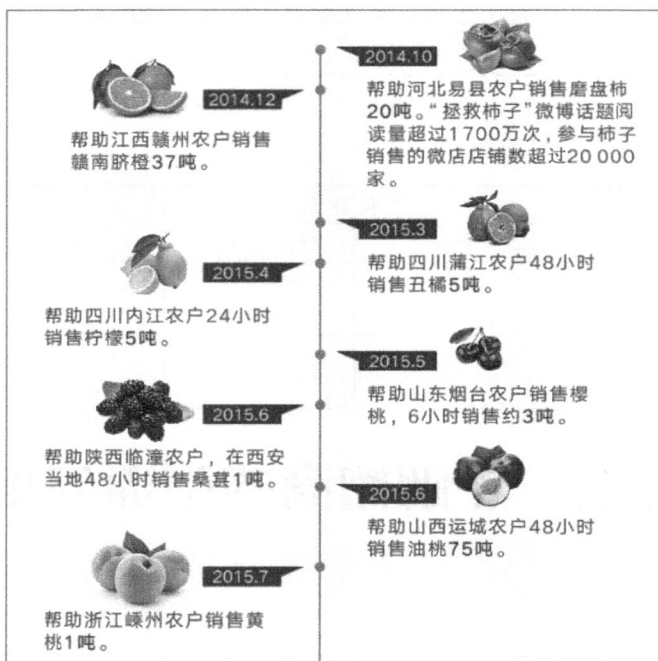

图 5-3-1　微店助农的部分销售数据

2. 微店助农的参与流程

微店建立以县域为基础的农村卖家社群，持续地帮助农村卖家学习成长。对表现优异的微店农村卖家，通过微店各类渠道、千万微店卖家组成的销售网络帮助其销售品质可靠的农产品。组织一系列线上线下的交流学习机会，以授人以渔的方式帮助更多的农村卖家。

此活动需要缴纳消费者保障金 1 000 元，为了保证用户体验，微店助农还制定了卖家参与的基本要求。

🔗 知识链接

微店助农活动的要求

微店助农活动的要求如下。

（1）经营所在地在县域区域、微店店铺信誉等级大于等于 1 心、主营类目为食品（店铺信誉不够的新手卖家可以通过分销其他店铺的商品获得信誉）。

（2）缴纳消费者保障金 1 000 元（未按承诺完成订单，微店有权动用保证金赔偿消费者）。

（3）熟练操作微店、沟通学习能力强、熟悉农产品，本身是农户或能直接与农户沟通合作。在商品包装、快递、售后服务等电商常见环节上有自己的经验和资源。

3. 微店助农的报名步骤

（1）在微信搜索"微店助农"公众号并关注。

（2）登录微店店长版 App，进入社区，找到"微店农村卖家联盟"，单击关注，加入"微店农村卖家交流群"，学习社区分享内容、关注群内交流信息，如图 5-3-2 所示。

图 5-3-2　微店助农报名步骤 1

（3）登录微店店长版 App，选择"营销推广"→"报名活动"选项，找到应季农产品专属活动进行报名，如图 5-3-3 所示。

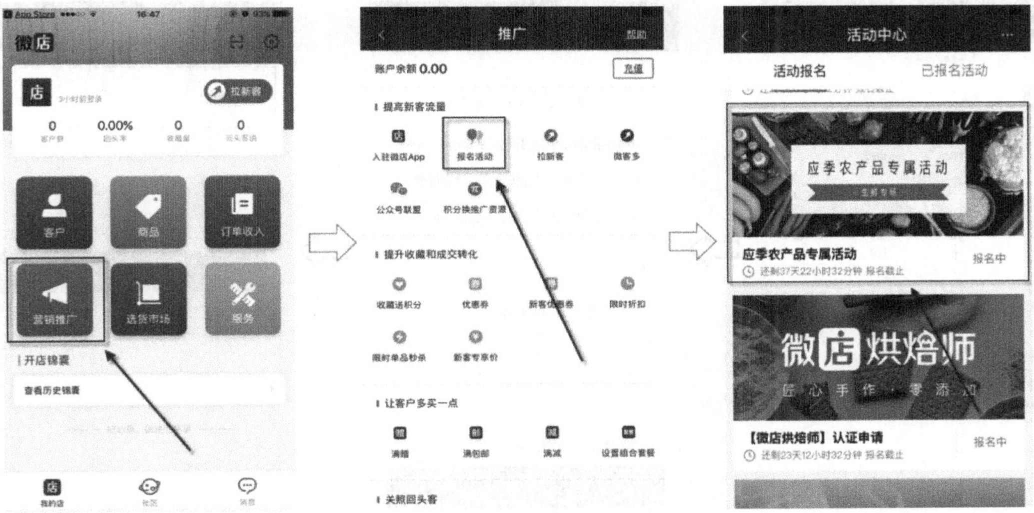

图 5-3-3　微店助农报名步骤 2

小贴士

☞微店助农活动是长期的，每天后台会按照报名顺序定期审核。同学们在报名活动前需要仔细阅读活动规则，按要求报名，以免浪费活动机会。

✏️ **试一试**

请同学们打开手机微店店长版 App，动手尝试操作并掌握以上微店助农的报名步骤。

第二步：了解微店引流推广活动

微店的引流推广工具不断地增加，其中有一些推广工具是需要付费的，有一些则是免费的。

1. 微店免费推广工具

（1）分成销售。

① 分成推广的操作步骤。

登录微店店长版 App，选择"营销推广"→"分成推广"→"设置佣金比例"选项，按照自身农产品的利润设置，设置后在商品页面单击"分享有奖"按钮，系统会自动生成推广链接，推广者可以分享给其他消费者。消费者如果下单，卖家就需要给推广者支付一定比例的佣金，如图 5-3-4 所示。

② 佣金领取周期

订单完成交易 15 天之后可以登录佣金领取网址领取佣金。

（2）微信群裂变工具。

① 阶梯拼团。

阶梯拼团即群团购，卖家可以通过此工具把团购免费分享到微信群里的营销活动中。

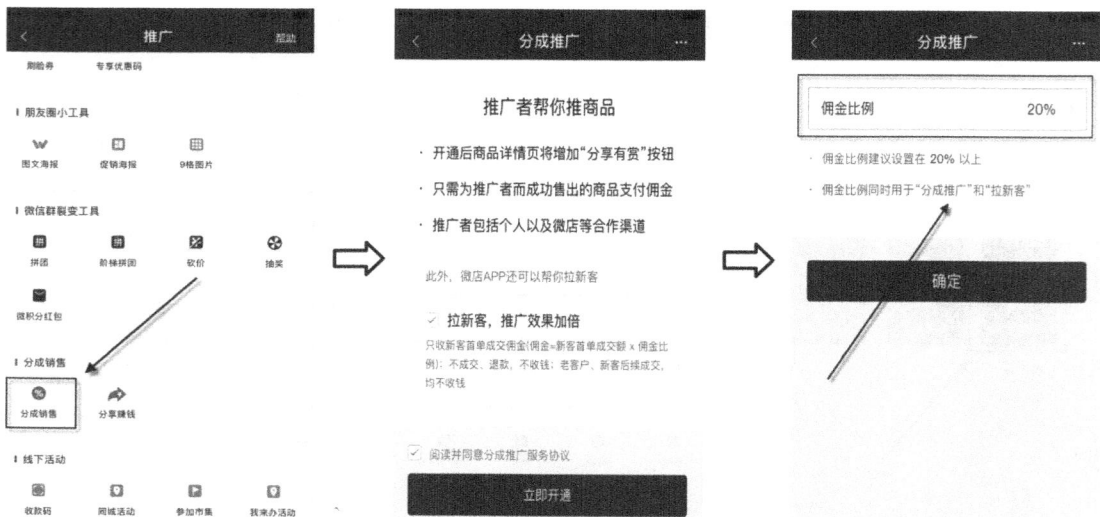

图 5-3-4　分成推广的操作流程

🔗 **知识链接**

阶梯拼团

设置流程：登录微店店长版 App，单击"营销推广"→"群团购"→"添加新团购"按钮即可添加阶梯拼团，设置后可以分享到微信群如图 5-3-5 所示。

> 消费者单击分享的链接即可参团，有足够的好友参团可以按团购价购买。

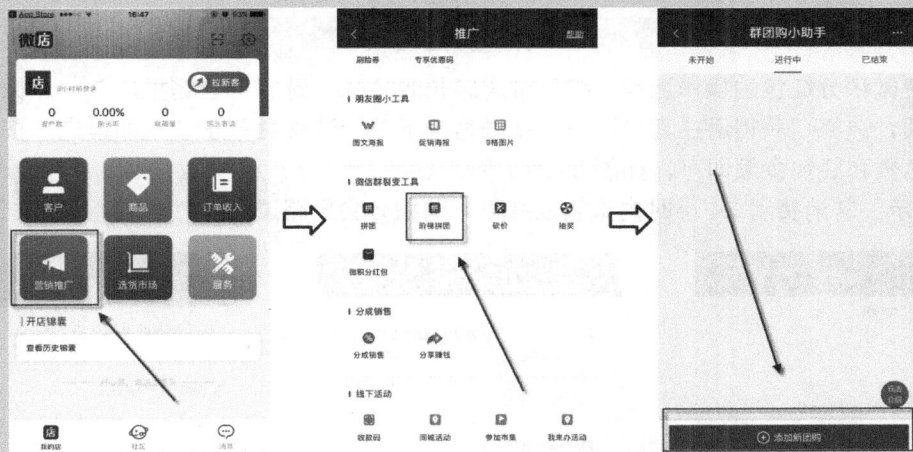

图 5-3-5 阶梯拼团的设置流程

 知识加油站

（3）抽奖

微店的抽奖具体说明如下。

设置流程：打开微店店长版软件，单击"营销推广"→"抽奖"→"添加准盘"按钮即可，如图 5-3-6 所示。

详细介绍可以单击图 5-3-6 中的"详情"了解。

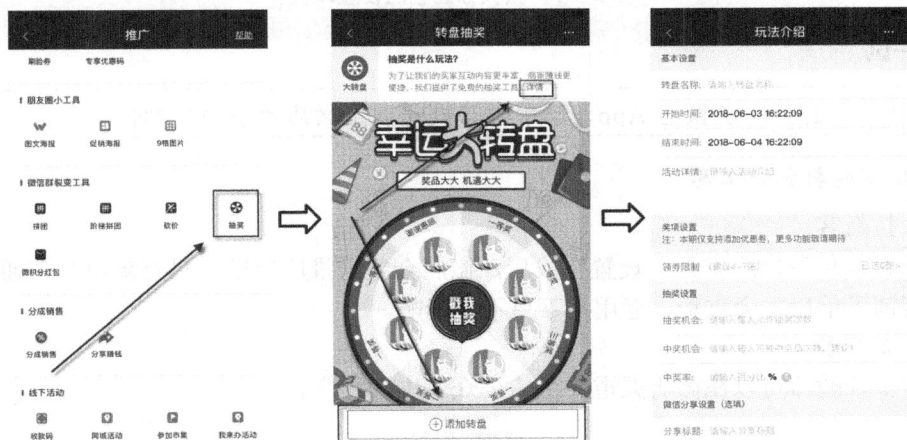

图 5-3-6 抽奖的设置流程

（4）微积分。

微店 App 推出多种积分红包活动，这是获取潜力消费者的新办法之一。只要设置了积分红包推广，微店后台就会把设置的红包随机分发给优质潜在消费者。收到积分红包的消费者，会看到店内的积分商品，优质的主图和超值的积分抵扣价格，这样更容易吸引消费者进店和用积分购买。除此之外，卖家还可以同时设置收藏店铺送积分，以提升收藏率。

知识链接

微积分红包

设置微积分红包的操作流程：打开微店店长版 App，选择"营销推广"→"微积分红包"选项，选择"获得潜在客户"或"促进客户下单"选项后单击"立即推广"按钮，放置红包总数和红包金额即可，如图 5-3-7 所示。

（提示：若消费者 24 小时内未领取红包，则积分会原路退回。）

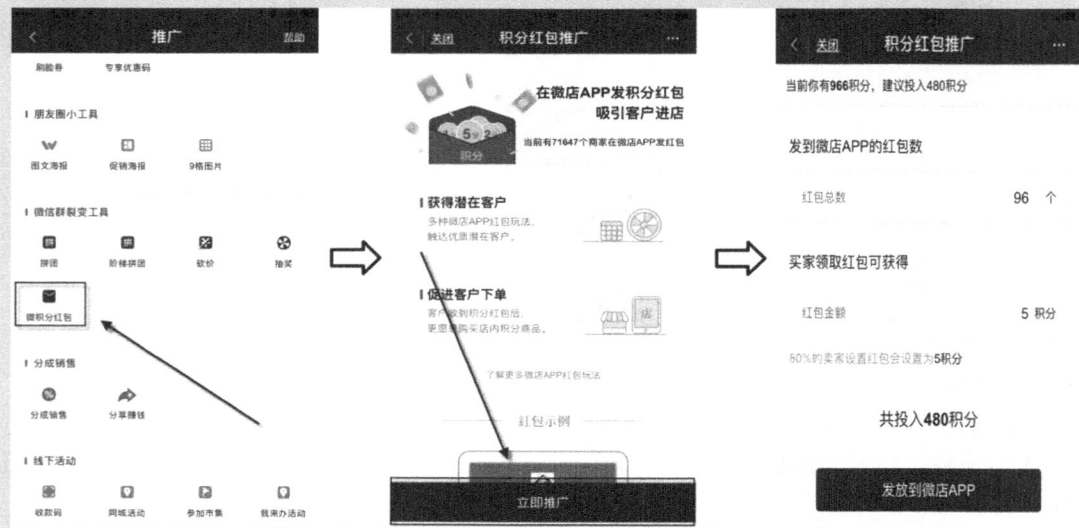

图 5-3-7　微积分红包的设置流程

试一试

请同学们打开手机微店 App，动手尝试操作以上微店免费推广功能。

2．微店付款推广工具

（1）拉新客。

拉新客是付费推广工具，设置完成后，微店会帮助推广店铺。只有新用户在通过微店 App 在店铺下单后才会收费，老用户下单不受影响。

（2）微客多

微客多开通后可以在微店渠道、微信公众号进行推广。

知识加油站

微店其他付费推广工具

微店付款推广工具有很多，除拉新客和微客多外，还有拼团、疯狂砍价等。同学们可以根据实际需要进行付费推广。

第三步：了解微店线下推广活动

微店的 O2O 推广活动，即从线上到线下推广的活动。同城活动是微店的线下推广活动中最常见的。

同城活动是帮助微店卖家通过线下展开的推广活动形式。

🔗 **知识链接**

同城活动的设置

设置同城活动的操作流程：登录微店店长版 App，单击"营销推广"→"同城活动"→"创建活动"按钮，设置活动内容。设置成功后可以存草稿或直接发布，发布成功后可以用分享的形式进行推广。活动支持编辑、暂停报名、复制和删除，如图 5-3-8 所示。

（提示：活动发布后，活动时间无法编辑。）

图 5-3-8　同城活动的设置流程

小贴士

微店线下活动除同城活动外，还有参加集市、收款码、我来办活动等。

如果微店的线下活动不太适用，那么同学们可以组队拿农产品摆摊做地推。

📋 **活动评价**

评价项目	自我评价		教师评价	
	小结	评分（5分）	点评	评分（5分）
1. 掌握并运用微店助农推广活动的方法				

续表

评价项目	自我评价		教师评价	
	小结	评分（5分）	点评	评分（5分）
2. 掌握并运用微店引流推广活动的方法				
3. 掌握并运用微店线下推广活动的方法				

活动二　微信公众号推广

活动描述

李哥发现很多人在用微信公众号推广，而且引流推广的效果还不错，因此便去请教小刘如何注册微信公众号。

活动实施

第一步：注册微信公众号

微信公众号的重要性阐述如图 5-3-9 所示。

图 5-3-9　微信公众号的重要性阐述

微信公众号和私人微信号各有千秋。在做推广时，可以根据自己的经营情况和消费者人群情况来选择，最好是两者结合。

微信公众号分为订阅号、服务号、小程序、企业微信（原企业号）4 种，如图 5-3-10 所示。卖家可以根据自己的实际需要，选择合适的注册账号类型。

图 5-3-10 微信公众号的账号类型

访问微信公众号平台官网，单击右上角的"立即注册"按钮，也可以用手机微信扫一扫图中的二维码登录，如图 5-3-11 所示。

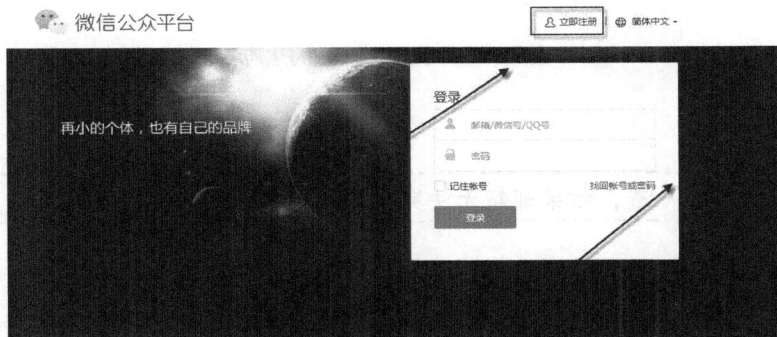

图 5-3-11 PC 端注册微信公众号

小贴士

个人用户只能选择注册微信订阅号。虽然订阅号是免费的，但是每天只能推送一条群发消息。

企业用户可以选企业号、小程序或服务号。企业号针对的是公司内部进行的工作沟通。

微信公众号注册的 4 个流程如下。

（1）填写基本信息（邮箱、密码、验证码）。

（2）选择公众号类型（个人只能注册订阅号）。

（3）信息登记（个人注册订阅号，只需要提供身份证）。

（4）完善公众号信息（确定账号名称后，不能随意更改），如图 5-3-12 所示。

图 5-3-12　微信公众号的注册

查一查

请同学们上网查一查，如果邮箱无法完成验证，那么该如何处理？

知识链接

信息登记

在信息登记这一步中，申请服务号需要准备企业、媒体、政府或其他组织的相关资料。准备好后按要求填写就可以了。

（1）企业：手持身份证照片＋营业执照。

（2）媒体：手持身份证照片＋组织机构代码证。

（3）其他组织：手持身份证照片＋组织机构代码证。

（4）政府：手持身份证照片＋授权运营书。

服务号是不允许个人申请的。如果无法提供以上资料，那么可以选择订阅号。订阅号允许个人申请，只需要提供身份证件即可。

小贴士

提交基本信息后，需要邮箱验证，登录邮箱激活公众号平台即可。

信息提交后，7 个工作日内可以审核通过，最快一天之内便会审核通过。审核通过前，不能绑定账号到第三方平台（如微店），也不能群发信息。

试一试

请同学们根据上述微信公众号的注册流程，试一下注册个人的微信订阅号。

第二步：微店公众联盟推广

1．绑定微信公众号

注册完微信公众号之后，需要绑定微信公众号。绑定微信公众号后，公众号便会自动回复微店信息。而且消费者可以通过公众号进入微店。

2．微店公众号管理

绑定微信公众号后进入微信公众号管理界面，如图5-3-13所示。界面的左边有几个功能设置，包括自动回复、自定义菜单、模板消息、留言管理、投票管理等。卖家可以对微店的自动回复功能进行管理，一旦有消费者进行询问，系统就会帮助立刻秒回消费者的问题，这样就会避免因为平时太忙而无暇顾及微店消息，导致不能及时回复消费者问题而造成的客源流失。

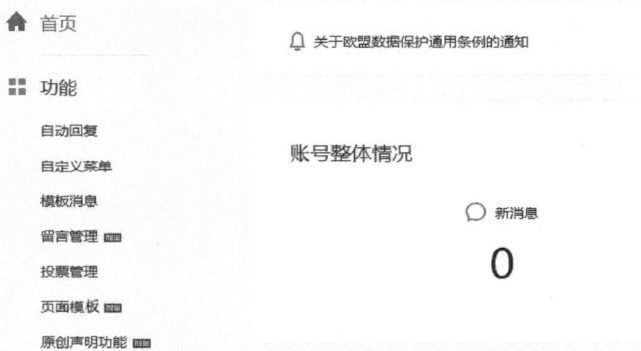

首页

🔔 关于欧盟数据保护通用条例的通知

功能

自动回复
自定义菜单
模板消息
留言管理
投票管理
页面模板
原创声明功能

账号整体情况

💬 新消息
0

图 5-3-13　微信公众号管理页面

微店公众号联盟中"服务号"的自动回复功能有关键词回复、收到消息回复和被关注回复3种选择。

在设置"自动回复"功能时，多从消费者的角度去考虑问题，编辑内容包括物流快递、发货时间、发货地点、质量保障、退换货等。以下逐一展示三种"自动回复"功能设置的步骤。

（1）设置"关键词回复"的步骤。首先，在计算机上登录微信公众号平台，然后单击"自动回复"→"关键词回复"→"搜索关键词/规则名称"→"添加回复"按钮，如图5-3-14所示。

（2）设置"收到消息回复"的步骤。

首先，在计算机上登录微信公众号平台，选择"自动回复"→"收到消息回复"选项，添加回复内容后单击"保存"按钮，如图5-3-15所示。设置成功后，当消费者在系统上发送微信消息时，系统会根据之前设置的文字、语音、图片、视频第一时间回复消费者。

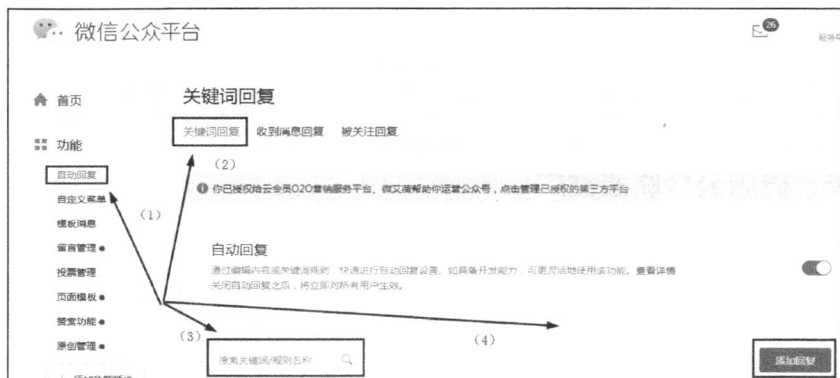

图 5-3-14 设置"关键词回复"

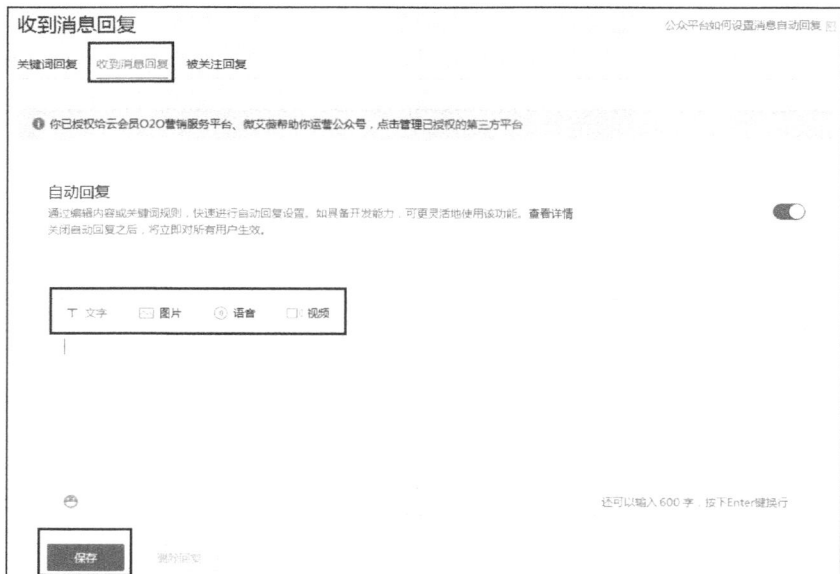

图 5-3-15 设置"收到消息回复"

知识加油站

设置"收到消息回复"的注意事项

设置"收到消息回复"时，需要注意以下几点。

（1）文字、语音、图片、视频等只能分开设置（如文字项中无法再添加图片）。

（2）回复内容中若需要添加宝贝链接地址作为引流入口，可以直接在文字中添加。

（3）不支持设置地域性的自动回复。

（3）设置"被关注回复"的步骤。

首先，在计算机上登录微信公众号平台，然后选择"自动回复"→"被添加自动回复"选项进行设置。设置成功后，系统会第一时间自动发送所设置的文字、语言、图片、视频给消费者。

第三步：了解微信公众号的推广

1. 注册微信公众号的编辑器

微信公众号现在可以编辑文字、图片、语音、视频、GIF 动图 5 种类型的信息。这些信息如果杂乱无章地排在公众号文章里，那么会影响推广引流的效果。因此，需要使用微信公众号的编辑器。下面以 96 微信编辑器为例来介绍相关内容。

（1）在搜索网站搜索"96 微信编辑器"，单击打开 96 微信编辑器，如图 5-3-16 所示。

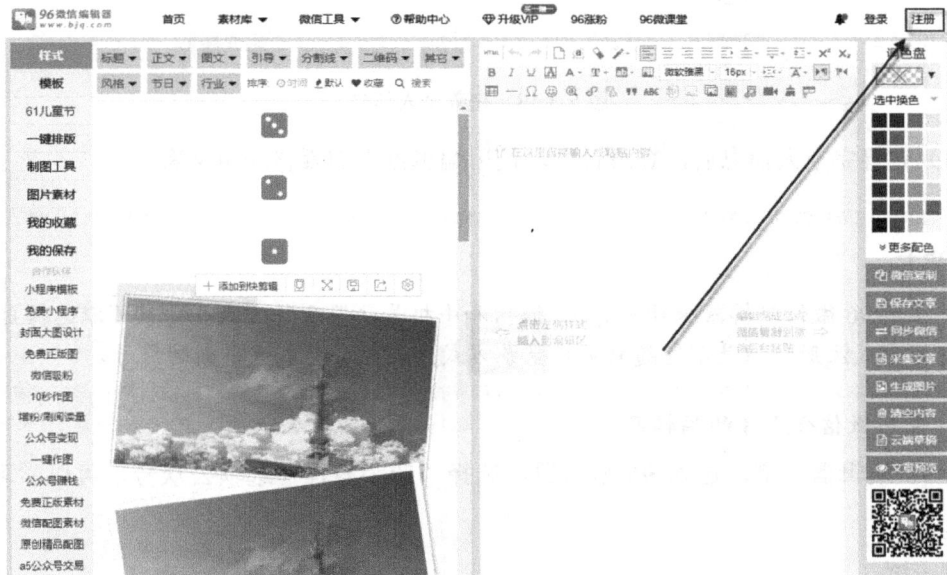

图 5-3-16　96 微信编辑器

（2）单击右上角的"注册"按钮，填写注册信息，如图 5-3-17 所示。

（3）注册完成功后，完善个人资料，如图 5-3-18 所示。绑定邮箱、QQ、微信、公众号授权可以快速登录账户，并可以将素材管理同步到微信。

图 5-3-17　注册 96 微信编辑器

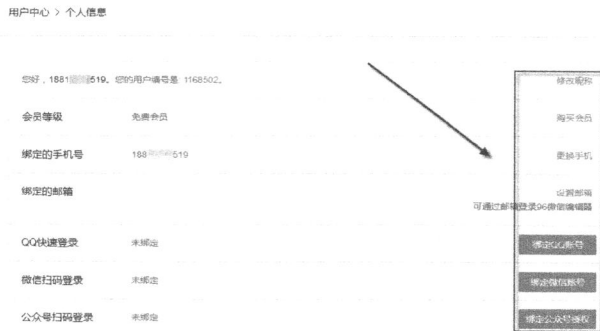

图 5-3-18　完善个人信息

（4）完善完个人信息后，登录首页，使用编辑器中的素材编辑文案。

小贴士

　　注册 96 微信编辑器账号有 QQ、微信和手机号注册 3 种方式。卖家可以选择自己熟悉的方式注册，但是不能随意更换登录方式，否则会变成一个新的账号。

2．使用微信公众号的编辑器

以 96 编辑器为例，进入 96 编辑器，选择"新手教程"选项公众号，可以学习编辑技巧。

试一试

　　请同学们根据上述微信公众号排版编辑器的操作流程，试一下编辑代理农产品的推送文章。

活动评价

评价项目	自我评价		教师评价	
	小结	评分（5分）	点评	评分（5分）
1. 掌握注册微信公众号的方法				
2. 掌握并运用微店公众联盟推广的方法				
3. 掌握并运用微信公众号推广的方法				

活动三　站外推广引流

活动描述

　　李哥学会在微信公众号上推广后，接触到了很多同行，从他们都了解到，原来微商还可以通过站外推广来引流。小刘对李哥这种好学的精神很欣赏，因此也将自己所学的微商的站外推广引流方法倾囊相授，帮助李哥进行农产品的站外推广。

活动实施

第一步：了解视频平台引流法

现如今，网络视频平台非常多，如爱奇艺、优酷、抖音、秒拍等。这些视频平台的人流量非常大，微商平时的推广引流可以借助这些视频平台来进行。

视频平台引流的方法一般有自制视频引流和转发视频引流两种。

1．自制视频引流

自制视频引流是指微店卖家自己拍摄一段视频，并在视频中嵌入自己的联系方式、微信二维码及店铺地址，然后将视频上传到各大视频平台上，吸引人们观看。

人们在观看视频时，会看到卖家留下的联系方式，如果观看者对产品有兴趣，就会主动联系或进入卖家的店铺，这样就能够实现引流。部分视频引流平台如图 5-3-19 所示。

图 5-3-19　部分视频引流平台

> **小贴士**
>
> 在自制视频时，可以使用 VUE、乐秀视频制作软件制作搞笑、热门话题、煽情等类型的视频。因为这些视频相对来说会更受人们喜欢，这对微店卖家的引流也会更加有利。

2．转发视频引流

转发视频引流是指微商在视频平台上寻找那些与自己经营的产品有关的视频，在与视频制作者或上传者进行沟通取得授权后，下载该视频，分享到其他平台，吸引人们观看。然后在微店卖家与观看者之间建立一个互动关系，同时在互动的过程中选择适合的时间将他们介绍到自己的微店店铺或是微信上。

知识加油站

转发视频引流

经营农产品的微商可以寻找一些关于健康养生或农产品的视频。然后与该视频的制作者或上传者进行沟通，获得该视频的使用权后，下载该视频，将该视频转发到微博、微信等平台上，吸引人们观看，同时微店商家可以与观看者之间形成互动，并在互动过程中，微店卖家可以向观看者透露出自己正在经营的产品的信息。如果观看者有需求，就可以来找自己购买。

试一试

请同学们根据上述视频平台引流的操作方法，试一下用视频制作代理农产品的引流视频。

第二步：了解直播平台引流法

随着直播的日渐火热，越来越多的人开始借助直播平台进行商业活动。对微商来说，这是一个非常好的为自己的微店引流的方法。直播平台拥有大量的用户，这对微商来说是一个庞大的流量资源地。在直播平台上，拥有众多的播主，他们直播的内容是各种各样的。

知识链接

农产品直播引流法

利用直播引流方式，微商能够根据自己的微店经营的产品进行相关直播。

卖农产品时，可以直播如何绿色无污染地种植果苗，如何现摘现卖农产品，同时还可以拍下自己果园的纯天然绿色生态环境。

总之，微商可以想方设法，用多种方式来实现直播平台的引流。

知识加油站

直播平台引流

微商利用直播平台进行引流，能够加深与粉丝的互动性，获得的引流效果会更好，这是微商引流的一种好方法。

目前市面上火热的直播平台有很多，如淘宝直播、花椒直播、一直播、虎牙直播等。

（提示：建议微商提前预告宣传直播时间与内容，来增加直播人气和知名度）

试一试

请同学们根据上述直播平台引流的操作方法，尝试一下直播代理农产品引流推广。

第三步：了解其他站外引流法

除以上几个推广引流的方法外，站外还有许多适合推广引流的平台，如腾讯 QQ、微博、百度、论坛等。

🔗 **知识链接**

站外引流平台

1. QQ

腾讯 QQ 作为较早的网络通信平台，资源优势和底蕴，以及庞大的用户群，都使它成为微商必须巩固的阵地。

2. 微博

微博引流，就是以微博为引流媒介，以求在最短的时间内将想要传达的信息通过微博引流让更多的人了解微店及产品，进而提高微商的客流量。

3. 百度

"百度一下你就知道"这句话早就已经显示出百度的实力了，这么多年过去了，百度还依然是人们获取信息、查询资料的重要平台。因此，百度也是站外引流的最佳平台之一。

4. 论坛

论坛引流具有针对性强、适用范围广、实现口碑宣传、引流氛围柔和、投入少、见效快等特点。在选择论坛时，需要注意和所卖的农产品符合。

上述 4 个站外引流的平台的引流推广的方法如图 5-3-20 所示。

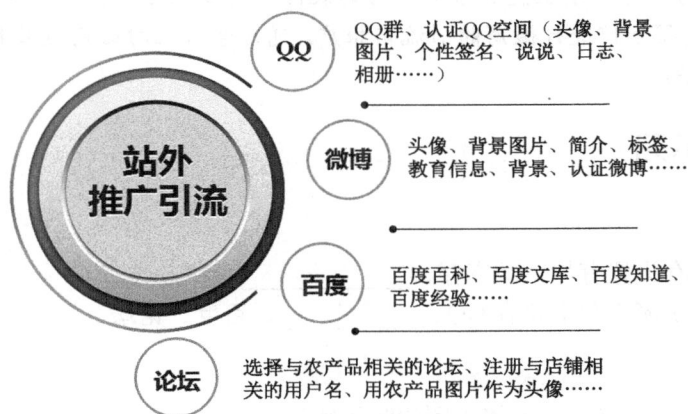

图 5-3-20　站外引流推广的方法

⛽ **知识加油站**

站外引流法

1. QQ

QQ 群、认证 QQ 空间（头像、背景图片、个性签名、说说、日志、相册……）

2. 微博

头像、背景图片、简介、标签、教育信息、背景、认证微博……

3. 百度

百度百科、百度文库、百度知道、百度经验……

4. 论坛

选择与农产品相关的论坛、注册与店铺相关的用户名、用农产品图片作为头像……

试一试

请同学们选择上述介绍的站外引流平台的其中一种，试一下为代理农产品做站外引流推广。

活动评价

评价项目	自我评价		教师评价	
	小结	评分（5分）	点评	评分（5分）
1. 掌握并运用视频平台引流的方法				
2. 掌握并运用直播平台引流的方法				
3. 掌握并运用QQ、微博等站外引流的方法				

项目总结

通过本项目的学习，学生能够掌握微店的装修与优化的方法，能够掌握与微商相关的运营策略，能够懂得如何进行微商的引流与推广。通过学习农村微商运营推广的基础技能，为后续学习做铺垫。

项目练习

一、填空题

1. 微店减库存设置有拍下减库存、_____两种方式。

2. 站外推广引流平台主要有QQ、_____、百度、论坛。

二、选择题

1. 下面的选项中，（   ）属于图片制作软件。

　　A. 小柿饼　　　　B. 美图秀秀　　　C. VUE　　　　D. 乐秀

2. 微店App的自动确认时间是指消费者付款后，却不确认收货。系统根据自动确认收货的时间，在卖家发货第（   ）天系统自动确认收货。

　　A. 6　　　　　　B. 7　　　　　　C. 8　　　　　　D. 9

三、实践题

请同学们小组合作，在计算机或手机上选择当地的农产品进行运营推广，并进行小组PK，看哪个小组卖得最好，利润最多。

项目六

农村电子商务的客服管理

项目简介　在本项目中，将从电子商务客服的职责、售前客服的技巧、售后客服的技巧3方面介绍农村电子商务客服管理的相关知识。学习完本项目，将掌握基本的淘宝客服技巧，包括计算机技能、消费者心理分析、营销话术及消费者关系管理等实际操作。

项目目标
- ➢ 了解淘宝客服的计算机技能、心理素质要求与服务意识；
- ➢ 认知在线接待消费者的流程与话术，及时核对消费者订单信息；
- ➢ 会运用淘宝知识引导新手消费者加购物车与手机支付；
- ➢ 能够跟踪处理疑难问题件和联系消费者协商、沟通中差评；
- ➢ 熟练进行消费者关系管理，挖掘新消费者，维系老消费者；

任务一　了解电子商务的客服技能

任务介绍

在本任务中，将学习电子商务客服技能的基本内容，使同学们掌握电子商务客服的基本计算机技能与心理素质要求。通过活动一在线打字练习，使同学们的打字速度符合客服的实际场景应用要求，能及时响应消费者咨询。通过活动二对消费者咨询率高的常见问题进行自动回复设置演练，使同学们掌握常见问题的回复技巧，减少消费者的等待时间，减轻高峰时段客服的压力。通过活动三常用礼貌用语和专业用语练习，让同学们掌握基本的客服礼仪，维系与消费者的良好互动关系，引导消费者下单增加成交率。

活动一　在线打字练习

活动描述

小张是一名电子商务专业的中职生，暑假到广州找淘宝客服兼职工作。面试环节，客服部刘经理要求小张在 Word 文档上录入一份客服聊天记录，以考察小张的打字速度和准确率。结果小张将消费者聊天中的"改价"输入为"改嫁"，将"盘子"输入为"胖子"，面试失败。

小张回到学校后暗下决心认真学习，提高打字速度和精准度，争取下次能被录用。

活动实施

一位消费者想咨询店里的一款连衣裙，由于消费者多次输入文字错误，所以与客服沟通过程比较困难，很多对话也让人啼笑皆非，如图 6-1-1 和图 6-1-2 所示。小张深受启发，认识到文字输入在咨询回复过程中的重要性。

第一步：阅读理解，感受文字准确度的重要性

一段令人啼笑皆非的对话

买家：掌柜，我选的这个优活吗？
店铺：优活？
买家：……我选的这个有货吗？
店铺：有货。
买家：有大妈吗？
店铺：亲，客服最大的是 27 岁。
买家：嗯？有大码吗？
店铺：有。
买家：你能活到付款吗？
店铺：……我尽量。
买家：我是说能货到付款吗？
店铺：我们只支持在线支付哦。
买家：你们有石体店吗？
店铺：亲，淘宝不让卖那个……
买家：我是说实体店。
店铺：有的。哦，有的，亲。

图 6-1-1　客服对话 1

买家：你们什么时候发火？
店铺：买家给差评的时候。
买家：我是说发货。
店铺：亲，今天就可以发货。
买家：我下单了，你改嫁吧。
店铺：亲，我还没有结婚呢。
买家：我说改价，一口气买了 5 件下单了，能幽会吗？
店铺：亲，我们相隔万里，只能在梦里了。
买家：我是说你便宜点儿，给我保佑吧。
店铺：亲，我没有那个神力。
买家：能发神童吗？你回复好慢，能快点儿吗？
店铺：亲，我们发申通不发神童。

图 6-1-2　客服对话 2

想一想

> 请同学们思考，上述的两段对话反映的问题是什么？

案例中第一段和第二段对话都有一些错别字，不论是消费者还是卖家。文字输入的准确度直接影响交流效果。由于汉语的同音字较多，所以文字输入错误会产生歧义，往往会

词不达意或产生误会，增加沟通成本，也影响消费者下单的进度和成交率。所以通常把文字输入的准确度作为"客服计算机技能要求"的基础条件。

第二步：理论学习，感受服务接触的重要性

知识加油站

服务接触

服务接触（Service Encounter）是 1987 年索罗蒙（Solomon）提出的概念，他认为消费者与服务提供人员的互动就是服务接触。其中孕育了很多关键时刻（Moment of Truth），包括服务组织、服务员工和消费者三者之间的关系。消费者是向服务组织购买产品或服务，而在购买过程中真正接触到的不是老板，而是员工，员工的具体表现直接关乎到消费者对组织的认识，对组织的喜好程度，从而影响消费者的消费意愿和对组织的评价。店铺的客服水平直接影响消费者对店铺的印象与评价。例如，海底捞的微笑服务在业界广受好评，值得借鉴。

议一议

同学们，海底捞号称"服务最好的火锅店"，你有什么体会和启示？

第三步：实操练习，提高打字速度

小张直接进入打字练习网页，在线测试自己的打字速度及准确率。他发现与淘宝客服的要求还有很大的差距，因此暗下决心坚持练习，争取在保证输入内容正确的基础上，实现每分钟 60 个字以上。经过一段时间的练习，小张已经可以非常熟练地打字了，他将对自己的打字能力进行检测，看 5 分钟内是否可以输入完这段文字，如图 6-1-3 和图 6-1-4 所示。

图 6-1-3　打字练习网页

图 6-1-4　在线打字测试

通过练习和测试，小张逐渐掌握了打字的要点，并且能够准确快速地输入一段客服对话。

活动二　设置自动回复

活动描述

小张明白了打字输入内容对客服沟通的重要性，但是对消费者一些常见问题咨询重复打字会感觉很费时间，也影响消费者下单的速度，该如何是好呢？

活动实施

第一步：进入千牛，设置常用的自动回复用语

在高访客量的时候，一个客服可能要同时接待几个甚至是十几个消费者，消费者在咨询时很多问题带有重复性，所以如果能针对消费者常问的问题，提前设置好自动回复的快捷回复，在高访客量的时候，就可以应对自如。以手机千牛为例，下载并安装千牛软件，打开千牛软件，找到最下面一行"我的"这个按钮，单击下方的"我的"按钮进入"我的"的页面，设置自动回复，如图 6-1-5～图 6-1-8 所示。

以 PC 端千牛为例，自动回复设置页面如图 6-1-9 所示。

图 6-1-5　千牛的页面	图 6-1-6　旺旺聊天设置

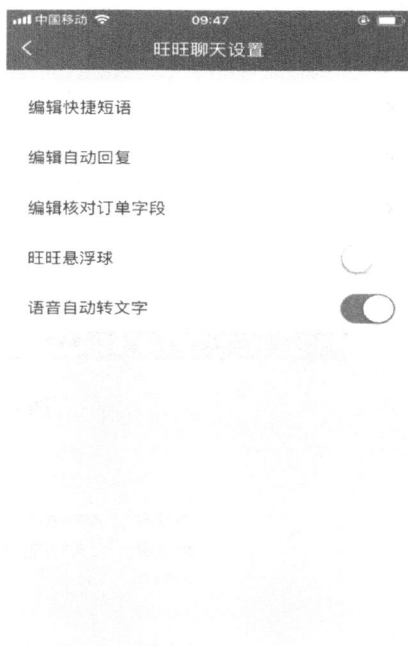

首次咨询自动回复是指当客户当天首次对客服发送消息时，客服会自动回复一些内容，每天每位客户对每个客服只会收到一条。

客户首次咨询后自动回复

文字回复　　　　　　　　　\CO... >

关联问题　　　　　　　　　0个 >

各状态自动回复共享一套关联问题模板，一处修改多处同步。

预览效果　　　　　　　　　　　>

图 6-1-7　自动回复

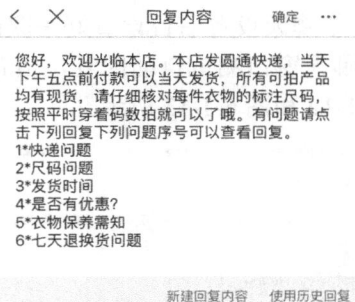

回复内容　　确定　···

您好，欢迎光临本店。本店发圆通快递，当天下午五点前付款可以当天发货，所有可拍产品均有现货，请仔细核对每件衣物的标注尺码，按照平时穿着码数拍就可以了哦。有问题请点击下列回复下列问题序号可以查看回复。
1*快递问题
2*尺码问题
3*发货时间
4*是否有优惠?
5*衣物保养需知
6*七天退换货问题

新建回复内容　使用历史回复

图 6-1-8　回复内容

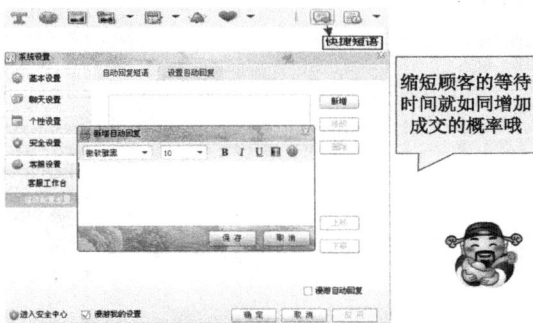

缩短顾客的等待时间就如同增加成交的概率哦

图 6-1-9　PC 端千牛自动回复设置页面

第二步：后台设置，编辑关联问题和回复话语

设置完自动回复后，在"关联问题"一栏设置相应的问题及回复，既可以添加关联问题，也可以在已经添加的问题及回复中编辑文字，全部设置好后单击"确定"按钮，关联问题设置便完成了，如图 6-1-10 和图 6-1-11 所示。

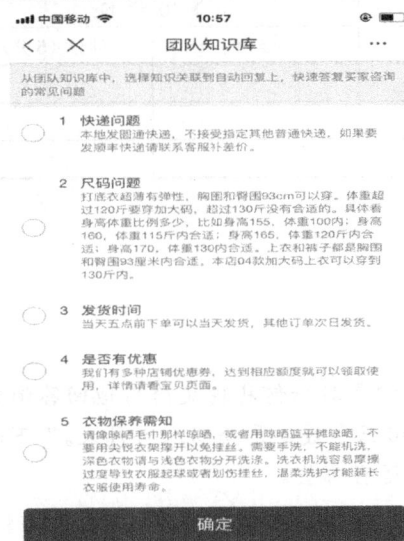

图 6-1-10　团队知识库

图 6-1-11　添加问题和答案

第三步：实操训练，查看自动回复设置效果

在千牛聊天设置后台设置好关联问题与自动回复后，可以在后台查看预览效果。可以在千牛聊天窗口测试自动回复，当有消费者咨询时就会出现自动回复与关联问题页面，如图6-1-12和图6-1-13所示。

图 6-1-12　自动回复与关联问题　　　　　图 6-1-13　测试自动回复

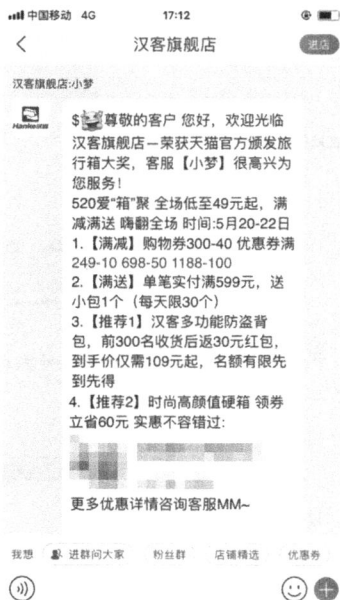

活动评价

评价项目	自我评价		教师评价	
	小结	评分（5分）	点评	评分（5分）
1. 能设置自动回复				
2. 能设置关联问题				
3. 会查看实操设置效果				

活动三　话术练习

活动描述

小张了解了后台如何设置自动回复和关联问题，但是对如何礼貌又恰当地回答消费者问题还不太清楚，需要进一步学习。俗话说"良言一句三冬暖，恶语伤人六月寒。"下面分析几个情景，来看一下常用的客服礼貌用语和专业用语有哪些。

活动实施

第一步：消费者首问，自动回复常用语练习

1. 亲，欢迎光临！我是客服××，很高兴为您服务。

2. 亲，欢迎光临，我在的！

3. 亲，您好，有什么可以帮助您？

4. 亲，您好，凡在本店买满 99 元，加 1 元即可换购精美棉袜一双哦，棉袜链接是……

5. 亲，您好，店里为了庆祝××节，特推出全场买 3 免 1 活动，有什么需要可以随时招呼我哦。

提示：

1. 字号不要太大，字体颜色不要太花哨，文字不要太多，尽量一段回复为不超过三行。

2. 设置适度的推荐链接，特别对正在做活动的产品，要清晰传达店铺的优惠活动。

第二步：客服忙碌或离开，常用自动回复用语练习

1. 亲，抱歉，让您久等了，由于咨询人数较多，可能回复较慢，请您先留言，我们会尽快回复。

2. 亲，抱歉，由于今天店铺××活动，咨询人数较多，回复对应的数字可以查看常见问题回复哦。

3. 亲，客服有事暂时离开一下，您可以先留言，客服回来后会第一时间回复您，还请您谅解。

4. 亲，客服有事离开一会儿，您可以先逛逛本店，本店现在有××活动，活动产品链接为……有问题您可以先留言，客服上线后会第一时间为您处理。

提示：

1. 礼貌热情致歉，得到消费者的谅解，通过必要的推荐链接促进消费者自助下单，提高成交率。

2. 自动回复语言表达的时候要热情温暖，切记太过严肃生硬，以免给消费者感觉在跟机器人说话。

第三步：实操训练，开门迎客，热情接待

错误示范如图 6-1-14 所示，正确示范如图 6-1-15 所示。

错误示范:

买家: 在吗?

客服: 在的。

买家: 什么时候发货?

客服: 请看宝贝详情说明。

买家: 今天不能发货吗?

客服: 不能。

买家: 有赠品吗? 包邮吗?

客服: 没有。不包。

(总体给顾客感觉客服态度生硬冷漠, 感觉在和机器人客服说话一样。因此要通过更委婉活泼生动的语言, 促成双方良好的沟通与交流。)

正确示范:

买家: 在吗?

客服: 您好!在的, 请问有什么可以帮您?

买家: 什么时候发货?

客服: 我们会在下周一给您安排发货哦。

买家:今天不能发货吗?

客服: 实在抱歉, 亲, 由于店铺活动订单量大, 我们要统一下周一发货哦, 还请您谅解呢。

买家:有赠品吗? 包邮吗?

客服: 抱歉哈, 亲, 由于是活动价已经很优惠了, 所以没有赠品和包邮服务呢。不过我可以送您 5 元券, 下次购物有优惠哦。

进门问好 —— 迎客的艺术 (错误示范)

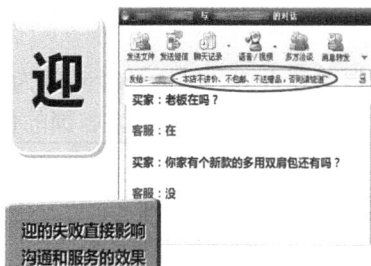

迎的失败直接影响沟通和服务的效果

图 6-1-14　错误示范

进门问好 —— 迎客的艺术 (正确示范)

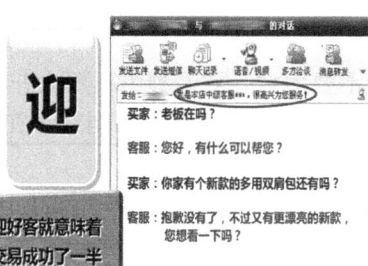

迎好客就意味着交易成功了一半

图 6-1-15　正确示范

活动评价

评 价 项 目	自 我 评 价		教 师 评 价	
	小结	评分 (5分)	点评	评分 (5分)
1. 能设置消费者首问常用礼貌用语				
2. 能设置消费者忙碌或离开状态下的常用语				
3. 能实操训练, 情景模拟, 懂得专业用语				

任务二　了解售前客服技巧

任务介绍

在本任务中, 将学习售前客服技巧的基本内容, 为消费者提供必要的购物咨询, 介绍产品知识和店铺活动信息, 引导消费者顺利下单完成交易, 提高消费者满意度。通过活动一产品咨询情景模拟训练, 使同学们熟练掌握在线接待消费者的流程与营销话术, 以提高成交率。通过活动二核对与修改消费者的订单信息, 使同学们掌握核对消费者信息的基本流程, 必要时修改产品订单信息和消费者的错误地址、手机号等资料。通过活动三对阿里旺旺消费者版和支付宝等软件的操作演练, 对新手消费者加购物车和手机支付等项目进行引导及示范, 帮助新手消费者顺利下单。

活动一　产品咨询训练

活动描述

　　学会自动回复设置后，小张开始跟着客服小李学习，小李已经做客服三个月了，经验比较丰富。一上线就有一位消费者开始咨询，小张发现之前设置的自动回复帮了大忙，消费者问了快递、发货时间和店铺优惠等问题，都是回复问题序号就可以查看，回复非常方便。消费者又问："这件衣服什么材质？什么颜色好看？深色是否掉色？洗过是否会缩小和褶皱？是否有气味儿？"小张观摩小李回答消费者之后，与同学小何开始仿真售前客服情景模拟训练。

活动实施

第一步：熟悉产品，针对产品咨询答疑解惑

错误示范如图 6-2-1 所示。正确示范如图 6-2-2 所示。

错误示范：
买家：这件衣服的尺码是多少？
回复：看一下宝贝详情尺码表，上面都有。
买家：我身高 160cm，体重 60kg，穿哪个码？
回复：可以参考客户评价，他们有反馈的。
买家：哪个颜色好看？
回复：这个个人喜好不同，无法推荐。
买家：紫色有色差吗？
回复：没有。
买家：紫色会掉色？
回复：没有人反馈，不知道。
（客服回复给人感觉对产品不熟悉，对颜色不敏感，也不了解产品的洗护保养知识，拒人于千里之外，很容易造成客户流失。）

图 6-2-1　错误示范

正确示范：
买家：这件衣服尺码是多少？
回复：亲，您报一下身高体重我帮您参考一下哦，同时宝贝详情有衣服尺码，宝贝尺码选项那里也有对照尺码表，供您参考哦。
买家：我身高 160cm，体重 60kg，穿哪个码？
回复：建议您选择 L 号，如果喜欢宽松就是 XL。
买家：哪个颜色好看？
回复：看您喜欢深色还是浅色呢？搭配什么颜色的裤子，我可以给您参考一下呢。
买家：紫色有色差吗？
回复：我们都是实物拍摄，已经将色差降到最低呢，目前总体反馈是所见即所得。
买家：紫色会掉色吗？
回复：第一次清洗建议反面洗涤，用盐水轻微浸泡固色，深浅衣物分开洗涤为佳呢。

图 6-2-2　正确示范

第二步：打消疑虑，对喜欢比价消费者的合理应对

　　在客服过程中，经常会遇到一些喜欢货比三家的消费者，他们希望通过砍价买到物美价廉的商品，客服要抓住消费者的消费心理，在坚持原则的基础上留住消费者，如图 6-2-3～图 6-2-6 所示。

错误示范：
买家：为什么你们的苹果比别家贵？
回复：货比三家，我们产地直销，口感脆甜。
买家：别家苹果也好吃呀。
回复：哦，那你自己再看看咯。
买家：你们贵了 20 块钱，能优惠点儿吗？
回复：我们都是明码实价，不议价。
买家：你们比别家贵还不包邮，包个邮呗。
回复：我们不议价的，也不包邮的。
买家：那我不要了，又不是只有你们一家有。
回复：没关系。
（客服给人感觉非常冷漠，没有回旋余地，说话不够客气礼貌，导致顾客生气拒绝下单）

图 6-2-3　错误示范

正确示范：
买家：为什么你们的苹果比别家贵？
回复：您好!欢迎光临，我们是产地直销，苹果口感脆甜，我们享有坏果包赔服务。
买家：别家苹果也好吃呀。
回复：亲，我们是产地直销，我们注重自己的品牌和苹果的口碑。
买家：你们贵了 20 块钱，能优惠点儿吗？
回复：亲，我们有试吃水果干赠送，还有积分返还，您下次购物有 9 折优惠，很划算。
买家：你们比别家贵还不包邮，包个邮呗。
回复：抱歉哈亲，现在活动特价很优惠哦。

图 6-2-4　正确示范

处理异议——及时回应和解释

应

应，就是在沟通过程中
对客户提出的各种问题
进行回应和解释
以促进购买或解决问题为第一目的

图 6-2-5 处理异议

处理异议——及时回应和解释

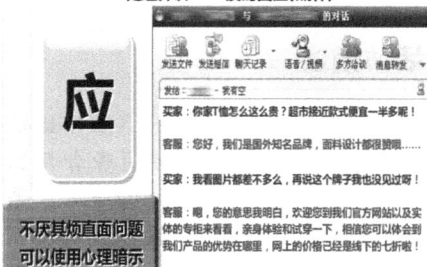

应

不厌其烦直面问题
可以使用心理暗示

图 6-2-6 处理异议举例

第三步：促成交易，挖掘需求促进关联销售

消费者在咨询过程中表达他们的需求，客服可以根据消费者的言语中传达的信息进行挖掘，根据消费心理学来有针对性地推荐消费者有购买意愿和支付能力的产品，以提高成交率，如图 6-2-7 所示。

> **我再看一下有什么可以一起买的**
  └── 一样付邮费多买应该可以打折或免邮吧？

> **可这个款式我已经有很多了呢！**
  └── 我知道这款适合我，但我想尝试不同的风格

> **好的我再看一下，然后联系你**
  └── 我在别家看到同样的东西了，说不定比你更便宜

> **我想要更好的款式，价钱不是问题**
  └── 如果能既便宜又好当然更合我心意啦！

> **你们如果发错货带来的麻烦不是钱能解决的**
  └── 你们最好不要发错货否则会非常麻烦

图 6-2-7 了解消费者潜台词

知识加油站

案例：老太太到市场上买李子

小商贩 A：我的李子又大又甜，特别好吃。老太太摇摇头后走了。

小商贩 B：我这里各种各样的李子都有，您要什么样的李子？

老太太说："我要酸一点儿的。"

小商贩 B：我这篮李子酸得咬一口就流口水，味道正宗。您可以尝尝。

老太太尝了一个感觉确实够酸，说："那来一斤吧。"

小商贩 B："别人都想买甜李子，您为什么要这么酸的李子呀？"

老太太说："因为我儿媳妇怀孕了，喜欢吃很酸的水果。"

小商贩 B："恭喜您要当奶奶了，孕妇这个时期特别需要补充维生素，猕猴桃很合适。包您媳妇满意，我每天都在这里摆摊都是做回头客生意，您媳妇吃得好可以再来呀。"

老太太一听高兴了，说："好的，来两斤。"老太太高兴地提着水果回家了。

活动评价

评价项目	自我评价		教师评价	
	小结	评分（5分）	点评	评分（5分）
1. 能针对产品咨询为消费者答疑解惑				
2. 能合理应对消费者对产品的疑问与顾虑				
3. 能挖掘消费者的潜在需求，进行关联销售				

活动二　核对与修改订单

活动描述

　　小张热情地回复消费者，消费者非常满意，提交了订单并成功付款。只是消费者付款后发现订单的地址错了，同时发现10斤装苹果比5斤装苹果单价更低更划算，想补拍5斤装苹果，一起按照10斤装的价格收总款，需要小张修改第二个订单的邮费和两种规格的差价。小张手忙脚乱地修改好价格，并在订单上备注两个订单合并发货。但是他还是忘记了修改之前的收货地址，导致消费者的第一箱苹果发到了另外一个地方。小张认识到自己业务能力的不足，还需要深入学习核对与修改消费者订单信息的知识。

活动实施

第一步：核对订单，以防订单信息错误影响派件

　　及时与消费者确认订单信息，有利于在消费者还在线上时尽快确认购买的产品的型号、颜色、款式等核心信息，同时对收件人的地址和手机号等重要信息加以确认，防止因消费者留错地址而导致派件错误影响购物体验，减轻售后客服的工作压力，如图6-2-8和图6-2-9所示为确认订单的目的和原则及确认订单实例。

图 6-2-8　确认订单的目的和原则

图 6-2-9　确认订单实例

第二步：熟练操作，及时更改和备注重要更改信息

　　在消费者下单后，消费者有时候要求备注改发快递，修改收货地址、收货人手机号等

重要信息，以及备注送小礼物，或者对订购产品进行修改，这些都需要客服及时加以备注，并以红色小旗帜显示，以便发货人员能够及时查看。

第三步：跟踪订单，错发订单信息的及时补救

有时候咨询人数较多，出现了消费者要求更改订单信息或备注的情况，客服同时服务于多人，难免会出现忘记备注或信息遗漏等情况，导致消费者收货不畅。这时候如果在派件前发现这个情况，就需要转到售后客服及时联系快递公司，在包裹到达站点前进行及时的信息调整，以便节约时间。如果发现已经出现了快递到达站点而地址信息有误的情况，就需要转到售后客服联系快递公司进行改派。这两个部分的工作都需要售前客服与售后客服的良好配合及信息反馈。

📋 **活动评价**

评价项目	自 我 评 价		教 师 评 价	
	小结	评分（5分）	点评	评分（5分）
1. 能及时核对消费者订单信息				
2. 能及时更改消费者订单信息和备注				
3. 能跟踪订单，对有问题的订单及时反馈				

活动三　操作阿里旺旺和支付宝

🌐 **活动描述**

小张已经学会了如何修改订单地址和产品信息，又遇到一个新的难题。昨天来了一位新手消费者，从来没有在淘宝上购物过，想选同一款产品的好几种颜色，但他不会添加购物车，也不知道如何支付。小张在慌乱中也不知道如何指导新手消费者，导致消费者只能失望地离开了。小张认识到，只知道如何卖产品是不行的，还要换位思考学会在网上买东西。他又开始研究起阿里旺旺消费者版软件和支付宝的支付功能，希望下次可以成功引导消费者下单。

🖥 **活动实施**

第一步：安装软件，熟悉阿里旺旺消费者版界面

在百度里搜索阿里旺旺，便可以直接下载 PC 版和手机版的阿里旺旺软件。以 PC 版为例，安装后看到主界面，如图 6-2-10 和图 6-2-11 所示。

图 6-2-10 阿里旺旺的 PC 版

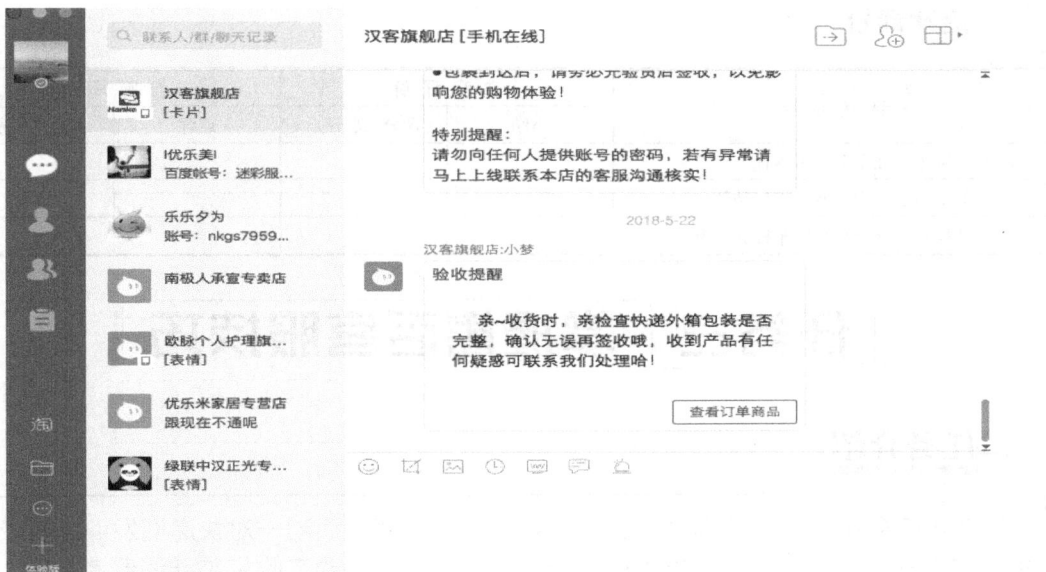

图 6-2-11 阿里旺旺的主界面

第二步：安装支付宝，学会网上支付功能

在百度里搜索支付宝，安装成功后进入界面，如图 6-2-12 所示。

第三步：实践操作，学会加购物车提交订单

购物车既可以同时添加一家店铺的多款商品，也可以添加多家店铺的商品。在最终确认在某一家店铺下单后，可以勾选商品，并提交订单，这样就可以进入支付系统了。这时如果需要卖家进行改价、包邮等服务，或者留言备注相应的要求，如快递、产品要求等，等卖家修改好订单付款即可，如图 6-2-13 所示。

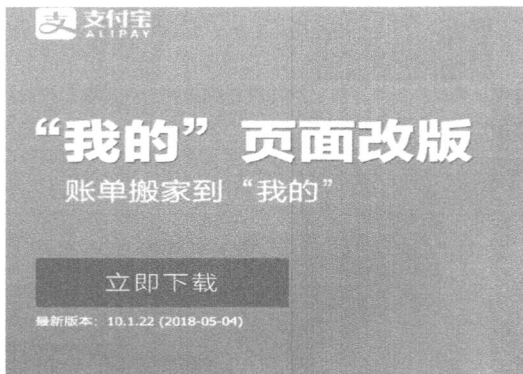

图 6-2-12　支付宝

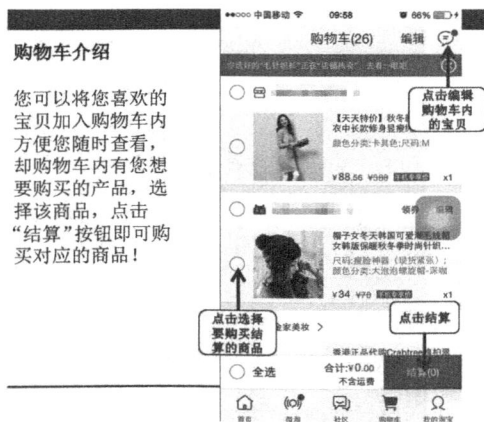

图 6-2-13　购物车

活动评价

评价项目	自 我 评 价		教 师 评 价	
	小结	评分（5分）	点评	评分（5分）
1. 安装阿里旺旺消费者版软件				
2. 安装支付宝，学会网上支付功能				
3. 实践操作，学会加购物车提交订单				

任务三　掌握售后客服技巧

任务介绍

　　在本任务中，将学习电子商务售后客服技巧。通过活动一对快递漏发、错发及丢失件的处理，使同学们了解疑难件的处理程序。通过活动二收集统计消费者资料、推送店铺活动信息，使同学们可以很好地进行消费者关系管理，维系老消费者，开发新消费者。

活动一　处理快递问题

活动描述

　　售后客服小王最近遇到了一些麻烦，消费者 A 反馈当时买的 10 斤苹果收到重量只有 7 斤，要求店铺补发 3 斤，小王需要核查当时实际发出重量是多少才能处理这个纠纷。消费者 B 反馈当时买的 10 斤苹果发成了橘子，他最不喜欢吃橘子，要求店铺承担来回运费退换货，小王担心橘子来回寄运过程中会腐烂造成损失。消费者 C 反馈当时买的一箱李子一直在路上，7 天过去了还没有物流更新记录。小王需要处理这些问题件，以便挽回消费者信任。

活动实施

第一步：安抚消费者情绪，及时处理漏发件

漏发件主要指两种，第一种是这个订单由于系统或人工错误，订单没有成功发货；另一种是发货了，但是消费者反馈产品收到不全的情况。第一种情况要尽快核实订单情况，安抚消费者情绪，尽快备注将货物发出去，如图 6-3-1 和图 6-3-2 是正确和错误的消费者服务示范。

图 6-3-1　消费者服务规范一

图 6-3-2　消费者服务规范二

第二种情况是在货物出现漏发，首先要耐心倾听消费者的反馈，包括漏发产品的款式、型号、数量、签署人和签收时间等重要信息，例如消费者买了 3 件产品，反馈收到了 2 件，漏发了 1 件，由本人亲自在快递柜取件签收等。此时可以根据以下几种情况分别处理。

（1）每件产品的重量和尺寸是不同的，这时候可以先与消费者核实签收时外包装是否完好来初步判断是否有包裹破损，排除快递过程中的包装破损导致产品丢失遗漏的情况。

（2）如果没有破损，就要联系快递公司查看发货重量、到货派件前的重量来判断是否出现快递过程中的产品丢失。如果派件到站点重量小于发货时重量，就表示货物在运输过程中可能出现了漏件或掉包等情况，需要快递公司承担责任。

（3）如果两者重量完全一致，要根据记录重量和 3 件产品的原始重量进行比对，再核

对具体发货清单及快递单的货物标注记录。如果3件产品的原始重量与发货重量完全一致，那么问题可能出现在消费者这里，这时候需要和消费者商讨解决方案。例如反馈给消费者"我们与快递公司取得了联系，显示重量是对的哦，您再仔细找找看，看是否漏在哪里了，或者没有拿全。"遇到各种情况都要稳妥不失礼貌地解决问题为宜。

（4）如果确实出现3件产品的原始重量大于发货重量，那确实就是漏发了，直接联系消费者由我方承担邮费补发产品即可。

（5）注意后续补发产品的时效性，如果核实清楚事实真相，责任在我方，就应该跟消费者确认尽快处理补发事宜，以便安抚消费者情绪，及时解决问题。

第二步：对快递错发件的处理程序与方案

快递行业在派件过程中，因为计算机技术问题划分派送区域出现错误，或者遇到的疑难件，如派送时，出现地址错误，收件人电话无人接听等异常信息，一般会进行二次投递或推荐以下操作。

（1）如果是分错区，那么售后客服直接联系快递进行重新分区派件即可。

（2）如果是收件地址出现错误导致派件错误，需要售后客服先通过网上千牛聊天或打电话、发短信等沟通方式，来核实地址并及时更改，再联系发件公司进行备注新地址，派件公司会根据系统内部备注的新地址进行及时派件。如果地址更改幅度较大，如涉及不同的城市甚至不同的省份，就需要联系消费者支付重新转件的快递费用。

（3）如果当时消费者明确说明了要更改地址，但是售前客服忘记及时进行更新备注，就由卖家承担转件费用。

（4）如果是收件人没接听电话导致派件一直不成功，或者手机号有误，就需要通过网上聊天工具来联系消费者并及时进行信息更改联系快递公司再次派件。

第三步：对快递丢失件的处理程序与方案

对于快递丢失件的情况要进行核实，例如物流一直不更新；一直显示派件过程中，但是没有派件成功信息；显示签收了但是消费者反馈没有收到件；后台显示由代收点、门卫、消费者的同事代签收了，但是消费者没有找到快递。具体情况具体分析，要逐一核实处理。对于物流不更新，则要找快递公司核查快递件是否丢失。如果丢失将由快递公司承担相应的赔偿和邮费，卖家联系消费者协商全额退款或补发。对于一直派件不成功的情况，则要联系派件站点看是否因为内部整顿或其他原因而导致派件延迟，这时可以联系发件公司在快递系统内部进行备注，催促派件公司尽快完成派件。如果发现是派件公司管控不力造成包裹丢失，就由派件公司承担赔偿责任。如果是代收点消费者的同事、门卫等代签收了，但是找不到包裹，这样的情况一般联系当地的派件快递员，由他们去现场核查，必要时调用监控查看当时的签收情况，一般都可以顺利解决。

知识加油站

处理疑难问题件的忌讳事项

在快递出现漏发、错发和丢失件的情况下，客服首先要耐心倾听消费者抱怨，先了解问题真相，不要打断消费者的信息反馈。其次要诚恳地向消费者道歉，以赢得消费者的理解与原谅，防止将矛盾激化。再次要提出补偿建议和处理疑难件的具体措施，取得消费者的配合与支持。最后要跟进补救措施，如补发、退换货、改派快递等具体措施，以便确定尽快解决问题。其中忌讳的事项如下。

（1）如泥牛入海或永远自动回复。

（2）极不耐烦或喜欢用反问句式。

（3）喜欢用感叹号或刺目颜色字体。

（4）过分程式化让人感觉冷漠敷衍。

（5）总是在绕圈子或答非所问。

（6）采取拖延战术一直不解决问题。

想一想

请同学们思考，消费者反馈包裹没收到，但是后台显示已签收，该如何处理？

活动评价

评价项目	自我评价		教师评价	
	小结	评分（5分）	点评	评分（5分）
1. 能够安抚消费者情绪，及时处理漏发件				
2. 掌握快递错发件的处理程序与方法				
3. 掌握快递丢失件的处理程序与方法				

活动二　消费者管理与维护

活动描述

售后客服小王需要将消费者信息进行归类整理，并及时和他们保持联系，因此需要学习和掌握管理与维护消费者的技巧。

活动实施

第一步：区分新老消费者需求，建立消费者档案

消费者关系管理是指通过对消费者详细资料的深入分析，来提高消费者满意度，从而提高企业的竞争力的一种手段。店铺吸引新消费者的成本要远远高于老消费者，而老消费者创造了店铺的大部分收入和利润，因此在新老消费者的关系管理中要区别对待，如图 6-3-3 所示为新老消费者的购物过程比较。

通过建立消费者档案，可以查询消费者的消费记录和会员折扣，可以从他们的购物清单和购物频率上分析消费者的消费习惯及消费心理，以便及时跟进各种促销宣传，或者是

推出他们感兴趣的优惠活动。

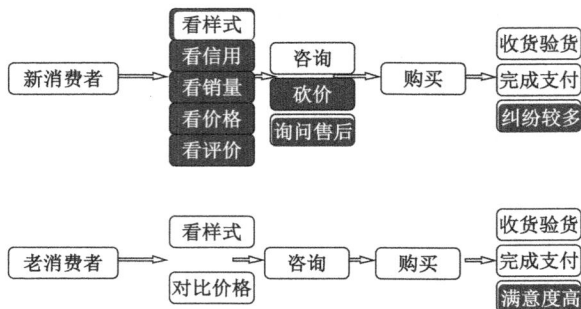

图 6-3-3　新老消费者的购物过程比较

第二步：消费者分类，建立不同等级的会员制度

针对不同消费的消费者，划分不同等级的会员，每个等级的会员享受对应的优惠政策，有利于刺激消费者进行消费。就淘宝网而言，目前消费者关系管理的会员等级设置分为"普通会员""高级会员""VIP 会员"和"至尊 VIP 会员"4 个等级。通过会员等级设置，消费者根据不同的交易金额和交易次数，会自动升级为相应的会员，享受相应的会员优惠折扣。在交易金额和交易笔数里，只要消费者满足其中一条，就能享受对应的优惠折扣。这也是培养老消费者和增加店铺效率的有效方法。

第三步：消费者关怀，使用不同的方式和手段

消费者关怀是消费者关系管理的核心。其方式可以分为"消费者生日关怀""节假日关怀""购买提醒关怀""会员卡到期提醒"和"促销活动提醒"等。消费者关怀的手段是非常丰富的，如旺旺、旺旺群、淘帮派、淘江湖、微博、短信和邮件等。良好的消费者关怀有利于帮助卖家抓住更多的回头客，给店铺带来更多的客流量。

活动评价

评 价 项 目	自 我 评 价		教 师 评 价	
	小结	评分（5分）	点评	评分（5分）
1. 能够区分新老消费者需求，建立消费者档案				
2. 掌握消费者分类，建立不同等级的会员制度				
3. 掌握消费者关怀，建立不同等级的会员制度				

项目总结

通过本项目的学习，同学们能够掌握电子商务客服的职责、售前客服的技巧、售后客服的技巧 3 方面的农村电子商务客服管理的相关知识。同学们将掌握基本的淘宝客服技巧，

包括计算机技能、消费者心理分析、营销话术及消费者关系管理等实际操作，为后面的学习做好铺垫。

项目练习

一、填空题

1. 电子商务售前客服和售后客服的工作内容区别是_____。

2. 电子商务客服的基本礼貌用语有_____。

3. 电子商务售后客服处理中差评时要注意_____。

二、实践题

请你根据下面的材料，完成练习题。

消费者：奶粉昨天已经收到了，郁闷的是奶粉罐凹了一个坑！

客服 1：哪里有可能？我们发货的时候明明都检查过。

客服 2：实在不好意思，可能是路上被摔了。我马上给你再发过去一罐，您把原来那罐发回来给我，邮费我们付。

他们做得对吗？如果你是客服，将如何处理，既能让消费者满意，又同时兼顾卖家利益？

项目七

农村电子商务的物流管理

项目简介

在本项目中，将从农产品的仓储、包装及发货渠道 3 方面介绍与农村电子商务物流管理相关的知识。完成本项目的学习后，同学们将掌握农产品电子商务物流的知识，能够对相应的农产品搭配适合的渠道进行采购与发货，并利用农产品的特性选择实际的进货渠道。

项目目标

➤ 理解农产品仓储管理的概念；
➤ 认识农产品仓储的性质与作用；
➤ 掌握农产品保管的方法和措施；
➤ 能对农产品进行分析与规划仓储类型；
➤ 能运用对农产品的了解分别进行保存管理；
➤ 能就农产品仓储企业的现况提出改善方案。

任务一 了解农产品的仓储

任务介绍

在本任务中，将学习农产品仓储管理的知识和方法，认识农产品的仓储活动和掌握农产品仓储的保管规划，最终能根据不同的农产品特点选定其仓储方式。

活动一　农产品的仓储活动

活动描述

2017 年 3 月，位于广东省云浮市云城区安塘街道安塘村的土豆正是采收的时候，但由于当地的农民人手不足，又没有销售渠道，土豆如果不能及时采收销售，农民之前的努力将付诸东流。此时在相关部门的牵引下，当地希望学校电子商务专业的全体师生帮助农民销售土豆。小林是一名电子商务专业的中职生，在参与本次活动的时候发现一个严重的问题，在采收结束后，土豆无处摆放，如何才能减少土豆的损耗同时保证土豆的正常销售呢？为此，小林和老师同学们特地去寻找了与土豆相关的储存方式。

活动实施

第一步：学习案例，感受农产品仓储的概念

小林找来了 3 个关于广东省云浮市云城区安塘街道安塘村土豆的介绍，让同学们相互讨论，搜索与土豆储存相关的资料并设置针对土豆进行储存的条件和方式方法，如图 7-1-1～图 7-1-3 所示。

想一想

图 7-1-1　土豆宣传图 1

图 7-1-2　土豆宣传图 2

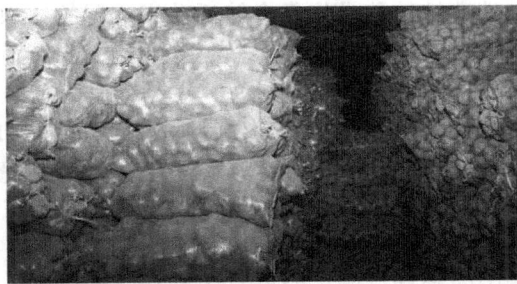

图 7-1-3　土豆的堆放

从土豆特征可以看出，新鲜的土豆保存需要用到一定的仓储知识。为了能够让农产品顺利从生产走入市场，只有精准到每种产品并保证产品储存的各种环境，才能减少损失。

第二步：学习理论，理解农产品仓储的概念

1. 农产品仓储管理的基本概念

（1）仓储。

仓储是指运用仓库寄存、贮存物品的行为。农产品仓储是指通过仓库对农产品进行储存和保管的过程。

（2）农产品库存。

库存是指仓库中处于暂时停滞状态的物资。农产品库存的位置，不是在生产基地里，也不是在加工车间里，更不是在非仓库中的任何位置，而是在仓库中。与其他大宗商品一样，大宗农产品库存的高低会对其现货价格和期货价格产生影响。如图 7-1-4 所示为水果批发市场瓜果系列仓库。

图 7-1-4　水果批发市场瓜果系列仓库

（3）农产品储备。

储备是一种有目的的储存物资的行动，是这种有目的的行动和其对象总体的称谓。农产品储备是出于防止各类自然灾害等，对农产品进行有计划地战略性仓储。

（4）农产品储存。

农产品在没有进入生产加工、消费、运输等活动之前，或在这些活动结束之后，总是要存放起来，这就是储存。

（5）农产品物流。

根据物流概念的发展，结合农业的特点，农产品物流是指为了满足用户需求、实现农产品价值而进行的农产品物质实体及相关的信息从生产者到消费者之间进行的物理性运动。具体地说，它包括农产品收购、运输、储存、装卸、包装、配送、物流加工、分销、信息活动等一系列环节，并且在这个过程中实现了农产品价值增值及利润目标等。

2. 农产品仓储的性质与作用

农产品仓储活动是农业生产中不可缺少的环节。农产品仓储和农业生产一样创造社会价值，农产品由生产地向消费地转移是依靠仓储活动来实现的。农产品仓储在物流活动中发挥着不可替代的作用，是农产品物流三大支柱之一，其主要作用体现在以下 5 方面。

（1）空间效用。

空间效用是指通过农产品流通过程中的仓储克服农产品生产和消费在地理空间上的分离。不同的地区具有不同的生产优势和生产结构，但是农产品的消费可能遍布另外的地区。所以，这种农产品流通中的仓储创造的空间效用使人们可以享受来自异地的农产品。

（2）时间效用。

通过农产品流通过程中的仓储克服了农产品生产和消费时间上的不一致。农产品之类的商品只能间断性生产而不必连续消费，一些时令性或集中性消费商品，它们的生产是长期连续的，有一些情况是虽然生产和消费都是连续的，但是农产品从生产到消费有一定的

时间差，这种时间差造成了农产品生产与消费的时间矛盾。农产品仓储恰好可以解决这种矛盾，使农产品的时间效用增加。许多农产品在进入最终卖场前，要进行挑选、整理、分装、组配等工作，这也需要农产品仓储来实现农产品在流通中的停留。

（3）调节供需矛盾。

现在的社会化大生产中需要的是专业化和规模化，但很多时候消费的需求量都是很有限的。农产品在流通过程中将大批量生产分割成最终的小批量需求，可以理解为由整到散的分流过程。反过来也有由散到整的过程。农产品生产中的小批量、多品种的生产，与大批量流水生产共同存在。所以可能出现一些情况，例如说虽然生产批量较小，但是需求则是大量集中的。这个时候农产品流通中的仓储就可以用于集中货源，也就是由散到整的集流过程。

（4）规避风险。

市场经济条件下的农产品价格变幻莫测，经常给农产品生产经营者带来价格风险。而大宗农产品的中远期交易市场正是提供给广大生产者、贸易商和原材料需求商规避库存带来的价格风险的场所。缺货损失是由于存货的量不足，不能及时满足消费者或生产上的需要而引起的缺货损失费用，当消费者要货但是仓库没有存货时所造成的损失。还有当消费者由于订货或送货时间太长，送货时间不稳定或因为其他的一些物流原因造成的消费者不在企业购买农产品所造成的损失。

（5）实现农产品增值。

农产品仓储活动是农产品在社会再生产过程中必然出现的一种状态，农产品仓储是加快资金周转、节约流通费用、降低物流成本、提高经济效益的有效途径。节约原材料是"第一利润"，提高劳动生产率是"第二利润"，建立高效的物流系统被誉为企业建立竞争优势的"第三利润"。

第三步：实践探索，夯实农产品仓储的概念

通过学习，相信同学们对农产品仓储已经有一定的了解，导师就活动一中的土豆布置了一个作业。

✎ **试一试**

就活动一中土豆的存放，请你列出在存放的期间应该考虑土豆哪些方面的特性？并搜索资料土豆适合哪些储存方式（通过调查周边土豆仓储环境或利用网络搜索）？

土豆存放的注意事项如下。

1．忌水多

采收前 7 天要停止浇水以便减少含水量，促使薯皮老化，以便利于及早进入休眠和减少病害。

2．忌暴晒

有些人为了晾干皮在太阳下暴晒，结果使喜凉的果实变质霉烂或土豆皮变绿，不能食用。正确的方法是放在背阴通风处晾晒。

3．忌潮湿

土豆属于鲜菜，湿度过大，通气不良会霉烂。应放在屋角的沙子上。

4．忌高温

温度过高土豆会生芽或腐烂，温度过低土豆易冻伤不能食用。因此，堆放土豆要堆小堆，以便土豆呼吸，并注意贮藏前要严格挑选，去除病、烂、受伤及有麻斑和受潮的不良土豆。

5．忌杂居

土豆不宜与其它易霉坏的鲜菜存放在一起。

6．忌红薯

土豆不能与红薯存放在一起。否则，不是红薯僵心，就是土豆长芽。

土豆贮藏方法及管理（建议）
1．沟藏。
2．窖藏。
3．通风库贮藏。
4．冷藏。
5．药物处理。

结合前面的案例、理论知识，大家能够理解农产品的仓储是通过仓库对农产品进行储存和保管的过程。正确运用仓储方式来储存不同的农产品能够创造一定的社会价值，充当着农产品物流支柱的一部分。

❓ 议一议

针对现在我区多个农产品市场出现的仓储问题，请提出合理化建议。
请围绕以下几点。
1．应该加大基础设施建设，建立完善的冷链物流体系。
2．着重培育和完善农产品仓储物流主体，提高农产品流通的组织程度。
3．提高农产品加工水平，发展仓储业中的增值物流加工。

📋 活动评价

评价项目	自我评价		教师评价	
	小结	评分（5分）	点评	评分（5分）
1. 能说明农产品仓储的含义				
2. 认识农产品仓储的作用				
3. 掌握农产品相应的特性				

活动二　了解农产品的仓储保管规划

活动描述

　　农产品仓储保管是农产品流通过程中很重要的环节，如何能够减少仓储过程中的损耗和降低仓储过程中的成本成为了重点。小林是学校内水果店的卖家，水果的损耗量非常大，所以小林找到了导师寻找农产品仓储保管的内容。导师为了让小林能够更大范围地认识水果的仓储方式，就从各个方面的农产品仓储对小林进行详细讲解。

活动实施

第一步：学习案例，感受农产品仓储保管的方法

　　导师通过走访几处农产品市场，拍下照片让小林直接感受仓储保管的方法，如图7-1-5～图7-1-7所示。

图7-1-5　水果批发市场贡梨的存放

图7-1-6　青椰子处理后的储存

图7-1-7　贡梨单个包装

想一想

　　请同学们思考，上述的贡梨、椰子两种水果分别以什么储藏方式去保护呢？

第二步：学习理论，学习农产品仓储保管的方法

1. 农产品仓储保管的方法

（1）常规储存。

常规储存共同的特点是利用自然气候的自然低温冷源，虽然受季节、地区、储藏产品等因素的限制，但是其结构设施简单、操作方便、成本低，运用得当可以获得较好的储藏效果。

（2）沟藏或堆藏。

沟藏也称为埋藏，是将产品按一定的层次堆放在泥、沙等埋藏物里以便达到贮藏保鲜目的的一种储藏的方法。如萝卜沟藏，选择地势平坦干燥、土质较黏重、排水好、地下水位较低的地方贮藏。

堆藏是把农产品直接堆积在地上或坑内的一种储藏方法。例如大白菜、洋葱堆藏。

（3）窖藏储存。

窖藏储存和沟藏相似，利用窖、窑来储藏产品的一种方法。北方常见，可以贮藏大白菜、萝卜、马铃薯、柑橘、橙子、苹果、梨等。

（4）通风贮藏库储存。

通风贮藏库应该选择地势高、干燥、地下水位低、四周空旷、通风良好、交通便利、便于接通水电，同时距离产销地点较近的地方。

（5）冷藏储存。

冷藏是现代化水果蔬菜贮藏的主要形式之一，它采用高于水果蔬菜组织冻结点的较低温度实现水果蔬菜的保鲜。可以在气温较高的季节进行贮藏，以便保证果品的全年供应。低温冷藏可以降低水果蔬菜的呼吸代谢、病原菌的发病率和果实的腐烂率，达到阻止组织衰老、延长果实贮藏期的目的。但在冷藏过程中，不适宜的低温反而会影响贮藏寿命，丧失商品价值及食用价值。防止冷害和冻害的关键是按不同水果蔬菜的习性，严格控制温度，冷藏期间有些水果蔬菜（如鸭梨）需要采用逐步降温的方法以便减轻或不发生冷害。此外，水果蔬菜贮藏前的预冷处理、贮期升温处理、化学药剂处理等措施均能起到减轻冷害的作用。如图 7-1-8 所示的水果店的储存柜。

（6）气调保鲜储存。

气调贮藏简称 CA 贮藏——改变贮藏环境中气体成分的贮藏方法。一般指在特定气体环境中的冷藏法。CA 贮藏为国际上最有效、最先进的果蔬保鲜方法。

图 7-1-8　水果店的储存柜

气调储藏分为自发气调（利用园艺产品自身呼吸作用降低贮藏环境中 O_2 的浓度，提高 CO_2 浓度的气调贮藏方法，简称 MA 气调）和人工气调（可以根据产品需要人为设定并自动调节贮藏环境的气体成分并保持稳定的贮藏方法）。

部分农产品气调的反应如表 7-1-1 所示。

表 7-1-1　部分农产品气调的反应

反　应	农　产　品
良好	苹果、猕猴桃等
一般	核果类
不明显	葡萄、柑橘等

2. 农产品的保管措施

农产品仓储保管不仅存在技术问题，也存在管理问题。保证农产品的质量、数量、包装的完好，重要的不仅需要技术措施的保证，也有赖于管理水平的高低。制定必要的管理制度和操作规程并严格执行是各项管理工作的基础。"以防为主，以治为辅，防治结合"是农产品保管工作的方针。农产品的保管措施如下。

（1）严格验收入库农产品。

（2）适当安排储存场所。

（3）科学堆码。

（4）控制好仓库的温湿度。

（5）认真进行农产品在库检查。

（6）搞好仓储清洁卫生。

第三步：实践探索，落实农产品保管措施

小林整理了 6 月当季水果的种类，请同学们就农产品保管工作的基本方法对以下水果的保管设计好保管方案，请将其制作成 PPT，并做简单的分享。

✎ **试一试**

> 请为每年 6 月当季的水果设计保存方案。
> 1. 广东省广州市增城区妃子笑荔枝
> 2. 广东省信宜钱排镇三华李
> 3. 广西壮族自治区的香水菠萝
> 4. 广东省佛山市三水区的小宝西瓜

通过上述两个活动，小林对农产品的仓储已经掌握了不少，并且能够针对农产品的特性准确地选择相应的储藏方式。

此时，小郭同学想到了几个农产品的储藏方式，跟同学们一同探究可行性。

（1）苹果、水蜜桃可以一起放进冰箱或冰库。

（2）水果放入冰箱前应该水洗或洒水，以免进入冰箱后水分蒸发。

（3）果蔬在储藏过程中应该密封储存。

（4）香菇、洋葱、生姜这些农产品因为有水分，应该尽早入库冷藏保存。

想一想

> 请同学们思考，上述的四个观点对吗？请详细分析！

活动评价

评价项目	自我评价		教师评价	
	小结	评分（5分）	点评	评分（5分）
1. 能说出农产品仓储保管方法有哪些				
2. 能就不同的农产品落实保管措施				
3. 能判断日常农产品保管的实施对与错				

任务二　了解农产品的包装

任务介绍

在本任务中，将从农产品包装管理及设计介绍与农村电子商务产品包装相关的知识。学习完本任务，同学们将掌握农产品包装规划和管理方面的知识，能够做到有效保护农产品的同时顺利将产品投放市场。

活动一　了解农产品的电子商务包装

活动描述

小林是一名电子商务专业的中职生，在一次校园电子商务对接扶贫项目中引进了一批四川省彝族自治州盐源县的苹果，导师要求为这一批盐源苹果量身打造不一样的产品包装。小林很纳闷儿，究竟农产品电子商务的产品包装应该要考虑什么呢？

活动实施

第一步：学习案例，感受农产品的包装

如图 7-2-1 和图 7-2-2 所示为广东省佛山市扶西水果批发市场某芒果商家为自己的芒果打包上的两个包装。请你对比这两个包装是否符合产品要求。

图 7-2-1　芒果的电子商务包装

图 7-2-2　芒果传统的纸箱包装

看一看

通过以上的两个包装箱的对比，你是否对农产品的包装有一些感悟呢？请你和同学们分享一下你的体会。

第二步：学习理论，理解农产品包装的概念

1. 农产品包装

农产品包装是对即将进入或已经进入流通领域的农产品或农产品加工品采用一定的容器或材料加以保护和装饰，是指采用适当的包装材料、容器和包装技术，将农产品包裹起来，以便农产品在运输和储藏过程中保持其机制和原有状态的包装材料及包装技术活动。

农产品包装是农产品商品流通的重要条件。在流通过程中，粮食、肉类、蛋类、水果、茶叶、蜂蜜等农产品，不加包装则无法运输、贮存、保管和销售，以送达消费者手中。因此，现代市场营销要求，农产品包装是特定品种、数量、规格、用途等的农产品包装，每个包装单位的大小、轻重、材料、方式等，应该按照目标消费者需求、包装原则、包装技术要求进行，以便减少损耗、便于运输、节省劳力、提高仓容、保持农产品卫生。包装后的农产品便于消费者识别和选购，从而扩大销售，提高农产品的市场营销效率。

2. 农产品电子商务的产品包装

电子商务已经成为大家首要的消费方式之一，由于电子商务商品一般都是单件货物进行运送，电子商务包装不仅要侧重对单个商品的保护功能，还要给消费者带来放心的购物体验。因此，在电子商务环境下，传统的商品包装就会发生一定的改动。无论是购物方法、商品展示形状，还是消费者的购物做法，网上购物与实体店购物均截然不同，两者商品的包装设计自然也有很大不同。

（1）设计方向不同。

消费者在实体店购物时，一般是先对商品的包装进行选择，因此要求包装在保证保护功能的前提下，以促销功能为主，对包装设计中的视觉元素（图形、色彩、文字及其构成

方法）都有严格的要求，旨在经过优良的包装设计来激发消费者的购物欲。电子商务包装则不然，在电子商务网站上，所售商品经过详尽的文字及细节全部图画展示出来，消费者不仅可以自行知悉商品的有关信息，还可以与卖家对欲购商品进行咨询，获取更详尽的信息。这时，消费者注重的是商品自身的实用功能，对其包装的诉求只限于可以保证商品安全到家。因此，电子商务商品的包装设计要点在于网上的商品展示功能，以及物流过程中的安全功能。

（2）摆放展示功能不同。

一般消费者在百货商场、超市购物时，看到的都是货架上展示的具有包装形状的商品，且商品的正面会面向消费者，因此商品包装的正面一般设计得简单明了，吸引消费者眼球。消费者可以通过具体的商品样品和外包装上的信息了解商品，也可以将商品拿在手中重复查看，进行对比、选择和选购。

电子商务购物时，商家经过页面上的商品或商品包装各个角度的图画，把商品的细节展示给消费者。并且当消费者查找某种商品时，多个商家的同类商品一般会排列在同一个页面上，每件商品只能有展示一张图画的机会，只能依托单幅图来吸引消费者的视线。这时，商品的包装设计和标贴设计就非常重要了，这些方面的创意更容易使商品脱颖而出。商品包装如图 7-2-3 和图 7-2-4 所示。

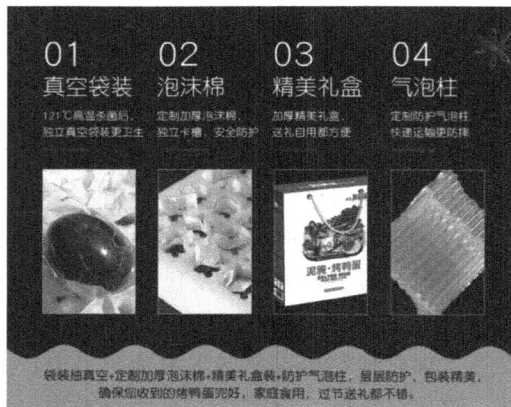

图 7-2-3　阳澄湖尚澄泥腌烤鸭蛋 30 枚礼盒装　　　图 7-2-4　百鹿水果包装手提盒

某些商品图在页面上摆设展示时，会由于页面分辨率的限制而模糊不清，致使消费者无法及时了解商品的某些细节。精明的卖家就会把商品信息扩展到整个页面上，更利于消费者了解商品。为了便于消费者查看商品细节，传统商品包装常常选用透明包装、开窗式包装等。电子商务商品由于很多直接展示实物图，其包装就不必要这么设计。同样，传统包装设计中运用商品拍照图画作为主画面的方法，在电子商务包装设计中也将失去意义。这个改动，将使电子商务商品的包装外型与传统包装外型在视觉作用上构成极大的不同。

（3）消费者体验不同。

电子商务包装设计要考虑的因素很多，网店比传统实体店更容易产生二次消费。传统实体店一般由于地域、时间的限制而无法服务于某些期望再次消费的消费者。而网店不受时间和地点的限制，只要消费者树立了对网店的好感，就或许会成为回头客并能影响其他电子商务消费者。要想让消费者树立对网店的好感，包装设计的作用不能忽略。因此，鼓励二次消费的设计创意非常重要。例如，在电子商务商品的包装中放上一张小小的感谢卡、优惠卡、欢迎光临卡等，会让消费者心里顿感温暖，也会提高消费者对商品及网店的好感。

（4）包装材料的改动。

为了保证电子商务商品翻山越岭，最终安全地运送到消费者手中，电子商务包装要防止在运送过程中包装破碎，内容物漏出、丢失，防止因为摆放、撞击、颠簸等原因或因为阳光、气压、气温改变而致使商品的损坏或变质，防止损害操作人员或污染运送设备、地上设备及其他物品。因此，电子商务包装应该非常坚固，结构设计要合理，要根据商品尺寸、重量和特性选择合适的外包装及填充物。材料选择要规整、防潮、没有异味儿和油污，包装外表不能有凸出的钉、钩、刺等，要便于搬运、装卸和摆放，如图 7-2-5 和图 7-2-6 所示。

图 7-2-5　强韵官方旗舰店 2018 年春茶
安溪铁观音浓香型茶叶礼盒装

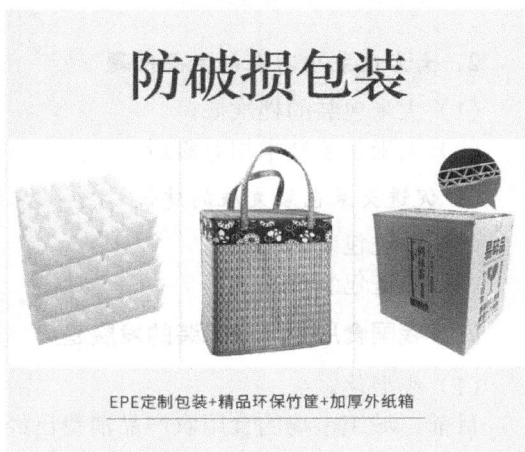

图 7-2-6　田园居土鸡蛋农家散养新鲜鸡蛋
礼盒装

这些是在做品牌策划时，由于农产品的特殊性，加之现代生鲜物流的发展，每一种农产品的包装都应该从自身的产品特点出发，不能看着其他的弄得好看就生搬硬套，因为就算两者产品是一样的，若产品的市场定位及产品面对的消费者不同，那也将给自己的产品带来负面的影响。故而任何产品都应该从产品自身及其面对的市场环境出发，寻求适合自己最佳的产品包装方案。

第三步：实践探索，农产品包装调研

包装伴随着人类文明的发展，经历了漫长的演变和发展过程。下面以典型的食用农产品——大米为例，根据如今社会上大米包装的现状及存在的问题设计大米包装的调查问卷。

参考资料如下。

1．大米包装的现状

大米包装的材料：塑料编织袋、复合塑料袋。

大米包装的方式：普通包装、真空包装。

如图 7-2-7 所示为编织袋包装大米。如图 7-2-8 所示为真空包装大米。

图 7-2-7　编织袋包装大米

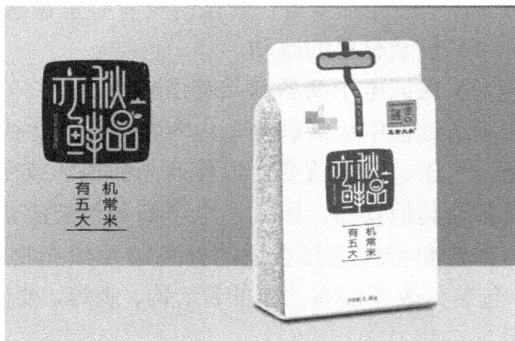

图 7-2-8　真空包装大米

2．大米包装中存在的主要问题

（1）大米包装的档次低。

（2）大米包装技术相对落后。

3．促进大米包装发展的建议

（1）改进包装材料。

（2）改进包装技术。

四、我国食用农产品包装的发展趋势

（1）小型化。

目前，城镇市场的食用农产品消费已经呈现现买现吃的特点，而市场上的食用农产品包装还有很多在 10kg 以上。针对这种现象，及时推出 1～5kg 的轻便包装，将会更受消费者欢迎。

（2）精品化。

很多进口的食用农产品在国内市场上比较走俏，其主要原因除品质好外，包装精美也是一个因素。食用农产品生产者如果在包装设计和印刷上多下功夫，那么销量一定会更好。

（3）透明化。

消费者在购买食用农产品时，都喜欢看实物。因此，在包装时采用局部透明或全透明材料，既展示了产品的品质特点，又增加了包装的美感。

（4）组合化。

在市场销售的实践中，一部分食用农产品生产者刻意把不同颜色、品种的食用农产品进行组合包装，消费者在营养饮食、多样饮食宣传的影响下，会增加购买欲望，促进食用农产品销售，效果非常理想。

（5）环保化。

针对目前包装污染严重的问题，食用农产品生产者就地取材，用绿色植物来包装食用农产品，例如用竹筒、树条编织物、荷叶等，既节能环保又美观无污染，享受低碳生活的消费者非常喜欢。

（6）集约化。

为了方便运输，有效地保护食用农产品小包装，一些生产企业已经开始利用 10～30kg 的坚实外包装来进行运输和储存。食用农产品到销售地后，再去除外包装进行销售。保证了销售现场产品包装的完好和美观。

（7）智能化。

智能化食用农产品包装在我国还处于研究和应用的初级阶段。一般国外将温度—时间历史记录标识（TTI）、被包装食品内微生物滋生指示标识（MGI）、光致变色指示标识、受到物理冲击标识、渗漏和微生物污染标识、无线电射频标签（RFID）、DNA（脱氧核糖核酸）标签等定义为智能包装。

✏️ 试一试

以上资料仅供参考，请调查问卷设计者尽可能把大米包装调研包装延伸到点，调查消费者对大米包装的要求或期待。完成调查报告后请汇总出调研报告，并进行分析分享。

调查问卷推荐使用设计工具问卷星，如图 7-2-9 所示。

图 7-2-9　问卷星

📋 活动评价

评价项目	自我评价		教师评价	
	小结	评分（5分）	点评	评分（5分）
1. 认识农产品电子商务包装的特性				
2. 能找出电子商务产品中典型的产品				
3. 能够完成农产品包装调研				

活动二　农产品的包装设计

🎨 活动描述

2017 年 6 月，广东省云浮市开展新时期精准扶贫"创赢杯"农产品品牌设计大赛，为腰古村那只可爱、挑食、有追求、有情调的土鸡及它的子孙后代（土鸡蛋）设计品牌名称及商标。

原生态土鸡简介如下。

该土鸡品种源于广东省云浮市云城区腰古镇当地独有的优质土鸡，相传于 20 世纪 80 年代由当地一名教师培育而成，具有体型小、肉纹细、玻璃皮、肉香骨细、皮下脂肪少等特色。幼鸡以玉米、麦皮、稻谷为食，保证食料零激素。坚持在树林、竹林自然放养，养足 180 天后才开始销售。为了保证消费者品尝到最新鲜的鸡，每只土鸡从宰杀到配送到消费者手中不超过 5 小时。

如图 7-2-10 所示为原生态土鸡蛋简介。

图 7-2-10　原生态土鸡蛋简介

土鸡蛋体积较小，营养高。蛋壳光亮、坚固，蛋清黏稠、清澈，蛋黄色鲜自然，蛋味儿香纯，富含人体有益的 16 种氨基酸和矿物质，是营养健康的农产品。为了保证新鲜，每个鸡蛋从出生到配送到消费者手中不超过 5 天，如图 7-2-11 和图 7-2-12 所示分别为土鸡蛋和土鸡。

图 7-2-11　土鸡蛋

图 7-2-12　土鸡

活动实施

第一步：通过设计大赛作品，感受农产品系列的包装特色

比赛最终采纳的作品如图 7-2-13 和图 7-2-14 所示。

图 7-2-13　云浮腰古土鸡蛋包装

图 7-2-14　腰古鸡的商标

💡 **想一想**

　　通过腰古村土鸡和土鸡蛋的包装及商标设计大赛的案例，可以分析从哪些方面来完成农产品系列包装，就此总结出农产品包装特色。

第二步：学习理论，掌握农产品的包装策略

　　产品包装是整体产品的一个重要组成部分，绝大多数产品都要经过包装后，生产过程才算完成。在现代市场营销中，对商品包装的要求越来越高，早已不再仅仅拘泥于过去的那种保护商品、方便携带的功能。心理学研究表明，在人类接受的信息总和中，由视觉器官获得的信息占 83%，听觉占 11%，嗅觉占 3.5%，触觉占 1.5%，味觉占 1%。因此，通过包装设计，激发消费者的购买欲望，提高农产品市场竞争力，是农产品营销者必须高度重视的问题。

　　包装设计的一项重要任务就是通过更人性化的包装设计让人们生活更舒适、更富有色彩。因此在农产品的包装上，选择不同的包装策略将得到不同的包装效果。

1．突出农产品形象的包装策略

　　突出农产品形象，是指在包装上通过多种表现方式突出该农产品是什么，有什么功能，内部成分、结构如何等形象要素的表现方式。这个策略着重于展示农产品的直观形象。随着购买过程中自主选择空间不断地增大，新产品不断地涌现，厂商很难将所有产品的全部信息都详细地向消费者介绍，这种包装策略则通过在包装上再现产品品质、功能、色彩、美感等，充分地传达商品自身的信息，给选购者直观的印象，以产品本身的魅力吸引消费者。

2．突出农产品用途和使用方法的包装策略

　　突出农产品用途和用法的策略是通过包装的文字、图形及其组合告诉消费者，该农产品是什么样的产品，有什么特别之处，在哪种场合使用，如何使用最佳，使用后的效果是什么等。这种包装给人们简明易懂的启示，让人一看就懂，并有知识性和趣味性，比较受消费者欢迎。

3．展示企业整体形象的包装策略

企业形象对产品营销具有非常重要的作用。因此，很多企业从产品经营之初就注重企业形象的展示与美誉度的积淀。运用这种包装策略的企业文化积淀比较深厚。有的企业挖掘企业文化透彻，并且能与开发的农产品有机地融合起来宣传，以达到既展示企业文化，介绍其产品，给消费者留下深刻印象，又有利于促销的目的。

4．突出农产品特殊要素的包装策略

任何一种农产品都有一定的特殊背景，如历史、地理背景，人文习俗背景，神话传说及自然景观等背景，在包装设计过程中恰如其分地运用这些特殊要素，能有效地区别同类产品，同时使消费者将产品与背景进行有效链接，迅速建立概念。这种包装策略运用得好，可以给人以联想的感觉，有利于增强人们的购买欲望，扩大销路，如图7-2-15～图7-2-18所示。

图 7-2-15　苹果包装盒

图 7-2-16　已经进行加工包装的青椰子可以直接开口饮用

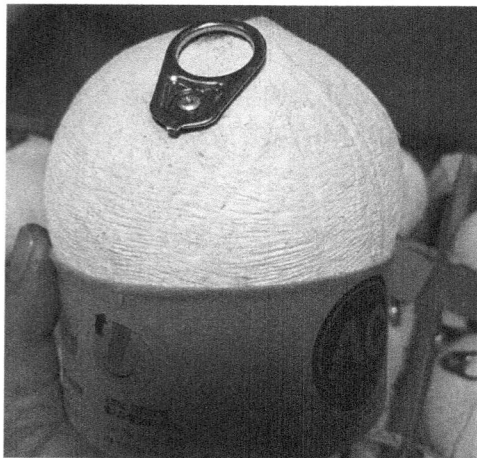

图 7-2-17　易拉罐包装椰皇

图 7-2-18　十月稻田黑米

第三步：实践探索，设计农产品品牌包装

✎ 试一试

在认识了农产品品牌的作用后，请根据广东省佛山市三水小宝西瓜设立品牌，要求将三水小宝西瓜个头小、皮薄瓤沙的特点展示出来，为当地的农户打造一个本地的品牌。为三水小宝西瓜量身定做一个品牌名称，设计一个品牌标志，设定品牌包装。

要求如下。

（1）品牌名称要求健康向上并符合产品特点的作品，不限制风格和创意。

（2）参赛作品要求原创，不得有抄袭他人创意、构思的行为。

（3）上交文件清单：

① AI 原文件一份。

② PNG 图片一份。

③ 设计说明（包括品牌介绍及包装）。

📋 活动评价

评价项目	自我评价		教师评价	
	小结	评分（5分）	点评	评分（5分）
1. 了解农产品的包装策略				
2. 掌握品牌的命名方式				
3. 能够设计出新的农产品品牌及包装.				

任务三 农产品进、发货渠道的选择

任务介绍

在本任务中，将学习选择农产品发货渠道需要顾虑的多种因素，使同学们掌握农产品发货渠道选择的方法，从而确定某种农产品或某一批农产品的发货渠道。通过活动一认知农产品的分销渠道，使同学们了解如今我国农产品的发货渠道。通过活动二寻找周边农产品的进货渠道，让同学们根据进货过程中要注意的事项选择进货渠道。通过活动三确定农产品在微店营销中可以采取的进货渠道，让同学们具备确立小型农产品的进货渠道思维。

活动一 明晰发货渠道

🎭 活动描述

此活动描述为进货、非发货。

活动实施

第一步：学习案例，了解我国农产品发货渠道的特征

校内创业导师找来了 2017 年易佰店网店交易平台农村电子商务的案例，让同学们在案例中找出本次农产品发货渠道有哪些。

2017 年农村淘宝参战"双 11"，将乡村好货销往城市。易佰店网店交易平台获悉，阿里巴巴农村淘宝在全国的农业示范基地已经达到了 23 个。这些遍布大江南北，覆盖水果、米面粮油、肉禽蛋等品类示范基地的农产品，将通过农村淘宝直供直销新链路，提升标准和品质。未来，这些通过农村淘宝供应链进城的农产品，还将通过天猫、盒马、天猫小店等线上线下渠道，直供城市消费者。

未来几天，300 万斤当季珍宝岛大米将通过农村淘宝在天猫上的淘乡甜官方旗舰店和天猫超市，在天猫"双 11"期间上线。珍宝岛大米与农村淘宝合作建立示范基地后，将按照农村淘宝直供直销新链路标准，通过对种植、仓储、物流、销售及大数据反哺的全流程进行整合，让大米有更高的供应标准、品质和市场竞争力，不仅让农民得到真正的实惠，还让城市消费者能吃到当季脱壳的新米。除珍宝岛大米外，不久前农村淘宝利用供应链优势，也将黑龙江响水大米搬到了线上，通过与当地宁安市政府合作，建立响水大米产业示范基地，利用一样的供应链，实现响水大米品质的提升。

据易佰店淘宝店铺了解，不仅在大米主要产区建立示范基地，农村淘宝的示范基地还覆盖了水果、肉禽蛋等农产品领域。据统计，目前农村淘宝第一批示范基地一共有 23 个，覆盖 10 余个省份。其中，既有响水大米、元阳红米、延边大米、珍宝岛大米这样的大米品类，也包括金寨猕猴桃、阿克苏苹果、永兴冰糖橙这样的水果，还有青茂甘草羊、金蝉土母鸡、金乡大蒜这样的肉禽蛋特产。

在农村淘宝全国 23 个示范基地里，针对线下不同的渠道，还设立了天猫超市、盒马等不同的专属地块，专属地块农产品将直供相应的渠道。实现优质农产品直达消费者的同时，搭建供应链与线上线下渠道连接的新零售体系。

想一想

> 请同学们思考，上述材料中农产品采取了哪些分销渠道？

第二步：学习理论知识，分析我国农产品发货渠道的流通模式

在市场化背景下，生鲜流通渠道的演化与创新农产品有其内在规律，提高效率是根本前提。农产品中诸如果蔬等鲜活农产品，其水分含量高、保鲜保质期短、易腐烂变质等特点，以及上市的集中性和需求的分散性之间存在矛盾，决定了农产品物流具有不同于一般产品物流的特殊性，特别是对于鲜活农产品，若要保持固有的属性和口味，则更需要环节少、通畅、快捷的物流渠道，以便保证农产品采摘收货后及时送至加工企业，及时运达销售地，送到消费者的手中。

目前，我国农产品市场存在的主流渠道主要有以下几种流通渠道模式。

渠道1.农户→消费者

渠道2.农户→零售商贩→消费者

渠道1、渠道2一般要求农产品产地距离最终消费者比较近，生产者可以将其产品直接送到消费者手中或在当地的自由市场设摊自售，或者生产者与大宗农产品消费团体签订合同，按合同销售。

渠道3.农户→产地批发商→销售地批发商→零售商贩→消费者

渠道4.农户→产地批发商→销售地批发商→大型连锁超市→消费者

渠道3、渠道4这两种渠道，产地批发商不需要面对诸多最终消费者，只需将产品出售给销售地批发商，由销售地批发商负责组织销售地的零售事务，地域之间的分工进一步细化，但流通环节也随之增多。

渠道5.农户→产地批发商→销售地零售商贩→消费者

渠道6.农户→产地批发商→大型连锁超市→消费者

渠道7.农户→销售地批发商→零售商贩→消费者

渠道8.农户→销售地批发商→大型连锁超市→消费者

渠道9.农户→农产品专业合作社→销售地批发商→零售商贩→消费者

渠道10.农户→农产品专业合作社→销售地批发商→大型连锁超市→消费者

渠道11.农户→农产品专业合作社→大型连锁超市→消费者

渠道3至渠道11中，农产品生产者和最终消费者之间几乎没有直接的物流链接，通常农产品进入产地批发市场或销售地批发市场的渠道。农产品生产者一般把农产品出售给当地的批发商，然后批发商通过集货将产品销售给消费者，通过这个渠道的消费者一般都是团体或大宗农产品消费。

相比之下，渠道1、渠道2销售的农产品因为环节少、运输成本低，价格不高，但销量有限。后面的渠道流通环节多，物流过程中每个环节都会有所加价，使成本不断地提高，零售价急剧上涨。以蔬菜为例，蔬菜产品经由蔬菜生产者、合作经济组织、各种中介组织（包括蔬菜收购商、运销商、经纪人、批发商、零售商等）到达消费者时，零售价比菜地的收购价增加了2倍甚至3倍，其中流通成本占到蔬菜价格的1/2～2/3。而且我国农产品物流仍以常温物流或自然物流为主，保鲜技术落后，物流环节多，物流过程损失很大。

流通渠道过长、流通环节过多是导致我国农产品流通渠道效率低的主要原因，因此，减少流通环节为现阶段提高农产品流通渠道效率的关键。

但在目前生鲜流通过程中，流通环节的多少、流通渠道的长短与流通渠道效率的高低在某些情况下并不存在明显的关系。例如，供货商在生鲜从批发商向大型连锁超市流通的过程中发挥着积极作用，而流通环节少、流通渠道短的"农户→专业合作社→大型连锁超市→消费者"模式的效率却较低。

所以说，要改善农产品流通渠道，除减少流通环节、提高流通效率从而降低交易成本外，还要充分认识组织成本、渠道流通规模等因素对效率的影响。

议一议

同学们，11个农产品销售渠道中，哪个可以作为校内水果店的水果进货渠道为什么？

📋 活动评价

评价项目	自 我 评 价		教 师 评 价	
	小结	评分（5分）	点评	评分（5分）
1. 了解我国农产品发货渠道的流通模式				
2. 能寻找出生活中不同农产品经营店铺可能流通的渠道				
3. 能寻找合适的农产品销售渠道				

活动二　寻找进货渠道

🔵 活动描述

　　广东省佛山市某中职学校以水果为主题创建了基于校内交易为主的校园水果体验店，在经营期间需要购入水果，要求水果的性价比高、质量好。小林作为这个水果店的学生运营卖家，通过网络收集佛山市现有的农产品集散基地的相关资料。

📓 活动实施

第一步：通过了解农产品集散地，分析进货渠道的选择

⛽ 知识加油站

　　广东省佛山市中南农产品交易中心成立于 1995 年，是一个集展示、贸易、批发、冷藏保鲜、加工、仓储、配送、食品安全监控于一体的综合性服务市场，被评为国家农业部定点市场、中国蔬菜流通协会定点市场、全国农产品批发市场行业（综合类）五十强市场、中国百强商品市场、绿色市场、广东省创建诚信市场先进单位、佛山市"菜篮子"流通基地等。佛山市中南农产品交易中心占地 500 亩，按交易品类分为蔬菜、水果、肉食、家禽、冻品、水产、粮油、副食、干货 9 个专业交易区及加工配送区，有 2 500 个摊位，汇集了来自全国 30 多个地区的农产品，肉食、蔬菜交易在佛山市及周边地区处于绝对领先地位，对佛山市及周边地区市场价格的形成产生着重要作用。佛山市扶西水果综合批发市场位于佛山市禅城区货站路，毗邻佛山市区，距佛山火车站、汽车站几分钟的车程。距佛山机场只有八分钟车程，市场周边是佛山铁路东货场。

　　该市场的配套设施齐全，有银行、旅馆、餐饮等，货源来自全国各地及东南亚等。平常每天的销量为 3 000 多吨，西瓜季节的日销量达 8 000 吨以上，消费者群体较固定。市场销量价格较稳定，主要辐射佛山的城区、南海、顺德、高明、三水，以及江门、中山、广州等地。市场占地 300 多亩，固定的混凝土结构铺位 449 间，钢结构大棚铺位 120 间，临时摊位 145 个，大型的交易大棚 2 个及多个停车场，场内设有进口果街、南果街、北果街、整车摆卖区、临时摊位区。

广东省佛山市南海区夏西农副产品综合批发市场是集零售和批发的市场，是目前佛山市的一个比较集中的农产品、农副产品的集散地。

✏️ **试一试**

请通上网搜索或当地考察，寻找佛山市内有哪些农产品集散基地，并向大家介绍农产品批发、零售的特点，分析你所考察的集散基地能否对接校内的水果店。

第二步：实践探索，分析选择农产品进货渠道时的考虑条件

小林渐渐明白农产品的分销渠道，校内创业导师给了小林一些考察资料，并布置了一个作业。

✏️ **试一试**

以广东省佛山市扶西水果批发市场为例，以下为该学校水果批发时要考虑的几个方面。

（1）考虑校内水果店本周主题，是以单一水果营销还是多种水果组合营销。水果进货量直接影响水果成本。

（2）选择时令水果。要及时把握各种水果的时令，从利润率来讲，某种水果刚上市的时候，价格最高，消费者也容易图新鲜而购买，是最好赚钱的时间段。而在这种水果即将下市的时候，进货要十分小心，虽然价格便宜，但是容易出现坏果。

（3）时间选择。水果批发市场的工作时间从早晨4点钟开始，10点前最活跃。想要拿便宜货，可以稍微等等，但是水果质量相对没有那么好。

（4）弄清批发的真实价格。各种批发商口头上的价格都差不多，但不同类别的批发商家价格让步范围不同，要货比三家。经过多次合作可以形成长期批发商。

（5）再次核对批发价格、整箱重量，检查水果品质，并开箱对水果进行检查。

（6）选择相对便宜的运输成本。运输成本是水果交易中一个重要的物流环节，因为水果容易损耗，所以运输的时间或运输次数都比较严格。选择一个合适的运输渠道有利于降低成本。

（7）水果的挑选和储藏。水果的挑选可以依靠熟悉的供应商或购买者本身的对水果的了解，很多时候熟悉的供应商能够给予很多帮助。而储藏方面需要考虑运输储藏和货品储藏，如果店内有相应的储藏空间或设备就会事半功倍。

针对以上7点，你认为在本周批发水果的时候，应该留意哪些方面？

2017年5月3日正式开业的校园水果体验店，是一个结合线上线下交易的校园水果店，同时由校内电子商务专业的学生进行店铺运营，该水果店的进货每周的量基本保证该学校周一到周五工作日的水果量。针对一个要满足几千潜在消费者的水果店，进货是水果店卖家的一个重要工作。

小林向同学们说明，水果店的进货渠道有以下几个。

（1）直接向批发市场进货。主要针对佛山市扶西水果批发市场和佛山中南农产品交易中心进行水果批发。通过货拉拉或对接公司请司机运送水果。

（2）针对部分商品，采取直接对接果农，从果农手上取得一手的农产品，如四川省大

凉山的盐源苹果，广东省茂名市的白糖罂荔枝、妃子笑荔枝等，因为直接对接的量比较大，所以可以请相应的货车和物流进行运输。

（3）针对进口水果会直接对接进口水果批发商，如泰国的山竹和香水菠萝等，以普通物流形式快递到店。

（4）部分比较新奇的水果会在比较成熟的微商或微商城、App、商城选购，如四川省的辣椒芒果等，同样以普通物流形式快递到店。

小林本周想进两种当季的水果，要求选择相应的进货渠道以降低水果价格和运输成本。

🛢 知识加油站

每月主打水果

根据每年的天气变化，当季也可能有小的差别，或者有的水果持续的时间长达 3 个月，有的只有一两周。

一月——柿子、猕猴桃。如果猕猴桃太硬，就把猕猴桃装入塑料袋内，再把切开的梨或苹果同袋混装，然后将袋口密封 3～5 天，催熟后食用。柿子有去疲劳的作用。

二月——甘蔗。冬天吃甘蔗，最好将其切成 20～30cm 的小段，放入锅里煮十来分钟后捞起趁热削皮吃，比生吃更甜。

三月——菠萝。切片泡入淡盐水中，放冰柜里冰镇后食用，会更香甜。

四月——芒果、山竹、桃子、菠萝、人参果等。挑选山竹时，注意看蒂是绿色的，捏起来外壳比较软的才是新鲜的。如果外壳硬得像石头一样，那么多半是坏的。

五月——草莓、荔枝。5 月上市的荔枝，多是三月红等早熟品种，稍带酸味儿，属于中低档品种，6 月中旬是荔枝的最佳上市时节，糯米糍、妃子笑、桂味等味甜香浓的优良品种开始上市。

六月——樱桃、芒果、菠萝。购买时选择果实饱满结实、带有绿梗的樱桃。在 3～5℃可以存放 5 天，常温下最多两天。

七月——桃子、李子、番荔枝、木瓜、柿子、杨桃。桃子养人，李子伤人，所以桃子当饭吃都没关系，但李子可要限量吃。

八月——西瓜、李子、香蕉、芭蕉。夏天出汗多，丢失营养也多，适当吃一些西瓜，不仅能补足丢失的水分，更能增加营养。但西瓜性凉，感冒者不宜多吃。

九月——葡萄、李子、枣。早上市的葡萄除早熟品种外，一般都是催熟的，略带酸涩味，且含激素量大，对身体不好，建议吃正常上市的葡萄。

十月——梨。生津止渴，这时的天气容易感冒，嗓子不好，最长喝的就是煮白梨。

十一月——苹果。11 月大部分苹果都上市了，有些苹果适合新鲜吃，有些存放到冬天味道更好。

十二月——橘子、芦柑。

✏ 试一试

> 请你选择两种或两种以上的当季水果，并选择进货渠道，列出选择进货渠道的理由。

活动评价

评价项目	自 我 评 价		教 师 评 价	
	小结	评分（5分）	点评	评分（5分）
1. 能通过网络搜寻身边的农产品集散地				
2. 能对水果批发过程中应该注意的问题选择进货渠道				
3. 能根据水果成熟季节采购水果				

项目总结

通过本项目的学习，学生能够掌握农村电子商务物流管理的基本内容，先从农产品仓储入手，了解农产品仓储并掌握一定的农产品仓储的方式、方法，形成对农产品仓储保管的基本理念；然后掌握农产品包装策略，并对农产品进行品牌设计，完成农产品包装设计的创意构思；最后能够对农产品发货渠道和进货渠道实行对周边农产品的配套设计，考核学生将理论知识融入实践，培养对农村电子商务产品管理的基础认知，让农产品电子商务物流管理和运营工作能够更好地联系起来。

项目练习

一、名词解释

1. 农产品包装
2. 农产品发货渠道领域
3. 商标
4. CA 贮藏
5. 农产品物流

二、选择题

1. 农产品营销的主体包括（   ）。

　　A. 农业企业　　　　　　　　　　B. 农产品批发市场
　　C. 农产品零售市场　　　　　　　D. 农户
　　E. 农产品营运、服务中介组织

2. 下列（   ）模式是直销渠道。

　　A. 生产者—消费者
　　B. 生产者—零售商—消费者

C．生产者—批发商—零售商—消费者

D．生产者—收购商—批发商—零售商—消费者

E．生产者—加工者—批发商—零售商—消费者

3．在进行水果批发时要注意（　　　）。

A．水果的储藏与保存　　　　　　　B．运输成本

C．是否是时令水果　　　　　　　　D．水果配套仓储或打包成本

E．水果的品质

三、简答题

1．简述农产品电子商务的产品包装的特点。

2．举例说明农产品仓储的作用有哪些。

四、论述题

在佛山市 C 小区内，毕业后的小邓想开一家水果店，主打当季新鲜水果和进口水果，比大超市便宜，比地摊诚信。

要求以"果真鲜"为主题设立品牌，要求将水果店的特色展示出来，为水果店打造一个本地的品牌。

建议如下。

1．创造设计元素的焦点，如品牌、口号。

2．利用视觉效果传达价值。

要求如下。

1．健康向上、有创意并符合产品特点的作品，不限制风格和创意，希望简单明了，易读易记。

2．参赛作品要求原创，如果有抄袭他人创意、构思的行为，或作品发生知识产权及其他民事权利纠纷等，那么组织方将取消其参赛资格。

3．上交文件清单如下。

（1）AI 原文件一份，请制作后保留原始分层文件，并输出符合比赛要求的格式进行提交。

（2）PNG 图片一份。

（3）设计说明（包括品牌名称或商标介绍）。